河南财政金融学院学术著作出版基金资助

U0579582

高校英语的信息化教学研究

边丽君　著

吉林大学出版社

·长春·

图书在版编目（CIP）数据

高校英语的信息化教学研究／边丽君著. -- 长春：
吉林大学出版社，2023.5
ISBN 978-7-5768-1727-0

Ⅰ．①高… Ⅱ．①边… Ⅲ．①英语-教学研究-高等
学校 Ⅳ．①H319.3

中国国家版本馆 CIP 数据核字（2023）第 102197 号

书　　名　高校英语的信息化教学研究
　　　　　　GAOXIAO YINGYU DE XINXIHUA JIAOXUE YANJIU

作　　者　边丽君
策划编辑　李伟华
责任编辑　王宁宁
责任校对　柳燕
装帧设计　万典文化
出版发行　吉林大学出版社
社　　址　长春市人民大街 4059 号
邮政编码　130021
发行电话　0431-89580028/29/21
网　　址　http://www.jlup.com.cn
电子邮箱　jldxcbs@sina.com
印　　刷　三河市海新印务有限公司
开　　本　787mm×1092mm　1/16
印　　张　13.5
字　　数　280 千字
版　　次　2024 年 1 月　第 1 版
印　　次　2024 年 1 月　第 1 次
书　　号　ISBN 978-7-5768-1727-0
定　　价　68.00 元

PREFACE

前 言

随着时代的发展，信息技术开始被广泛应用于教学、办公等领域。在高校英语教学中融入信息化技术，这将有助于提高学生对英语学科的兴趣，也将会充实教师的英语课程，提高教师的授课效果，建立一个有效的英语课堂。信息技术不仅丰富了教育资源，又改变了传统的教学模式。基于此，从优化英语教学模式、深化信息教学理念、充分运用信息化教学资源、提升教师的技术水平、转变英语考核形式五个方面探究信息化技术如何应用于高校英语教学中。

本书首先对高校英语信息化教学研究背景、信息化时代与高校英语教学的关系以及高校英语教学的优势与挑战做了简要介绍；其次阐述了高校英语信息化教学模式，其中包括翻转课堂教学模式、微课教学模式、慕课教学模式以及动态分层教学模式；再次分析了高校英语教师的信息化教学能力，让读者对教师信息化教学能力研究有了全新的认识；然后对高校英语信息化教学改革策略、信息化背景下的大学英语教学方法、信息化背景下的大学英语自主学习以及信息化背景下的大学英语评估体系进行了较大幅度的改进，最后从多个维度阐述了大数据驱动下的大学英语教学以及高校英语线上线下教学模式，充分反映了21世纪我国在高校英语的信息化教学方面的前沿问题，力求让读者充分认识高校英语信息化教学研究的重要性和必要性。本书兼具理论与实际应用价值，可供广大英语教学相关工作者参考和借鉴。

为了提升本书的学术性与严谨性，在撰写过程中，笔者参阅了大量的文献资料，引用了诸多专家学者的研究成果，因篇幅有限，不能一一列举，在此一并表示最诚挚的感谢。由于时间仓促，加之笔者水平有限，在撰写过程中难免出现不足的地方，希望各位读者不吝赐教，提出宝贵的意见，以便笔者在今后的学习中加以改进。

边丽君
2023 年 1 月

CONTENTS

目 录

第一章　高校英语信息化教学研究背景

第一节　现代信息技术与高校英语教学融合发展

面对日趋"世界社会形态"且由信息资本决定社会地位的社会，人们需要不断获取支撑自己生存发展的信息资本，英语是人们获取各类信息资本的工具手段而不是信息本身，掌握一门乃至多门英语以准确获取知识信息正成为当代人的日常需要。人们因此希望更加便捷地学习英语，于是大量共享开放网络英语学习资源和"慕课"等在线课堂应运而生，所有学习人群甚至在校学生都不再安心于课程、课堂和既定教材的传统学习方式。21世纪的英语教育形式，正在向"无所不在""随时随地"和个性化的泛在学习转向，英语教育的信息化革命已经悄然来临。

随着网络信息技术的飞速发展，我们的英语课堂受到了许多可变因素的影响，这些因素可以分为内外因素和情境因素。教师自身因素、教学理论元认知因素和教师专业成长是内在因素。教师自身的成长经历、学习经历是一种固化因素，其固化表现无法改变，可以对教师的教育观念和教育方式等进行重大的变革。在大数据环境下，丰富的资源为教师带来了变革的可能，与此同时，新技术的出现给学生带来了更多的选择，这也给教师的教育观念和方式带来了新的要求。

为此，教育部于2012年发布的《教育信息化十年发展规划》（以下简称《规划》），为国家的教育信息化指明了方向。在"信息技术对教育具有革命性的影响"这一思想的指导下，该计划将重点放在了推动教育信息化体系建设上。提出既从教育也从技术的双向角度，全力推进信息技术与学科教育的深度融合创新。发展规划指出，教育信息化在对教育起到支撑作用的同时，还需要更多地强调它对学科教育变革的引领性作用，即教育信息化要革新各学科教育的主流业务，而不是利用教育技术作为各学科教育的一种辅助手段。《规划》强调要利用教育信息化破解长期制约我国教育创新的发展瓶颈，2020年，《国家中长期教育改革和发展规划纲要（2010-2020年）》中所规定的教育信息化的主要目标和任务全部实现，并在此基础上，建立起一套符合我国教育现代化发展目标的教育信息化系统。为此需要"加快教育信息基础设施建设、加强优质教育资源开发与应用、构建国家教育管理信息系统。"《规划》要求教育信息化要与我国未来十年教育现代化发展进程相适应，要为我国教育现代化事业做好支撑，成为教育现代化进程中的核心组成部分。《规划》

明确教育信息化体系不是单纯的基础设施建设，而是一种总体协调运行的能力体系建构，它不仅包括硬件基础设施，还包括应用软件系统、数字教育资源、管理信息系统、人才队伍、制度保障等全部教育现代化的发展要素。

由此足见，十年《规划》的核心理念是使信息技术真正进入学科教育并使其发挥无可替代的核心作用。为了实现这一战略目标，教育信息化建设就必须告别之前"建网、建库"等以硬件建设为中心的思维定式，善于利用既有网络信息技术环境和共享服务资源，实现学科教育的变革与创新。英语教育改革也毫无例外，需要"关注推进信息系统从孤立走向连接与整合……实现从独立系统到集成化的综合服务的转向"，"必须从对单个学校的实验的重视转移到对整个地区的规模质量效益的重视，从对技术教育应用的表面的重视转移到对各个学科的教学质量以及对学生学习质量的切实提升，从关注短期行为转向关注可持续发展"。

总之，从教育实际出发研究英语教育规律我们不难认识到，面对信息技术时代扑面而来的优质英语学习资源和共享开放的在线课堂，英语学科教育的信息化诉求正日趋强烈，传统英语教育的功能性质必然发生革命性的转变。

第二节　高校英语课程改革提出的新要求

随着社会经济的发展和科学技术的进步，人类进入了信息社会的发展阶段。信息社会的来临，对教育教学提出了新的人才培养目标和挑战，同时也为教育的发展提供了新的机遇和有利条件。近年来随着计算机、多媒体和互联网教育应用的飞速发展，高等教育的内容和形式发生了重大的变革，大学英语教学的内容和模式也随之发生了很大改变。为了适应新形势下人才培养的需要，我国高等院校纷纷对大学英语教学进行了新一轮的改革，这一时期的改革呈现出新的趋势和走向。

高校英语教学改革，应该重视确立新型的大学英语教学模式。在 2010 年的第四次全国教育工作会议上，为满足国家和社会发展的需求，我们指出要对人才培养方式进行创新，对教育教学方式进行创新，提倡启发式、探究式、讨论式、参与式教学，让学生的好奇心得到充分的激发，主观能动性得到充分的发挥，让他们展开创造性的思维，转变单一的灌输方式。同时，《大学英语课程教学要求》中也明确提出，要将"新"的教学方式运用到高校英语教学中去。新型的教学方式应该在现代信息技术，尤其是网络技术的支持下，使得英语的教与学能够在某种意义上摆脱时空的局限，向着个体化、自主化的方向发展，改变传统的单纯由教师授课的方式。该教学方式要符合英语教学的"实践性""知识性""趣味性"的要求，它有利于同时发挥师生双方的积极性，特别是要充分发挥学生在课堂上的主体性和教师在课堂上的主导性。在运用现代信息技术的前提下，对传统的教育方式进行适当的传承，使其更好地发挥作用。

《课程要求》中还提出了一种新的教学方式，它的主要目标就是要通过这种方式来培养学生的个性化学习，培养他们的自主性。在这种新的教学方式下，可以让他们根据自己的需求和实际情况，选择不同的教材，采用不同的方式，在一定程度上引导他们掌握不同的学习策略，并逐渐增强他们的自学能力。所以，改变教学模式并不只是一种教学方法和教学手段的改变，而是一种教学理念的转变，它是要实现从以教师为中心，单纯传授语言知识和技能的教学思想和实践，到以学生为中心，既传授语言知识与技能，更注重培养语言实际应用能力和自主学习能力的教学思想和实践，也是向以培养学生终身学习能力为导向的终身教育的转变。

由于计算机、多媒体和互联网的普及，可以得到的教学资源变得越来越丰富，现代信息技术在教育和教学中的应用也变得越来越重要。当前，伴随着多媒体、网络等技术的快速发展，建构主义教育与理论已成为当今世界的主流。它以"学生为中心"的原则，认为在教学过程中，学生是信息处理的主体，是知识含义的积极建构者；本节提出，学生通过合作、讨论、交流、互助，在特定的情况下，学生通过自己的努力，在所需的资料中，自主地构建出了学生所需要的知识。"探索式""发现式""合作式"是建构主义教学中"以生为本"的基本教学方式。

随着计算机、多媒体和互联网等现代信息技术在教育领域的快速发展，建构主义学习理论越来越展现出它的活力，影响力也越来越大。它能够被快速地普及，其中一个重要原因是：计算机、多媒体、网络等现代科技为其创造了最好的学习环境；而建构主义学习理论与教学理论则为多媒体和互联网在教学中的广泛应用，以及以学生为中心的教学模式的推广，提供了坚实的理论基础。在先进的建构主义教育理论的指导下，有利于实现信息技术与课程的整合，可以将以计算机及网络为核心的资讯科技，作为创造教学情境的工具，以及提升学生的学习能力的认知工具，运用到各个学科的教学活动中。这就有利于将各种教学资源、教学要素和教学环节进行重新建构，相互融合，提高教学质量，促进传统教学方法的变革。

信息技术与课程的整合，是21世纪我国基础教育中一种全新的教育方式，它与学科教学既有紧密的关系，也有传承性，是一种相对独立的新的教育方式。信息科技与课程的整合，并不意味着信息科技只是协助"教"或协助"学"的一种手段，而要以信息技术为认知与情绪的一种手段，以自主探究、多元互动、协作学习、资源共享的学习情境，充分发挥学生的主动性、积极性，在整合的过程中，更好地磨炼他们的创造性思维与实际操作能力，这就是创新型人才的培育。因此，将信息技术融入学科教学中，是转变传统教学模式，实现创造性人才培养的一个行之有效的方法，也是当今世界基础教育教学改革的发展方向和趋势。

目前，很多高校在大学英语教学中都非常注重学生自主学习能力的培养，重视大学英语第二课堂的建设。例如，清华大学、外经贸大学、上海外贸大学等高校都在大学英语课堂教学的基础上，同时要求学生以自主学习的方式在语言实验室或通过自主学习的平台以及网络课程，扩充和强化课堂教学的内容。其中，清华大学特别重视英语环境平台建设，针对学生的自主学习专门成立了英语学习网站、英语交流与写作辅导中心、英语学习策略咨询辅导中心，为发展自主学习能力，拓宽知识面，进行个人化学习创造了良好的环境。

第三节　大数据时代慕课对高校英语教学提出挑战

在互联网、移动终端等广泛应用的背景下，以云计算、物联网、社交网络等为代表的新型业务驱动下，人们生活中的数据类型和数量也在不断地增加，大数据时代已经来临。大数据所蕴含的巨大社会、经济和科学价值，已成为与人力资源、自然资源并驾齐驱的战略性资源。慕课（MOOCs）是一种以大规模、开放性、高质量、免费等特点而在世界各地快速兴起的新兴教育模式，是大数据背景下，信息技术在高校英语教学中的典型代表，也是一次对其进行创新的机会。

一、对传统教学模式的挑战

（一）自主学习方式的转变

在传统的英语教学模式中，以课堂授课为主，以教师为主导，学生为主体，学生的自学能力受到很大限制，在课堂上，为了达到教学目的，教师很少给予学生自学的机会，只能在课余时间内进行自学。根据蒋燕等人的研究，采用"网上自学"＋"教师面授"相结合的混合教学模式，是目前最流行的一种英语教学方法。学生以自己的兴趣和实际水平为基础，科学、合理地利用MOOCs网络平台，对自己的学习时间与进度进行灵活安排，选择与自己的学习内容相匹配的方式，通过独自分析、思考、实践、质疑等方法来实现自己的学习目标。这种以学生为核心的网络教学模式，对学生的兴趣和个体差异进行了充分的考虑，实现了对个性化学习的要求，有效地调动了学生的学习积极性，提高了他们的学习效率。

（二）互动学习方式的转变

在传统的课堂环境中，因为上课的时间非常有限，所以教师与学生的交互常常局限在问题的回答上，而无法做到随时随地提出问题，并获得及时的答案。MOOCs具有深度和大规模的交互特征，并具备了强大的平台支撑功能，比如：同伴互评、实时嵌入窗口交流等，学习者之间可以进行思维交流，从而进行协同式的学习，提高了文化资本的价值。而即时互动的优势在于可以对人们一闪而过的灵感进行记录，还可以对学生之间的思想碰撞起到积极的作用。这种集体式、开放式、即时性的激发型互动学习可以对最后的集体增智起到推动作用。

二、对传统师生关系的挑战

慕课的出现，对师生关系的体制化带来了新的冲击。

(一) 学校教师不是知识的唯一来源和权威

在传统的高校英语教学体制下，教师利用自己的知识水平，来决定教什么，怎么教，而学生则是处于一种被动的状态，教师教什么，他们就学什么，几乎没有什么话语权，这样的教育方式已经难以为当今的大学生所接受。而在 MOOCs 的背景下，学生获取这些资源的费用较低（大部分都是免费的），更方便（只需上网报名即可），还有更多的选项（全球知名的教师提供的课程）。就拿 Coursera 来说，它为所有学科都开设了一系列的课程，从人文学科到医学、生物、社会科学、数学、商务、电脑科技等。想要更深入地了解 CAT 的理论与应用，可以选择俞敬松、韩林涛教授的《CAT 的基本原理与应用》，该课程为期 14 周，每周 3~4 个学时，包括一系列 8~15 分钟的短片，并在短片中布置一些作业，进行最后的测验，该课程旨在介绍 CAT 的基本理念，掌握各种 CAT 的应用技巧，培养学生在高科技的条件下，进行各种类型的语言服务技能，让他们更好地认识到在信息技术条件下，如何进行各种类型的语言服务。

(二) 教师更注重自身综合素质的提高，以适应新角色的转变

随着知识资源的日益丰富，高校英语教师们也在不断地更新自己的知识体系，在掌握"技术"的同时，不断地向"教学设计和实施"转变，不断地向"指导""帮助""促进""评价"等方向发展。

(三) 学生主体意识增强，不再是知识的被动接受者

慕课为学生营造了一个自由的学习氛围，学生能够根据自己的实际情况制订学习方案，并能够决定何时学习、学多少、学什么，成为学生在"实践"中学习的"主宰"。慕课相对于传统的教学模式，其核心是话题的单一化、内容的简短、有利于注意的若干种形式。学习者要用自己的思维方式去理解，用自己的思考角度去认识，用自己的真实经历去探究。在这种过程中，学生们会将主体空间的作用发挥到极致，从而将被动变为主动，这对提高学习效率和提高学习效果起到了积极的作用。

二、对传统课程设置及评价手段的挑战

在国内，高校英语并非一门独立的学科，而是作为一门与学生专业相结合的基础课。

大学英语课程已经进行了两次改革，然而，不管是从哪个方面来看，人们对英语课程的满意程度并没有得到很大的改善。在高校英语教学中，课程体系的构建是一个重要的过程，也是提升英语教学水平的重要途径。《大学英语课程教学要求》明确指出："在未来的学习、工作及社交活动中，培养学生对英语的全面运用，并加强他们的自学能力，提升他们的整体文化素质，以满足社会发展及对外交流的需求。"但是，当前我国高校在大学英语专业的教学目标、教学方法等方面存在着很大的问题，许多学者都对此表示了怀疑，并对英语专业的教学目标提出了更高的要求。

（一）慕课是对现有课程内容偏人文轻工具的挑战

大学英语的"工具性"与"人文性"的双重属性，是其被高校设置的重要依据，如果仅仅强调"人文性"，就很难发挥英语自身所具有的特殊价值，只会使英语学科走向灭亡。在全球化的条件下，高校英语教学必须加强其"服务""工具"职能。目前，我国的大学英语以"综合英语""视听"为主体，其教学内容多是散文、小说，而"专业语言"（ESP）这门旨在提高学生的专业知识，培养学生运用英语进行专业交际的能力，提高学生的学术素质，但在大学英语的教学体系中，这门课程已成为可有可无的一门课。蔡基刚指出，"学术英语"既适合中国大学生的需要，又能帮助他们在自己的专业领域里获得更多的国际竞争能力，还能引领中国高校英语教育走向。慕课平台下的专门用途语言的课程，增加了学员的选择范围，以亚洲商业英语写作为例，此课程是由香港科技大学肖安·麦敏及德利安·卡斯克尔合办，为期七周，每星期三至四节课，目的是教导以非英语母语人士如何在亚洲从事商业活动，并透过参与亚洲贸易模拟活动，来提高他们在中国及亚洲其他地区以英语进行商务沟通的技能。

（二）慕课是大学英语后续课程的有益补充

目前，我国大学英语专业普遍采用四个学期的教学模式，这已经不能很好地适应当前大学生多样化的英语教学要求，也不能适应学生个体化学习的要求。蒋燕在一次调研中发现，超过50%的受访大学生都觉得需要缩减普通英语教学时数，并在此基础上开展新的大学英语教学时数，从而使大学英语教学时数有所增加。马武林的研究发现，超过六成的教师都觉得在大三、四两个学期开设48至64个课时的英语接续班是很有必要的。为了适应我国英语教学的发展方向和发展需要，必须在培养高素质人才的基础上，设置与之相适应的"后继"课程。慕课为高校英语后续课程的开设提供了良好的教育与教学资源。比如，如果你要持续地研究并提升自己的英语写作水平，那么你可以登录杜克大学丹尼斯·康普尔教授的"英语写作"课程：获得更多的专长。这门课程为期12周，每个星期有6至8个课时，主要内容有：评论性文献综述、学科专家形象介绍、案例分析等，让学生学会如何在清晰的专业主题背景下进行批判式的阅读，并撰写出符合读者期望的文章。

（三）慕课是对传统课程评价手段的挑战

在课程评价中，主要采用了形成性评价与终结性评价相结合的方式。形成性评价的目标是促进学生的发展，它具体包含了对学生的学习能力、所学知识的掌握情况以及所取得的进步情况的测试。而终结性评价的目标是对学生所学的知识展开终结性的评判，它的重点是对学生所取得的成绩、所达到的程度以及他们在同学中所处的地位进行了解。

英语教学中的形成性评价，或者说是过程评价，是指学生在课堂上的出勤、作业、课堂问答以及随堂测试等方面的评价，又称"平常评分"。但是，在现实生活中，以出勤情况为主的平时成绩，更多的还是看最后一次考试的及格率，而不是真正地体现学生对知识的理解，由于英语班上学生的数量较多，因此，过程型或形成型的评价在质量上就显得很低了。以期末考试为主体的最终评价，以慕课为基础的互联网平台，可以将学习过程中所发生的一切，包括学习时长、在线提问、慕课社群讨论发言次数、随堂练习、测试完成情况、学习效果反馈、结业考试等，通过平台的分析功能，对学习情况做出全面、理性的评估。而慕课中的同伴互评也是对传统评价手段的有效补充，是在网络教学平台中，学生以教师的身份去批改同学作业的一种课程作业批阅方式。

慕课的学生数量庞大，注册报名人数往往在数百到数万之间，传统的作业批改往往耗费大量的人力物力，而以互联网为基础的同侪互评、自评、作业批改等方式，不仅节省了大量的时间，而且更加的科学有效。在同伴互评的过程中，学习者可以相互切磋，共享知识，互相借鉴，互相交流，促进学生在学中做、做中学的学习方式的转变。

在大数据时代，伴随着网络技术的快速发展，以及手机、平板电脑等移动终端的广泛应用，使得人们的学习模式从传统的教室学习转变为在手机、平板电脑等移动终端上随时随地进行自主学习，使得学习变得更为有效、方便。慕课的兴起，对高校英语教学和学习的传统方式带来了巨大的冲击。

第四节　高校英语信息化教学现状

一、高校英语信息化教学调查研究

在这一部分中，本节对英语信息技术课程的教师和学生进行了调查。教师问卷的重点是对教师的信息化课堂教学能力和应用现状的调查，学生问卷的重点是对教师信息化教学的成果、学生基础知识和应用知识获取成果的调查。采用调查问卷分析、教师与学生深度访谈和课堂随堂听课观察等方法，对在信息化教学背景下，教师教学与学生学习之间的相互映射关系进行了探索。本研究选取了一所高校外语专业的师生作为研究对象，通过对40

名教师进行问卷调查，得到了 40 名有效的调查结果；采用问卷调查法，对 100 分的学生进行了 86 次有效问卷调查，总有效率为 86.0%。

（一）教师调查分析

根据我们的调查，大部分的大学英语教师都对信息技术持肯定态度，90% 的教师都认为"信息技术能提高英语课堂的效率和正确性"，他们都习惯了使用信息技术。只有百分之三十的教师同意"模拟工时情境，添加社交情境因子"，其中 60% 的教师同意这一点，从这一点就可以看出，大学英语教师们并没有在准备课程的时候，积极地添加工作情境。持否定态度和赞同态度的教师分别为 40%，从这一点可以看出，大学英语教师对"注重提高大学英语信息技术的研究和训练"的认识不足，难以满足英语信息技术提高的需要。有 60% 的教师赞同"积极地考虑如何优化英语信息技术教学"，这表明了大学英语教师对英语信息技术教学的积极性不高，同时也存在一些教师缺乏对其进行优化的动机。从上述问卷中可以看出，目前高校英语教师在信息技术教学中存在的问题主要表现为信息技术手段单一和工时情境获得的途径不多，这两个方面各占 70%，这说明教师的教学任务十分艰巨，与企业界的联系也不多，难以在英语信息技术教学中为学生提供工作情境，从而造成了英语信息技术教学情境设计的缺失。另外，英语教师在课堂上开设的课程也没有引起学生的兴趣，导致了他们在课堂上的互动少。

（二）学生信息化教学调查分析

在调查中，一共设计了五个问题，使用统计学软件 SPSS18.0 进行分析，设置小认可、基本认可和认可三大选项，每一个选项的分值为 1 分、3 分和 5 分。根据问题调查，大学生对"提升学习兴趣有助于掌握学习内容"，分值为 4 分。从这一点可以看出，大学色彩+动画授课模式具有较强的主观性，并且对学生的视觉刺激也比较强，很容易引发其学习兴趣。

二、高校英语信息化教学策略

信息化教学实际上就是以现代教育理论与思想为基础，利用现代信息技术，对教育过程进行优化，教育资源进行开发，从而培养和提高学生的信息素养。

（一）对大学英语信息化教学理论深入研究

信息技术教学理论的研究起步较早，其研究内容也较具系统性，因此，我们要根据学生、专业和社会的需要，对英语信息技术教学进行研究，建立一套有针对性和层次性的信息技术教学理论，在一定程度上提高大学英语信息技术教学的质量。

（二）增强大学英语信息化教学质量

要充分发挥高校信息化教育的作用，并选派英语专业的优秀教师出国进修，及时掌握国内外在信息化教育方面的最新研究成果，为教师们提供或创造与企业实际工作的机会，使英语教师们熟悉和掌握学生毕业后的工作环境和工作流程，建立起一个对学生工作实践和理论知识的体系架构，提高师生们的信息化素质和在信息化教育和学习中对信息化的理解。

（三）加快推进大学英语教学中对信息化技术的应用

鼓励高校教师将信息技术运用到英语课堂上，提高学生对英语课堂上的理性认识和感性认识，从而使大学英语教学效果正向性得到不断增强，并在高校英语信息技术的基础上，通过视频、多媒体、动画等信息技术的运用，对高校英语课程进行深入的研究，建立一个统一的英语知识数据库，让学生可以在任何时间、任何地点进行知识的复习，自主学习。

（四）加强大学英语信息化教学保障

在高校英语信息技术的发展过程中，要抓住机会，不断提高大学英语信息技术的硬件支持和能力，建立英语信息技术的资源共享和教育研究骨干网络，为高校教师提供方便，使他们可以在网上随时获得自己需要的英语教学资源。另外，要建立英语信息化教学的激励机制，充分利用高校英语教师网络云空间建设、教学竞赛等活动的功能，逐步提高大学教师英语信息化教学的水平。

第二章　信息化时代与高校英语教学的关系

第一节　信息化时代对高校英语教学的深刻影响

在大学英语课堂上运用信息技术具有诸多的实用意义，它使英语教学的总体内容具有可操作性，更能突出学生的主体性，有效地提高了课堂教学的效率，有利于英语教学的进一步深化。

一、提高了英语教学资源的可操作性

信息化教学的优点在于它给英语课堂带来了一个开放性的学习环境，特别是它所拥有的丰富教学资源，可以协助教师根据学生的具体情况，进行灵活的资源选择与运用，提供更多自主学习的空间，为合作学习和自主学习创造了更好的条件。

二、突出了学生的主体地位

传统教学中的师生关系，已经不能与教育改革的节奏相匹配，特别是在信息化教学手段逐步融入的情况下，教师与学生在课堂中所扮演的角色也出现了显著的改变。在英语教学过程中，教师已经从原来的主导者，转变为整个课堂的组织者和引导者，学生也从一个被动的接受者，变成了完整的教学环节的实施者。在英语信息化的课堂上，学生们可以通过信息技术平台来巩固所学的知识，并根据自己的能力进行多种扩展，获得更大的自主权。

三、促进了高效课堂的实现

信息技术是一种将多种信息资源有机结合起来的高效的教育工具，它以其独特的、活灵活现的教学情境，实现了"教"和"学"的完美结合，使得英语整体知识的传授变得更为直接，给具有不同特性的同学们带来了更为自由和独立的学习方式，极大地激发了他们对英语学习的兴趣，极大地提高了课堂的效率。

四、有助于活跃课堂氛围

信息化教学的使用，通过信息技术方式手段来取代某些传统的教学流程与环节，依靠信息化的形式进行呈现，这对学生而言是一种更加容易接受的教学方式，在信息化教学模式的驱动下，学生更加容易产生学习的积极性，在课堂上的参与度会更高。

五、有助于拓展教学内容

大学英语教学不能只看书，毕竟现在的大学生还有四六级，如果只看书，学生的眼界就会被限制，无法提高自己的整体水平。运用信息化教学，可以从多个角度对教学内容进行扩展，从而使课堂教学变得更丰富，获得更好的教学效果。

六、能够创造自主学习空间，强化学生自主学习

运用信息技术，在课外创造一个独立的学习空间，使学生能够在课后进行独立的学习，扩大英语教学的范围，使学生能够在课后进行学习，英语水平得到持续的提升。

第二节 信息化背景下高校英语教学的意义与目标

一、信息化背景下高校英语教学的意义

（一）有利于更新教学理念与教学模式

语言最主要的作用就是交流和沟通，在其实质上，语言教学就是一种使用交际手段进行的教学，因此，语言教学并不只是教授知识，更多的是培养学生的能力。传统大学英语教学以"知识传递"为主要目的，大学英语教师通过各种辅助手段把课本中所学到的东西传递到学生手中，让学生通过学习来理解英语课本中的主要知识，获得新的知识。在信息时代，教师们要充分利用自己的优势，在教学内容、教学方法、课程设置等方面进行整合，实现现代化的信息技术教学，这对更新教学观念和教学方式，提高学生英语学习的积极性和创造性具有重大的现实意义。

（二）有利于更新教学方式

传统英语教学一直是围绕着课本内容展开的，在课堂上，教师们采用的是一种单调乏味的方法。在信息化的快速发展过程中，要充分运用信息技术来更新教学方式，丰富教学内容，这对提高原教材的知识容量，拓展教师的教学手段都起到了很大的作用。教师利用

先进的教学材料（电脑、多媒体、音像教学），为学生营造一种直观而生动的学习环境，这样才能更好地展现出大学英语的可操作性。在这样的学习环境下，学生的听、说、读的欲望会被激发出来，对运用语言进行交流有了浓厚的兴趣。

（三）有利于构建信息化教学平台

大学英语教学的三个要素：目标、情境和学生，在教学过程中，教师要把这三个要素融合起来，并进行有效的指导和配合，营造一个"教—学—用"的英语情境，借助信息化的技术，依托于网络，以学生为主体，在一定的语言情境下，突破传统英语教学的局限，把网络和英语课堂联系起来，这样，既能扩展英语课堂，又能扩大网络的使用范围。信息技术的运用，为大学英语课堂提供了一种全新的教学方式，使课堂教学从单一和平面化转变为信息技术，在信息化构建的过程中发挥着不可替代的作用。

二、信息化背景下高校英语教学目标

（一）提高大学英语课堂教学效果

随着资讯科技与网络通信的普及，目前各行各业都在运用多媒体技术。在高校英语课堂上，利用信息技术，教师能向学生展示多种英语知识，让他们有一个整体认识。相比于传统的死记硬背，在信息技术的帮助下，教师们可以利用各种先进的教学软件、教学视频、教学素材，甚至是 3D 的仿真场景，来满足学生们的好奇心，激发他们的学习热情。而且，随着信息技术的发展，教师与学生的关系变得越来越融洽，课堂的学习气氛也会变得越来越活跃。

（二）提高大学生英语学习积极性

英语教师在讲课时，如果能充分地运用好时间，让学生感觉到节奏鲜明、条理清晰，那么，就会引起他们的情感反应。教师还可以利用信息技术，为学生建立知识和情境之间的连接，引发学生的思考，并邀请学生发表自己的看法和感受。学生们在相互交流和合作的过程中，可以碰撞出各种新式思维，这既可以有效地调动全班同学学习的积极性，也可以让学生感受到学习的自信心和成就感，在以后的持续学习中也能保持高昂的热情。

（三）促进大学生创新思维的培养

21 世纪，培养适应现代社会发展需要的高素质、高水平的人才，是当前高校教学改革的一个重要方向。在课堂中，教师利用信息技术，为学生提供了多种优良的学习平台，让他们拥有足够的思维空间，每一位同学都可以取人之长处，弥补自己之短处，通过大胆猜想，合理推断，以及真实演练，来巩固和理解知识，并在此基础上，培养自己的创新能力。教师还可以借助信息化平台，对学生的学习过程和学习结果进行实时掌握，方便教师有针对性地调整自己的教学进度和教学内容，进一步设计符合学生创新能力的课堂。

第三节　信息化背景下高校英语教学的优势与挑战

一、信息化背景下高校英语教学的优势

（一）信息技术的高速发展为教学提供了丰富的资源

在传统的英语课堂上，纸本教科书占据着很大的比重，是学生获取知识的一个主要渠道。学生获得知识的方式非常简单，并且没有进行系统的归纳和整理。随着现代教育技术的发展，为学生和教师提供了更多的信息。现在的英语教科书有很多种，比如纸质的课本、光盘，这样可以让学生更直接地了解到所学的内容。教师能把英语教学资源和信息技术相结合，把所学到的知识放到网上，便于学生在课堂、课外学习运用。

（二）运用信息化教学可以改变教学、学习的方法

传统英语课堂上普遍存在着"一边倒"的教学方式，它忽略了学生的主体地位。但是，运用信息技术的教学模式，打破了英语教学的封闭、孤立和片面，教学手段也从原来的单一和传统的纸本，逐步发展到了多媒体课件和各种网络教学平台。这样就能以一种更直接、更清晰、更多的信息资源来表达知识。对信息化教学方法的运用，特别是在课堂上，通过使用手机学习平台进行在线学习，极大地调动了学生的学习积极性，提高他们的参与度，同时在课堂上进行的知识传递也变得更加方便和有效。

（三）信息技术的应用促进了教学评价方式的变革

现代化的信息技术可以有效地监督学生的自主学习，同时还可以利用信息化的方法，对学生在网络平台上的学习过程进行自动的记录，为以后的评价提供了便利。在英语教学过程中，教师对学生的评价往往只有一个最终的结果，而这一结果又过于主观。要想提升学生的学习效率，并能有效地解决这些问题，应该采取一种将教学与评价有机地结合起来的方法，从而确定教学目标，对教学过程进行跟踪观察，并对教学的最终结果进行反馈。

二、信息化背景下高校英语教学的优势与挑战

（一）大学英语教学课堂面临的挑战

大学英语课程分为大学英语综合课，大学英语视听说课，大学英语口语课等主要课

型，除了视听说课是在多媒体教室授课外，其他课型都是在传统教室进行，教师主要依靠黑板、粉笔讲授课程。随着教育信息化的不断推进，这种传统的教学模式已经越来越不能满足学生的需求。学生上课摆弄手机，注意力不集中，上网搜索练习答案或课文翻译。从学生的课堂表现上，我们可以看出，教育信息化已经引起了教学环境、教学方法的转变；在高校英语教学中，要把传统的教学方法和网上的教学方法有机地融合起来。

（二）教育资源表现形式面临的挑战

在传统以纸质课本为主的课堂中，学生获得的信息是以教师和课本为主要来源。随着计算机、多媒体、网络等技术的广泛使用，尤其是随着智能移动电话的兴起，电子的课程信息已逐渐占据了高校英语教育的主导地位。借助校园网和 Internet 的支持，学校的教育资源得到了极大的充实和扩展，师生们可以通过网上的教育系统来完成自己的备课和自学。为了适应信息时代对传统的高校英语课本的需求，高校英语课本由单一的纸质课本转变为以纸质课本、光盘和网络为主体的三维课本。通过将与图书馆有关的数字化教材和电子教案等内容共享到网上的学习社群中，使高校英语课程的内容更为广泛、公开，并能快速地得到推广。

（三）教学方式和学习方式面临的挑战

随着计算机技术在高校英语教学中的运用，无论是教师还是同学的教学手段都有了很大的变化，多媒体课件、网络教学系统等都是必不可少的教学手段。如何将大学英语课堂转向讨论式、交互式的模式成为大学英语课堂教学面临的主要问题。与此同时，学生的学习方式也发生了很大的改变，以前的传统课堂里，学生听课成为学习的主要方式。课堂融入信息技术后，学生可以通过操作平台直接参与到课堂中，学生学习的主体性和主动性得到发挥，学习方式正在从被动走向主动。

第三章　高校英语信息化教学模式

第一节　高校英语翻转课堂教学模式

随着人们对教学研究的不断深入，翻转课堂教学模式逐渐被人们了解和熟知。与传统教学模式相比，这一新兴的教学模式是建立在网络多媒体教学环境下的，是对传统教学模式的一种颠覆。高校英语翻转课堂教学模式有其自身的优点，这一部分将对这个模式进行研究和分析。

一、翻转课堂教学模式的定义

分析了翻转课堂教学模式的来源，下面就来界定翻转课堂教学模式。翻转课堂又可以称为"颠倒课堂"，其教学过程包含两大阶段：一是知识传授；二是知识内化。在传统教学模式中，教师往往会通过课堂知识传授的形式来把知识传输给学生，学生通过课后作业的完成情况和具体的实践来实现知识的内化。与这一传统教学模式不同，在翻转课堂教学模式中，教师根据自己的教学计划对课前预习的内容进行布置，学生则主动利用各种开放资源来获取知识，在课堂上通过与教师进行探讨，然后完成任务，最后内化为自己的知识。

所谓翻转课堂教学模式是指在课堂教学进行之前，通过使用教师提供的视频、音频、开放网络资源、电子教材等学习资料，让同学们能够独立地完成自己的教学任务。之后，同学们还可以在教室中积极地参加教师们所进行的各种交互活动。最终完成学习任务。

翻转课堂教学模式是由美国人萨尔曼·可汗提出的，他首次利用网络视频展开翻转课堂授课，并取得了巨大成功。因此，可以说萨尔曼·可汗是翻转课堂教学模式的创始人。

近年来，这一新的教学方式在我国引起了很大的反响。它是一种以网络多媒体为基础的新型信息化教学模式，翻转课堂教学模式是对传统教学流程的颠覆，这对学生开展自主学习是非常必要的。作为一种新型的授课方式，翻转课堂对我国英语教学改革大有裨益。但是，翻转课堂不属于在线课程，也不能运用视频代替教师，它只是师生之间进行互动的方式。

现行教育体系建立的目的在于满足工业时代的需要。1899 年，美国教育专员威廉·哈里斯提倡在美国的各大高校中展开机械教学模式，这一模式使得学生"中规中矩"。但这显然与当前经济发展、生活水平不相符，只有对学校教育体系进行革新，才能跟上时代的步伐。换句话说，就是源于工业革命时代的机械教学模式逐渐被当前的新兴教学模式代替。

在传统教学模式中，知识习得需要经历知识讲授、知识内化、知识外化三个步骤。通过课堂，教师完成知识的讲授，而学生在课后任务和作业中完成知识的内化。但是，在当前云教育、云学习的技术条件下，学生可以通过"云课程"及媒介来开展教学。当学生在学习中遇到困难时，教师可以对其进行排解和启发，既保证了师生之间的平等交流，也保证了学生知识的进一步深化。简单来说，从先教授后学习转向先学习后教授，这就是所谓的翻转课堂。

综上所述，翻转课堂教学模式是对传统教学模式的变革，师生及教学方式在教学过程中都发生了质的改变。

二、翻转课堂教学模式的构成

很多学者对翻转课堂教学模式进行研究，将其构成要素分为三个层面：课前内容传达、课堂活动组织、课后效果评价。下面对这三个层面进行分析。

（一）课前内容传达

在翻转课堂教学模式中，其教学的基础在于课前内容的有效传达。就目前来说，我国翻转课堂教学模式往往会采用教学视频与纸质学习材料这两种方式来传达教学内容。其中，教学视频被认为是最基本的传达方式，至于教学视频的来源，主要有以下两种途径。

1. 运用现有的教学视频

运用现有的教学视频是教师进行翻转课堂教学的最佳选择。这主要有两个方面的原因：一是由于教师的教学任务非常繁重，因此并没有多余的时间来制作新的视频；二是教师在面对视频录制仪器时，往往比较紧张，因此会严重影响教学效果和进程。可见，如果教师可以从网上找到现有的教学视频，那么必然会节省教师自身的时间和精力，且网上的教学视频资源非常丰富，教师只需下载就可以使用。

2. 制作新的教学视频

对于翻转课堂教学模式中运用的视频，教师除了运用现有视频外，还可以进行录制。当然，这需要教师有多余的时间和精力，他们可以运用电脑、录音软件、麦克风、手写板等进行制作。具体而言，可以分为以下步骤。

①教师可以使用录屏软件对电脑操作轨迹及幻灯片演示轨迹进行捕捉。

②教师可以利用麦克风对讲述的声音进行录制。

③教师可以运用手写板对书本上的书写效果进行提升。

④教师可以利用音频编辑软件对录制的声音进行加工

另外，教师还需要对画面质量进行关注。基于此，教师需要注意，制作的视频应该尽量短小。这是因为当前的社会生活、工作学习节奏快，如果视频过长，那么难免会引起学生的厌烦；相反，如果视频短，那么则能激发学生的兴趣引起学生的响应。

（二）课堂活动组织

在翻转课堂教学模式中，教师需要对课堂活动进行组织。在组织课堂活动的过程中，教师需要注意以下几个方面。

首先，对高校英语教学而言，导读类课程比较适合翻转课堂教学，这类课程比较适合通过网络多媒体展开。在课下，学生按照教师的安排习得内容。在课堂上，教师解释重难点问题，然后，利用网络的多媒体技术，完成了联机检测。在考试结束之后，学生能够立即获得相关的背景知识以及学习资源。同时还能与自己之前的测试结果进行比对，从而加深自己对知识的理解。

其次，英语课程涉及语言与文化两大因素。教师在对学生的学习进行安排时，需要从初级认知的识记理解开始，转向高级的综合应用，完成一系列的知识递增过程。同时，教师在安排学生学习时还需要组织与此相适应的学习活动，在学生固有知识的基础上加深其对不同文化知识的理解和掌握。

最后，在合作学习的基础上应结合个体学习，因为个体学习有助于学生充分领会和识记所学知识。

（三）课后效果评价

在翻转课堂教学模式中，教师需要重视课后效果评价。翻转课堂教学模式常采用个性化的学习测试，依靠的是教师与学生在接触的过程中形成的评价。也就是说，教师需要依据自身经验，对学生的知识掌握程度进行判断。这种即时的评价有利于纠正学生对知识的误解，且能够根据不同学生的差异，为他们提出合理化的建议和指导。但是，由于翻转课堂兴起的时间较短，其评价与测试形式并不完善。因此，翻转课堂教学模式的学习评价主要是要求教师与学生之间进行及时的交流与沟通，并根据学生的不同个性特征来加以引导。另外，教师还需要提供更多渠道来为学生展示学习成果，让学生建立起足够的成就感和自信心。

三、翻转课堂教学模式的优势

通过翻转课堂教学模式的定义可知，该模式是对传统教学模式的颠覆。具体而言，翻转课堂教学模式有如下五个方面的优势。

（一）有助于学习者安排学习时间

翻转课堂教学模式有助于学习者安排学习时间，尤其是即将毕业的大学生，他们需要在实习工作上花费很多时间，因此并没有充足的时间来进行课堂学习。这些学生需要的是能够迅速传达知识的课程，让他们可以在闲暇时间学习知识。对这些学生来说，翻转课堂教学模式是非常适合他们的，有利于他们对自己的学习时间进行合理安排。

（二）有助于师生开展课堂互动

与传统课堂教学模式相比，翻转课堂教学模式改变了师生之间的相处方式，教师与学生之间逐渐形成了一对一的交流。如果学生对某一知识点存在疑问，那么教师可以将这些学生集中起来，对他们进行特别指导。

（三）有助于成绩不理想的学生进行反复学习

在传统教学课堂中，教师将更多重心放在成绩优秀的学生身上。这是因为，在教师的眼中这些学生可以追赶上教师的步伐，且愿意积极主动地参与到教师的教学中。但是，除了这些成绩优秀的学生外，其他英语水平较差的学生往往是被动听课，甚至很难跟上教师的节奏。对于这种情况，翻转课堂能够帮助这些水平差的学生赶上学习进度。因为在翻转课堂上，学生可以随时对视频进行暂停或重放，直到自己理解和明白为止。另外，翻转课堂教学模式还可以节省教师的大量时间，让教师将更多精力投注于成绩不好的学生身上。

（四）有助于学习者进行个性化学习

众所周知，各大高校的学生来自不同地区，其自身发展水平必然会存在差异，尤其是兴趣爱好和学习能力等。虽然当代的教学研究领域注意到了这一问题，但是在常规的教学方式下，要想达到"分级"的目的却十分困难。在翻转课堂的教学方式中，以学生的兴趣、能力等为基础展开。使每位学生能够从自己的进度出发来进行学习。

（五）有助于实现课堂管理的人性化

在传统的课堂里，教师要重视学生的注意力，重视全班的秩序，以促进学生获得新的知识。这是因为，如果学生被某些事情影响了心情，那么必然会影响他们的学习进度。但是，在翻转课堂中，这一问题是不存在的。

首先，采用"翻转课堂"的教学方式，把自主学习的权利交还到了学生手中。正如前面所提到的，"翻转课堂"的教学模式能够加强师生之间、生生之间的互动关系，让学生最大限度地发挥了主观能动性，即学生掌握了主动权。虽然传统课堂中教师也会辅导学生，但由于受传统理念的影响，这些教学改变只存在于形式上，教学活动仍侧重于讲授，学生完全没有占据主体地位。在翻转课堂中，学生根据教师提供的资源首先进行自主学习，体现学生的主体地位，然后在课堂上与教师展开讨论，深化自己的知识。

其次，翻转课堂教学模式扭转了传统教学模式下学生的学习观念和学习态度。翻转课堂中的学习内容是根据学生的需要、兴趣来定位的。在总体学习目标下，学生通过教师提供的学习途径、学习材料完成知识建构，提升自身的知识水平。

最后，翻转课堂使学生对教师的依赖性有所降低。这是因为，翻转课堂中知识的习得置于最前的位置，学生的自主性逐渐提高，有效淡化了学生对教师的依赖。在自主学习中，学生不得不将自己获取帮助的想法转向其他同学，经过一段时间后，学生便形成了一种习惯，即在主动接收学习知识的过程中，积极与其他同学进行探讨和交流，这样不仅可以提升学生的知识水平，还能提升他们的人际交往水平。

四、翻转课堂教学模式的实施过程

（一）进行课前安排

在课前安排方面，教师要为学生准备充足的学习资料，如电子教材、英语参考书籍、国内外相关英语专题网址及微视频教程等。

1. 电子教材的设计

在电子教材的设计上，应该注重其完整性。也就是说，纸质教材的内容及附加的包含音频、录像、解释材料等在内的内容应全部包含在电子教材中。此外，还有语料库数据、相关网站等资料，也可以运用链接形式注入电子教材中，便于教师和学生使用。

电子教材除了设计要保证完整性外，还需要遵循一些次要原则。

（1）模态协作化原则

由于电子教材的设计涉及多模态形式，在运用多模态时需要考虑以下几个因素：一是现有的设备条件是否适合使用多模态，这种形式能否为教师留有选择的空间；二是运用多模态能否产生正面效应，其教学效果如何；三是考虑多模态的运用是否会出现沉余，应尽量避免产生浪费；四是多模态形式是否能够进行强化和互补。

（2）模态分配分类化原则

模态分配分类化是指根据不同的教学条件和教学对象来分配不同的模态组合。著名学者陈敏瑜在对多模态进行研究时，发现高校教材中的绘图大多为纲要式或者抽象式图表，而小学教材多为漫画式，这就说明教材的编写是根据学生的认知能力和基础知识界定的。因此，在设计电子教材时，同样需要考虑学生的认知能力和知识水平，如文科生适合形象化的模态，而理科生适合抽象化的模态。

（3）超文本化原则

在电子教材中，教学材料是主语篇，而提供背景、解释、练习材料的是小语篇，二者通过不同层次的方式构成一个相对复杂的语篇网络。

（4）个性化原则

电子教材设计的个性化是指从学生的个性特点出发来组织教学。由于学生的起点不同，其使用的模态也必然不一样。为学生提供多种可供选择的教学模态，有助于提升学生的学习兴趣，避免出现"一刀切"的情况。

（5）协作化原则

在多模态学习的环境下，学生要进行相互协作，以小组的形式来完成学习任务、实现学习目标，进而提升整个小组成员的知识水平。

（6）模块化原则

所谓模块化，是指电子教材的设计以阶段性目标为核心，根据这一目标为学生设计教材，并在此基础上设计完成任务和目标的措施和方法，指导学生根据步骤来学习，为实现自己的目标努力。

2. 微视频的设计

微视频是当前翻转课堂教学模式常用的学习资源，具有很强的针对性。在课堂开始之前，教师可以根据课堂学习目标准备两个或三个微视频，一个微视频仅介绍一个知识点就可以，如果介绍的内容太多，那么就会影响学生的理解和学习。对于微视频的设计，教师需要注意以下四个方面。

①英语教学视频的视觉效果、互动性、时间长度等都会对学生的知识习得产生影响。在微视频中，教师要对学习内容进行合理设计，并设计课前练习的难度与数量等，以帮助学生将新旧知识结合起来

②学生在课前的学习过程中，可以利用网络多媒体软件等工具与其他学生进行交流与沟通，将自己学习中预到的难题和疑问排除掉，促进学生彼此间的提高。

③在微视频的设计上，教师还需要考虑学生的适应性。刚接触视频时，学生很难集中自己的注意力，他们更专注于笔记的记录。为了改善这一局面，教师可以为学生构建视频副本，引导学生对视频内容进行关注

④在微视频的制作上，教师不仅需要对整体的视觉效果给予重视，还需要突出学习的要点和主题，根据知识结构来设计活动，为学生构建内容丰富、形式新颖的平台，让学生对微视频学习产生更大的积极性。

当学生完成微视频的学习后，需要对自己的学习情况进行总结。如果遇到问题，可以将这些问题反馈给小组长，然后由小组长向教师汇报。

（二）展开课堂教学

在翻转课堂上，教学大概涉及五大步骤：合作探究、个性化指导、巩固练习反馈评价

以及课程总结。

1. 合作探究

首先，要合理进行分组。合作学习实际上就是小组学习。合作学习中组员之间的结构是十分重要的，因此教师在分组时要注意各小组成员在能力水平、知识结构上的多样化。同时，各小组成员之间保持个性特点的均衡也有利于各个小组间进行竞争和相互学习。一般来说，各小组成员应该遵循"组间同质，组内异质"这一原则，保证小组成员中具有不同层次的知识水平，这有利于提升小组内能力欠佳学生的积极性，保证任务的完成。另外，小组内的成员应该进行分工，即每一位成员在小组内都应该体现出自己的作用，在完成任务的过程中能够积极地进行思考。

其次，对问题进行策划和提出。小组合作的内容要具有可操作性，即设置的问题要能够进行讨论。在课堂开始之前，教师应该根据不同的学习内容和任务明确分组的原则，明确规定小组内各个成员的任务以及完成任务的时间。在合作学习中，教师处于引导者的地位，为不同学习小组制订不同的学习任务，使各个小组间能够相互合作、共同学习、共同进步。

最后，要合作实施，并对过程进行控制。小组合作学习并不是在任务开始时就要求小组成员一起完成任务。事实上，在任务开始时，小组成员需要对任务进行研究和探讨，且各个成员要独立进行思考，通过独立的思考来促进和发展思维。之后，小组成员之间对思考的成分进行交流，发表自己的观点和看法，最后对各种信息和观点进行汇总，组合成一个一致的观点。当然，小组内还需要一个发言人，由发言人将观点和看法反馈给教师。

2. 个性化指导

在个性化指导阶段，教师需要为各个小组解答问题与疑惑。在合作探究过程中，不同分组所引发的问题也不一样，要针对这些问题给予个体化的辅导和回答；对于一些共性问题，则可以集中起来予以解答。

3. 巩固练习

在巩固练习阶段，在教师的个性化指导下，各个小组需要进行总结，并通过不断练习来加深印象，对重点、难点知识进行巩固。另外，这一阶段需要各个小组间进行学习交流，引导学生贡献学习经验和知识。

4. 反馈评价

对小组合作学习情况的评价主要包含两个方面：一是对学习过程和结果进行评价；二是对小组及小组内成员进行评价。在对各学习小组进行评价时，教师需要将重心放在整个小组任务的完成情况上，而不是放在某一小组成员的成绩上。同时，教师还需要评价小组内成员参与学习活动的主动性、积极性，这样既可以为其他小组内的成员树立榜样，又可以激发小组内成员的热情，调动学生学习的积极性，更好地实现合作学习。

5. 课程总结

课程总结是合作探究的最后一步，是各小组间进行信息交流与沟通的过程，教师应该给予小组内不同成员充分的支持，使各个小组都能够顺利完成学习任务，实现既定目标。

总之，高校英语翻转课堂教学模式不仅是对课前预习效果的强化，更是对课堂学习效率的提升。对教师来说，通过课堂活动设计来使学生知识内化是教师的重要任务，也是高校英语翻转课堂教学的目的。基于此，教师在设计课堂任务时应该对写作、情境等要素予以充分利用，引导学生通过真实体验来实现知识内化。对高校英语翻转课堂而言，学生展开学习的基础在于信息资源及技术工具等的运用。

五、翻转课堂信息化建设的基本原则

（一）多元化原则

翻转课堂信息化建设的多元化原则，主要是指对信息技术的多元化运用。第一，利用信息技术来建立英语翻转课堂，并不是利用单一的信息技术，由于信息技术的种类很多，所涉及的信息工具也是多种多样的，所以，教师们必须要多元化地利用各种信息技术和信息工具，这样才能让翻转课堂具有多种信息化的操作方式。第二，利用信息技术构建翻转课堂，要根据英语教学中的各个环节，选择合适的信息技术，让它在各个阶段都能发挥出自己的作用，取得不同的效果。

（二）趣味性原则

学生们对自己感兴趣的东西有着很高的学习热情，但是如果他们不感兴趣，就会厌倦。因此，在大学英语"翻转课堂"的建设中，大学英语教师要坚持"趣味性"的原则，调动学生的学习积极性，为其今后的自主学习打下良好的基础。

（三）拓展性原则

大学英语"翻转课堂"的拓展性原则，就是不仅要把教师和学生的角色转换过来，而且要把英语的教学由课内向课外扩展，建立起一个三维的、规范化的、常态的英语教学系统。英语教师在教学中应充分利用信息技术，实现课内外的无缝连接，以信息技术为载体，构建高效的、可拓展的大学英语翻转课堂。

六、翻转课堂信息化建设的意义

（一）提升了英语教师的教学能力

翻转课堂提出了一种新的、更好的、更高层次的、更全面的教学方法。这样不仅可以拓宽教师的讲课视野，而且可以使同学们专注于英语的学习。这种教学方式可以拉近师生间的距离，缓和传统课堂中的师生矛盾，也可以极大地提高教师的教学能力。

（二）彰显了学生的主体地位

在传统的教学模式中，教师是课堂教学的主要参与者，而学生则是在课堂上被动地聆听，一切教学活动的设置和安排都要听从教师的指挥。在教学过程中，学生很难对教师提出自己的意见，教师也很难对学生的学习提出明确的要求。在翻转课堂中，教师把学习的主动权还给了学生，教师作为一个引导者，这样可以调动学生的学习积极性，也可以更好地激发他们的好奇心。

（三）推动了英语教学改革进程

在科学技术快速发展的今天，信息技术已经被运用到了教育领域中，传统的教学理念和教学方法已经很难跟上时代的发展和学生的学习需要。翻转课堂是一种与时代同步发展的新的教育方式，它对教育改革的深入发展起到了积极的作用，给学校的改革和各项事业的建设带来了勃勃生机。通过对教学组织的优化，使教学思想得到了进一步的扩展，从而促进了整个教育界的进步。

七、高校英语教学翻转课堂的信息化建设方案

（一）提升师生信息化能力

在多媒体信息技术支持的情况下，翻转课堂能有条不紊地运行。在实践教学过程中，教师与学生必须具备一定的技能。作为英语教学的"传道人"，从"三尺课堂"走向"网络课堂"，对掌握"信息技术"的教师来说，无疑是一个巨大的挑战。学校应该在一定的时间内，对英语教师们进行一次集体训练，并且在训练过程中，将遇到的问题，都一一解答，这样可以大大降低教师们的错误率。对于电子设备，同学们已经见怪不怪了，所以，同学们在运用多媒体的时候，一定要摆好心态。通过有效地解决问题，促进高校教学信息化建设。

（二）灵活使用多媒体技术

在英语教学中，多媒体是最有效的一种教学方式，因此，英语教师应科学、合理地运用多媒体辅助教学。例如，在进行英语写作的时候，教师可以给学生定一个主题，让他们在课堂上讨论，交流的时候要用英语，每个人都要说出自己的心声，如果条件允许，还可以把他们的交流内容录下来。在上课的时候，学生可以将讨论的过程、结果与教师进行及时的沟通，教师要给予适当的评价。通过这种方式，既提高了英语的实际运用能力，实现

了"学以致用"的教育目的，又使学生对英语产生了浓厚的兴趣。

在课堂上，很多同学都会遇到一些问题，例如，大部分同学都不太懂一种文化，这个时候，英语教师就可以利用多媒体技术，收集有关的视频材料，并通过视频材料的播放，帮助同学们更好地理解这一类型的知识。在这个过程中，教师起到了"引路人"的作用，回答了同学们的疑问。

（三）加强师生线上互动

为了让学生更好地与教师们进行互动，在制作英语课程的过程中，也要适当地加入一些与之有关的元素，例如用漂亮的画面来吸引学生们的注意，让师生之间的交流变得更加有趣，增强互动。教师们可以根据实际情况，给同学布置一些课后的作业，下课后同学们可以在网上共同交流自己的心得体会，这样的师生交流，不但可以帮助同学们更好地学习英语，也可以帮助教师们在以后的学习中不断摸索出更多、更好的"翻转课堂"教学方法，更好地实现信息技术对英语教育的帮助。

在信息社会，新的科技、新的观念必须与大学的教学方式相结合。英语教学信息化的目标是提高学生的自主性，创造出一个适合他们自己的学习环境；让学生在课后进行自主学习，并在课堂上提出问题和疑惑，通过讨论，最后获得成功；让学生在学习的过程中，产生一种参与感，在不断发现问题、分析问题、处理问题的过程中，建立起自己的学习自信心，促进学生更好地成长和发展。

第二节　高校英语微课教学模式

随着网络多媒体技术的引入，人们的学习方式逐渐发生改变。在互联网及"微时代"的双重影响下，微课教学模式已经悄然进入高校英语教学的领域并成为人们探索新型教学模式的一个重大突破口。可以说，微课是一种新的网络学习资源，其在国内迅速发展，成为网络多媒体环境下的高校英语信息化教学模式之一。

一、微课教学模式的定义

从字面上来说，"微课"有如下三个层面的意义。

①对于"课"这一概念来说，微课是"课"的一种，是一种课式，呈现的是一种短小的教学活动。

②对于"课程"这一概念来说，微课同样是有计划、有目标、有内容、有资源的。

③对于"教学资源"这一概念来说，微课具有丰富的教学资源，如数字化学习资源包、在线教学视频等。

但是，对其内涵进行挖掘，可以发现微课是一种具有单一目标、短小内容、良好结构、以微视频为载体的教学模式。微课的最初理念是通过正式或者非正式的学习方式，使人们不断对短小、主题集中、与实践紧密结合的专业知识进行学习，从而提高学习效果，促进知识的内化。

在这一理念的基础上，我国学者对微课教学模式展开了重点研究，很多学者提出了自己独到的见解。

黎加厚认为，"微课是时间在十分钟内，教学目标明确、内容短小，能够对某一问题集中说明的微小课程"。

胡铁生、黄明燕、李民认为，微课，也叫"微课程"，是一种基于学科知识的新的网络教学资源。微课以微视频为核心，其中包括了许多与教学相匹配的扩展性或支持性资源，如微练习、微教案、微反思、微课件等，在此基础上，本节提出了一种基于网络的、半结构的、情境化的、开放性的、交互式的、动态的资源生成方法。

上述这些学者的概念具有针对性，并在一定程度上反映出微课教学模式的基本特征，虽然具体内容存在某些差异，但是其理念和核心基本一致。笔者认为，微课从本质上是一种对教与学进行支持的新型课程资源，同时，它还与之相配套的其他课程元素组成了微型课程。就这一观点而言，它是一种课程理论。

在微课的教学方式下，学生通过它与教师进行互动，通过面对面的辅导、网上的讨论等方式，形成有意义的教学，这是教学论的一部分。

二、微课教学模式的构成论

从微课的课程属性出发，微课需要具备必备的课程要素。具体而言，主要涉及四大要素：目标、内容、活动、工具。

（一）目标

目标是指教师期望教学所要达成的结果，主要包含以下两层含义。

①应用目标，也就是为什么要设计和发展微型课堂教学模式。这涉及微课在课前、课中，还是课后的应用，例如，为了引导学生完成课后的习题，所做的相应的习题解释。

②应用结果，也就是教师希望学生能在运用微型课堂的过程中，找到一些特定类型的英语写作的方法，以及一些解题的方法等。一般来说，微课教学模式的目标是具体、明确、单一的，其对微课内容和应用模式的选择有着重要的指导意义。

（二）内容

微课程内容，是为微课的教学目标而服务的，与具体的课程有关的，有目的的，有传递意义的信息和素材。在大学英语微课堂中，微课的内容成了教师达到预设目的所需要的一种信息载体。在微课教学中，教师要依据其目的，并结合学生的学习状况、所处的教学时期等教学实践，对其进行具体的设计。在微课程中，根据微课的具体内容，教师所进行的教学活动也不尽相同。然而，由于微课程的时长较短，而且在内容上具有主题明确、短小精悍等特点，这就要求教师在选择微课程的时候要慎重。

（三）工具

要想完成微课中教的活动，教师必须要借助某些特定工具来保证学生能够正确理解微课内容的意义，从而实现学生与微课的相互交流。在微课教学模式中，这种工具主要包含以下两种

1. 交互工具

交互工具指的是在学生进行微课学习时，能够促进学生与微课间进行操作交互和信息交互的工具。

2. 信息呈现工具——多媒体

多媒体可以更好地协助教师对教学内容展开表述和阐释，提升学生在进行微课学习的时候，与学习资源之间的交互效果，比如，在微课中课件、动画、图形、图像等的呈现。

总之，微课这四大因素是相互影响、相互关联的。

三、微课教学模式的优势

从微课的定义与构成上不难看出，微课与当前信息技术相适应，也与《大学英语教学指南》相适应，是一种新兴媒体在教学领域的应用。可以说，微课在高校英语教学中的优势非常明显。

（一）教学内容少

微课教学模式主要是对课堂教学中某一知识点教学的凸显，或者是对教学中某一环节或者某一主题活动的反映。与传统教学内容相比，高校英语微课教学内容精简，更符合教学的需要。

（二）教学时间短

一般来说，高校英语微课教学视频时长为 3~8 分钟，最长也不应超过 10 分钟。相比之下，传统课堂教学时间长，一般为 40~45 分钟。因此，微课常常被称为"微课例"或"课堂片段"，也就是说，微课教学时间短。在当前的高校英语教学中，使用微课教学模式有助于教师针对教学难点开展教学，使学生将注意力集中在教学的黄金时段，通过与教师的互动解决学习上的困惑。

（三） 资源构成情境化

高校英语微课教学的内容通常具有鲜明的主题，且指向也完整、明确。以教学视频片段为主线，并以此来整合教学设计及其他教学资源，构建一个类型多样、主题凸显、结构紧凑的"主题单元资源包"，营造出一个真实的教学资源环境。在此基础上，本节提出了一种基于多媒体技术的微课资源设计方法。这样真实、具体的情境不仅有助于学生提升自己的思维能力，还有助于提升教师的教学技能和学生自己的学业水平。

（四） 反馈及时、针对性强

微课教学内容少、教学时间短，因此可以在短时间内集中开展上课活动，教师和学生都可以迅速获取反馈信息。此外，每一位学生都可以参与课前组织预演，相互学习，这在一定程度上有助于减轻教师的压力，保证英语教学活动的顺利开展。

（五） 成果简化、多样传播

由于微课教学内容主题鲜明、内容具体，因此其成果易于转化和传播。同时微课教学时间短、容量小，因此其传播的方式也是多种多样的，如网上视频传播微博讨论传播等。

（六） 主题鲜明、内容具体

微课课程的开展是建立在某一主题上的，其研究和探讨的问题也主要来自具体、真实的教学实践。例如，教学实践中的教学策略、学习策略、重点难点、教学反思等问题。

四、微课教学模式的实施建议

虽然微课的设计是当前研究的重点问题，但是也不能忽视微课教学模式在教学实践中的应用。因此，下面就高校英语微课教学模式的实施提出一些建议。

（一） 建立微课学习平台

微课教学模式主要建立在视频这一载体上，同时还需要一些辅助模块，如微练习或互动答疑等，这些对提高学生的学习兴趣、培养教师的信息化应用能力十分有益。其中，一个较为创新的方法是微慕课平台，可以使微课教学模式展现出慕课教学模式的系统性和专业性。这一平台具有一定的知识含量，且具有结构灵活、系统性强、制作成本低等优点。

（二） 提升微课录制技术

微课录制技术要尽可能地简单，使教师乐于录课，并能够快速提升自己的微课录制技术。另外，微课的研究人员需要在网络多媒体技术上进行改进和发展，尽可能地使微课教学模式得以普遍推广。

（三）加强资源开发，实现共建共享

当前的高校英语教学中仍旧存在着教学资源不均衡的情况，而微课的出现，使得优质的教学资源通过网络传送到全国的高校中，从而实现资源共享。

五、微课与高校英语信息化教学

信息化教学是教学资源和教学平台的综合运用，而微课就是其中的教学资源，它是信息化教学的内容和基础，是一种新型网络教育资源。无论是教师还是学生，都会对一堂好的微课赞不绝口，因为它简短，而且有很强的目的性，互动也很好。大学英语信息化教学，就是大学英语教师立足于自己的教学需求，将先进的教学观念引入大学英语教学中，利用信息技术进行教学，优化教学环境，提高大学教学质量。

大学英语微课堂教学是基于信息化技术的一门新课程，它既不是一门简单的网上课程，又不同于传统的英语课堂课程，它充分发挥了线上和线下两种教学方式的互补性，更好地突出了学生的主体性，促进了英语的运用和自主性学习。对学生来说，这是他们今后可持续发展的一个重要动因。

要实现信息化，首先要有相应的辅助信息资源的开发与设计。英语信息资源包括电子课本、试题库等。而教学视频是一种具有直观性和动态性的教学资源，它对创造学习情境、模拟真实的交流过程都有着非常大的帮助，可以成为一种可以推动学生更好地提升语言能力的一种行之有效的方法。所以，在信息技术的应用中，视频教学有着极其重要的作用。

六、微课在高校英语信息化教学中的作用

（一）利用微课激发学生的学习兴趣

长期以来，大学英语教学在应试教育中受到了很大的冲击，已失去了对英语的自信和积极性，只有另辟蹊径才能取得新的进展，利用微课的形式激发学生的学习兴趣，不失为一种有效的方法。教师在分析教材和教学对象的基础上，注重结合学生的感性需求，自行设计微课作品，具有独特的创意，并在课堂教学引入部分内容进行应用。经过精心设计的微课作品，在课堂一开始，就能给人以强烈的视觉冲击力，让人产生愉悦的感觉，激发学生的学习动机，营造一个轻松、快乐的课堂氛围，让学生全身心地投入本单元的语言知识中去。

（二）利用微课突破重点、难点

就大学英语一节课来说，它所涵盖的知识点很多，但是其中只有一两个是重点和难点。如果学生对这一两个关键点的理解出现偏差，或遇到困难，都会影响整个课程的学习效果。所以，教师要抓住教学的主要矛盾，就是要帮助学生抓住重点，攻克难点，辨别易错点，提高学生的学习效率。微课由于其教学目的明确，又因其简短、简洁，非常适合于突破重点、难点和易错点。

（三）利用微课布置巩固练习

在英语教学中，微课可以起到很大的效果。就目前常用的微课制作软件来说，通常都有录屏和练习设计的功能，教师可以将一个巩固练习放在视频的结束处，来检验学生的学习效果。与传统的纸制习题比较，微型习题更具视觉效果，易于操作，且形式多样，对学生更具吸引力。例如，在学完"虚拟语气"的语法之后，教师就可以通过"游戏虚拟语气"来进行愉快的通关训练，并将学生分成几个小队进行比赛。这样，就可以在一种轻松愉悦的气氛中，对学生的学习成效进行检测，找到他们所掌握的知识中的薄弱环节，并将其作为未来教学中要着重解决的关键点。

（四）利用微课实现拓展延伸

扩展延伸是大学英语教学的一个较高的要求，它是在对已有知识的掌握的基础上，用来拓宽视野、学习新知识、开辟新思维的一种方法。所以，扩展和延伸要有一定的深度，要能够激发学生的创造性思维，并且要有很强的兴趣。同时，也要在充分运用微课程的创造性，来实现对各个方面、各个方面的扩展和扩展。

第三节　高校英语慕课教学模式

在网络多媒体环境下，慕课教学模式是以关联主义为基础开展的大规模在线教学。慕课教学模式的形成和发展并不是偶然的，而是在时代发展和信息技术进步的基础上实现的。本节就来分析高校英语慕课教学模式。

一、慕课教学模式的定义

慕课是一种在线课程开放模式，又称为"大型开放式网络课程"。慕课主要由具有协作精神与分享精神的个人所组织，他们将优异的课程上传到网络，供需要的人下载和学习，目的是促进知识的传播和发展。

2012 年 9 月 20 日，维基百科将慕课进行了界定，即慕课是一种以开放访问、大规模参加为目的的在线课程。慕课的英文名称是"MOOC"，这四个字母分别有其代表的含义。

M（Massive）：代表参与这种开放性课程的人数多，规模大。

O（Open）：代表这一课程具有开放性，只要是想学习的人都可以参与其中。

O（Online）：代表学习是在网上完成的，不受时空限制。

C（Course）：代表课程。

二、慕课教学模式的优势

慕课教学模式应用于高校英语教学必然会引起重大的教学理念与教学方式的改变。也就是说，慕课教学模式对当前的高校英语教学意义重大。具体而言，慕课教学模式具有如下四点优势。

（一）提供能力培养平台

我国的高校英语教学虽然一直在不断变革，但是总体上还是将重心放在基础知识教学上。这种教学模式必然阻碍学生将英语学习与专业学习结合起来，学生也就很难实现自己综合能力的提升。慕课的出现能够为学生提供最新的发展评估和专业动向，有助于激发学生的学习动机和兴趣，促使学生提升自己的专业能力，解决英语教学与自己专业的问题。

（二）平衡不同学生水平

高校学生来自不同的地域，由于各地的教学水平存在差异，学生的学习能力和学习基础也高低不同。在统一的大班英语课堂上，教师很难实行一对一教学，只能从宏观上对学生进行指导。在这样的教育现实下，很多学生或者追赶不上教学的进度，或者不满足于当前的教学水平。慕课教学模式通过开放性的网络平台，给学生提供了有针对性的教学，有利于缓解教师教与学生学之间的矛盾。同时，该模式不受时空限制，既有利于促进基础好的学生发展能力，也有利于基础差的学生巩固知识。

（三）形成语言使用环境

对于我国学生而言，英语是第二语言，因为缺乏语言学习的环境，这导致学生在课堂上学到的知识很难在现实中应用。从很大程度上说，这降低了学生学习英语的成就感，也对日后学生的语言能力提升十分不利。

慕课的出现能够为学生创设良好的语言学习环境，使学生可以接触到真实的语言，甚至可以与世界上其他国家的人们进行交流，这都有助于提升学生自身的听说能力。

（四）扩大学生知识储备

我国的高校英语教学主要是围绕课堂教学展开的，面对短暂的教学时间、繁重的课业压力，课堂教学很难给学生带来充足的知识。相比之下，慕课教学模式以网络为平台，可以向学生提供丰富的知识，方便学生进行提取，不仅扩大了学生的知识储备，还提高了学生的学习效率。

三、慕课教学模式的特点

作为一种新兴的高校英语教学形式，慕课教学模式往往会具有以下四个特点，即课程设置多样化、上课方式多样化、考核方式多样化、传统课堂与慕课相结合。

（一）课程设置多样化

就当前的高校英语教学来说，慕课教学模式改变了传统教学模式的单一状况。就师资力量来说，传统的高校英语教师资源非常有限，所讲授的课程针对性也不明确。就教学材料来说，当前大多数高等院校使用外语教学与研究出版社出版的《新视野大学英语》，并没有采用与学生相适应的专门教材。就课程设置来说，虽然各大高校都设置选修课，但是这些选修课大多是为英语四、六级考试设置的。对此，慕课教学模式可以使学生根据自己的兴趣和需要来选择课程，大大提高了学生的学习兴趣，从而提升了学生学习英语的质量和效率。

（二）上课方式多样化

虽然我国各大高校都在推进高校英语教学改革，但是仍旧将教师讲授作为中心，其中穿插的多媒体也只是一种辅助形式，是教师板书的延伸而已。但是，在网络多媒体不断发展的背景下，慕课教学模式实现了上课方式的多样化，学生可以坐在电脑前学习，或者手拿 iPad 进行学习。

（三）考核方式多样化

在网络多媒体教学环境下，高校英语慕课教学模式的关键在于考核方式的多样化。如果仅仅依靠传统的笔试或者论文式考核，那么就很难将学生的实际水平测试出来。在慕课教学模式下，考核方式的多样化主要涉及两点：一是探索个性化的考核方式，即根据不同层次的考生设置不同的测试题目；二是探索开放性的考核方式。总之，无论是个性化考核方式，还是开放性考核方式，都是为了激发学生的学习积极性和学习兴趣。

（四）传统课堂与慕课结合

前面已经介绍了慕课教学模式的优势，但是在发挥慕课教学模式优势的同时，还需要注意两点问题。

第一，高校英语慕课教学模式还有待完善，需要对教师进行培训，还需要准备与之配套的教学硬件设备。

第二，对大学生来说，他们自身的水平存在差异，因此要想让不同层次的学生适应慕课教学模式，也需要很长的一段时间。如果将所有的教学内容置于网上，那么那些本身自制力差的学生就更容易放弃，这当然是教师不愿意看到的。因此，当前属于新旧交替时期，教师仍旧扮演着重要角色。首先，教师应该积极探索能够激发学生主动性和积极性的慕课课件。其次，教师需要对学生的基本情况有一个清晰的了解，保证慕课课件能够被大多数学生理解和掌握。最后，教师还需要了解不同学生的自主学习能力，锻炼学生的心理素质，使他们尽快适应新兴的教学模式。

四、慕课对当前高校英语信息化教学的影响

（一）高校英语信息化教学的现实问题

1. 意识缺失

在当前的教学环境中，信息技术已经成为一种行之有效的教学手段，它对英语教学起到了很大的促进作用。慕课是信息化教育发展的新阶段，它的普及可以使"接受式"教学模式向"主动式"教学模式、"传授式"教学模式向"学习式"教学模式的有效转换，而这一转换与教师自身的信息素质有着紧密的联系。大量的人文学科英语教师患有"技术恐惧"，他们担心自己的信息技术能力低下，或者因为不能充分利用信息技术的软件和设备而在学生面前丢脸，所以经常会对信息技术抱有一种逆反的态度。同时，他们也担忧在实施信息技术的过程中，一不小心就会降低教育的质量，英语水平测试的成功率，学生的学习效率和教师的授课效率。这就导致了一些英语教师对传统的课堂教学感到满意，而不愿主动地进行课堂教学的变革。

2. 人才缺乏

相关调查表明，只有1/3的大学教师认为，他们可以在英语中自由地使用信息技术，并可以在网上进行英语教学，这说明，大部分大学英语教师的信息技术还无法满足信息化教学的需要。由此可以看出，在英语信息化教学中，信息技术人员的短缺已经成了其大众化、多水平推广的瓶颈。此外，在课堂教学中融入信息技术，特别是利用"慕课"来开展课堂教学，这就要求我们花费更多的时间和精力来对课堂内容进行整合，对课堂教学进行重新规划，对教学方式、方法等都要从根本上改变，但是英语教师们一般都有自己的工作要做，任务比较繁重，没有时间和精力去做更深层次的研究。

3. 资源不足

国外英语慕课的实施，是基于相关的远程网络教育资源和其他方面的长期积累而形成的。然而，中国的网上信息资源，特别是英语基础课的教育，却是一个比较落后的领

域，许多大学虽然已经有了优质课程的教学资源，但是当它们涉及"慕课"时，信息化程度就比较低了。许多英语教师都没有足够的心理准备，所以，如何根据大学英语慕课的教学内容，制订教学原则，设置课程评价标准，是未来教师们应该继续研究的课题。

（二）慕课对高校英语信息化教学改革的促进作用

1. 提高学生的学习效率

对大多数中国留学生而言，英语是一门外语，缺少一个能让他们学习的环境。然而，高校非英语专业只有4个星期的英语课程，没有提供一个很好的学习氛围，不能很好地培养出语感，并在学习过程中不能很好地发挥他们的作用。慕课为学生提供了免费的网络资源，学生可以自由地进行学习，而且学习速度更快。学生也可以制订一个适合自己需求的学习计划，学习自己所需的内容，提高学习效率。慕课通过其知识体系的系统化、结构的明晰以及文法知识的清晰，帮助学生建立起一套系统、准确的语法知识，并让他们自觉地对语言表达进行控制，这样才能确保语言表达的流畅和准确。

2. 提高学生的创新能力

英语教师可以根据慕课中的各个模块，对信息技术的内容进行合理的设计，并根据学生的特点和学习水平，进行个性化的设置，使信息技术的应用更加深入，更好地促进了信息技术的发展，提升了学生的创造力。

3. 促进教师角色的转变

慕课的产生，给教师到学生带来了一次根本性的变化。慕课是一种以学生为主体的教学活动，是一种由教学内容提供向教学情境创建者转化的过程。在此过程中，教师要对教学内容进行精心的选择和设计，并对其进行设置和多个方面的评价。此外，教师还要参与到学生之间的互动过程中，发挥自己的作用，扮演好学生问题的解决者和学习内容的支持者的角色。在教学方法方面，"慕课"的教学方法需要由"单干"转向"群体性"。但仅凭一、两位教师是远远不够的，必须要有整个教师团队共同努力才能实现。课程设计组应根据学生的实际情况，及时地对学生的教学情况进行分析，做出相应的动态调整，以满足学员的个体化学习需要。

五、利用慕课进行高校英语信息化教学的策略

（一）合理选择内容

慕课作为一种新兴的网上开放课程，拥有丰富的高质量的课程资源，简单易用，通过互联网就能学到，并且大部分都是免费的，没有时空等方面的约束。在慕课教学中，如何

选取适当的教学内容，是一项重要的工作。在英语课程中，教师应根据课程安排，选择难易程度适当和进度相适应的教材，使英语课程与专业课程内容相结合，利于学生自学。教师们应当建立一个有利于学生参与到讨论中的讨论团体或者社交平台。

（二）设置学习问题

在教学过程中，教师要针对教学内容，设计出符合教学要求的小测验、小题，以及某些有探究性的问题。在课前，学生可以在线上进行学习，并以自己的理解能力与兴趣为基础，选择与之相适应的探究题目进行观看、练习和交流。因为有了慕课平台的支持，学生们可以按照自己的能力，进行反复的观看和学习，不管是在什么时候、什么地方，都不会受到任何限制，除非他们把知识都掌握了。借助群组或社会平台（微信，微博，QQ等），教师们可以很方便地和同学们进行沟通，从而了解他们的有关情况，并对他们进行针对性的辅导和反馈，达到个性化的目的。

（三）开展小组合作

让每一位同学都能积极地参加各种活动，为同学们提供交流的机会，让他们在任何时候都能检验自己的观点是否正确；为学生提供多元化的问题解答，这些都是小组学习的优点。通过小组讨论、工作表、拼图学习或头脑风暴等方法，让学生们通过对话、商讨、争论等形式，展开有目的性的学习。小组合作学习活动在推动学生个体思维能力的发展，提高学生的交流和沟通能力，培养他们的自尊心，形成个体之间的相互尊重的关系方面，都有着重要的意义。

（四）交流学习成果

学生在教师的解疑和指导下，通过小组合作学习，完成了个人或者小组的成果集锦。同学们以上课报告等形式，互相交流各自的心得体会，并与大家一起分享了收获与快乐。通过报告、展示、竞赛和汇报等多种方式进行科研成果交换。

（五）改革学习评价

慕课教学模式与常规教学模式相比有很大的不同。在课堂教学中，教师评价、学生自评、互评是一种有效的评价方式。在这一种学习方法中，不仅要重视对学习结果的评价，还要重视对学习过程的评价，要做到量化评价与定性评价、形成性评价与总结性评价、自我评价与他人评价的良好结合。评价的内容包括问题的选择、学习过程中的表现、学习结果表达和成果汇报展示等。

第四节　高校英语动态分层教学模式

在新课程改革的推动下，高校信息化在教育中的应用日益广泛。信息化给高校英语教育带来了新的契机，将其与"动态""分层"相结合，有利于提高高校英语教育的质量与水平，对高校英语教育的改革与创新有着重要的现实意义。

一、动态分层教学模式的概念及原理

"动态分层"是指根据不同的学习状况，不同的个性特点，不同的学习能力，把不同英语水平的学生分为不同的两组或更多组。英语教师应依据中学生的英语水平，制订相应的教学计划，并以学生的成就作为衡量指标，进行科学的评估。这样的教学方法，既可以使英语课有更多的可能，又可以使他们更好地掌握知识。

在此基础上，提出了一种新的教学方法。显性教学层次是指按照一定的公共准则，进行等级划分和实施，不设班数。而隐性教学层次则是在课堂上进行的，这对教师进行"个别化"的教育是很有帮助的。随着多媒体技术的发展，"层次性"教学逐渐成为大学英语课程改革的新方向，它不仅能有效地解决传统课堂教学中存在的问题，而且能降低因个体差异而带来的负面效应。本节从三个方面阐述了"成与败"的基本原则。有句话说得好，不管是黑猫还是白猫，只要能抓住老鼠，就是一只好猫。这一理论也可以应用在高校的教学中，在解决了一个困难的问题之后，学生经常会期望去探索一个更加困难的问题；如果在很长的一段时间内，没有发现问题的答案，学生就会丧失自信，进而出现更严重的厌学情绪。二是根据学生的实际情况进行教学。孔子、韩愈等中国杰出的教育家、思想家都提出了"有针对性"的教育理念，也就是"因材施教"。它能帮助我们判断出学生的综合素质，从而有针对性地进行教育活动，提高教育质量。在进行教学时，教师不能对个体差异较大的学生一视同仁，要根据学生的能力和学习情况来制订教学方案，这也是我国现阶段高校教学改革的重要要求。三是把学生放在第一位。传统的"填鸭式"授课方式，过分强调了教师在课堂上的主导地位，而忽略了学生在课堂上的主体性。动态分层教学模式能够弥补传统教学模式的缺陷，将主体地位还给学生，一切以学生为出发点，激发学生的主动性。在课堂上，教师要做一个"旁观者"，关注学生的学习状况，满足他们的"个性化"要求；深入发掘学生的学习潜力，正确指导他们的"三观"，用科学的方法提高他们对英语的兴趣，培养他们的创造力和思考能力。

二、高校英语在信息技术环境下的动态分层教学探究

（一）高校英语动态分层教学模式与信息技术融合的必要性

在信息化条件下，大学英语课堂教学从单一的"板书"转变为一种全新的课堂教学方

式。它是在信息化的基础上，将枯燥无味的教学内容，以图画、音频、视频等多种方式呈现给学生。在教学中，教师要营造出一个更好的情境，增强情境的真实性，引起学生的注意，从而提高他们对英语学习的兴趣。多媒体技术与"动态分层"的结合，使"听说读写"四大模块的教学内容得到了充实，有利于教师进行多元化的教学。因此，本节提出了"听、说、读、写"英语课程的新思路。比如，在听力教学中引入了动态分层教学模式，教师就能够根据学生最近的听力表现，在信息技术的背景下，推荐一种适合学习的听力材料。学生可依据自己的兴趣，选用适当的学习素材，充分发挥自己的听力潜能。此外，信息技术还能为教师提供一个对学生的学习进行管理的平台，便于教师根据学生的学习状况，进行档案管理和更新，为后期评价打下了基础。

（二）教学内容的动态分层

教师需要"吃透"现有的大学英语教材，以教学大纲为辅制定各个层面的教学目标，再将教材中的主要内容进行动态分层教学。例如，当教师开展听力教学时，学校提供的教材为《大学英语听说训练》（第三版）。这本书中的听力训练内容安排比较科学，难度由浅到深。每个单元都由技巧练习、语言练习、口语练习和听力延伸训练四个模块组成，其中技巧练习涉及的内容较简单，包含两个模块，可以分别对学生的听力技巧和交际口语进行训练；语言练习需要学生对两个篇幅较短的文章进行理解，锻炼学生对知识点的掌控能力。

（三）以学生为主体的动态分层

在运用该教材进行课堂听力训练时，教师要根据学生的学习能力进行动态分层，以成绩作为衡量标准，将学生分为 A、B、C 三个水平。对英语基础薄弱、学习成绩不理想的 A 类学生，则应在此基础上进行技能训练、语言训练，并以口头训练为补充；B 类英语水平较低，学习能力较差的，则应在第一、二、三个方面进行，并以口头训练为补充；C 类英语水平高，有良好的学习能力，则应要求他们做四个问题的练习。通过长期的努力，A组同学可以积累更多的基础知识，当他们可以独立地完成口语练习有关的培训内容时，就可以晋升为 B 组的成员。并且，在进行教学时，还需要在信息技术环境下进行以上四个部分的教学活动，最大限度地调动学生的学习潜力，以多种形式将复杂的语法知识刻画在学生的脑海中。通过这个阶段的学习，让同学们感到很满意，在教师的正面指导与激励下，同学们的英语水平会有很大的提升。

上面的例子中，我们已经解释了学生的动态分层，这就是按照学生的能力水平和学习需求来进行分级。但是，这一层级结构并非一定之规，它要求对每一层级的教师进行定期评估，并对每一层级的人员进行动态调整。应当指出，鉴于大学生有很强的荣辱心和攀比心，教师应尽量将其淡化，仅作为自己授课时的一个参照，而不在课堂上大张旗鼓地宣传。这既能保证教师的正常教学，又能对学生起到一种特别的保护作用，避免一些大学生"破罐子破摔"的非理性学习行为。

（四）作业布置的动态分层

作业的完成情况是教师评判学生学习情况的重要参考标准，也可以对学生学习到的知识点进行巩固和训练。所以，教师在安排动态的、分层的作业时，必须充分利用资讯科技所提供的丰富的教育资源，以提高教师的教育品质与教育能力。比如，在英语教学中，针对不同层次的学生，设置不同的教学任务，使其达到不同水平。学生并做完作业后，将作业以电邮方式寄至教师的信箱，使教师作业批改更有效率。

（五）评价机制的动态分层

评价是高校英语课堂教学中的一个关键环节，它不仅能使学生通过彼此间的评价来修正自己的不足，而且能使他们在英语课堂上获得新的知识和技能。在大学英语课堂上，评价主要有两种方式：一种是评估，它要考虑到学生在课堂上的表现、出勤和家庭作业的评分，具有很高的整体性；二是一种以学生测试结果为导向的最终评价制度。而在高校英语课堂教学中，教师的考核往往也是一个重要的环节。比如说，在批改学生的作文的时候，教师可以在信息技术的环境下，让同水平的学生进行无定向的互相批改，并让学生按照评价建议对自己的作文进行改进，达到共同提高的理想教学效果。

因此，要想获得良好的教学效果，就要根据学生的实际状况、教学过程，进行动态的分层和教学方式的创新，并借助信息技术，使大学英语课程体系更加吻合师生的需要。但是，在实施动态的分层教学时，并不适宜让学生知道，以免使他们产生自卑感，削弱了教学效果。

第四章 高校英语教师的信息化教学能力研究

第一节 教师信息化教学能力概述

一、信息化社会与教师专业发展

（一）基础教育改革对教师的要求

在新一轮基础教育课程改革中，一些对教师的新的要求被提了出来，主要涵盖了以下几个方面的内容。

1. 教学观念

在教师教学观念上，以往都是注重知识的传授，新一轮改革要求培养学生自主学习的态度，教师不仅仅是一个知识的传承者，同时也是一个引导者、一个帮助者、一个促进者。

2. 教学方式

在教学方式上，教师借助于新的教学信息资源，改变了以往教师是唯一知识来源的观念，将多元化的资源重复利用，以培养学生的创新精神和实践能力为目标，改进自己的授课方法。此外，为了推动学生的全面发展，这一次的教学改革对学生的学习方法提出了更高的要求，教师的学习方式也要随之改变，多和学生进行教学交往，以培养他们独立自主解决问题的能力。

3. 教学能力

在教学能力上，教师要成为教学信息资源的收集者、设计者、开发者，依托于这些资源来提升教学能力。教师的教学能力既包含了与学生的教学交流能力，也包含了教学科研能力，唯有通过在教学中的实践、研究、总结，才能进行有针对性的教学反思，从而提升自身的教学水平。

4. 教学评价方式

传统的评价方式对学生的选拔和甄别十分注重，新一轮基础教育课程改革强调要在传统方式的基础上，不断地创新评价方法，提倡以多元化的方式来评价学生，为他们的全面发展打好基础。

（二）信息化社会对教师的挑战

社会信息化给人们生活的方方面面都带来了变化，而在这些变化之中，教育的信息化起着举足轻重的作用。在教育信息化建设的过程中，教师作为主体，其发展是一个重要的过程。信息时代的来临，给教育观念、教学内容、教学方法等带来了巨大的变化，同时也给教师的知识结构与能力带来了巨大的挑战。信息化所产生的效应十分深远，在全世界范围内，各个国家都十分关注教师的专业化发展，相关的教育技术的能力标准也相继出台，除此之外，各个国家还实施了许多旨在提高教师的信息技术应用能力的计划，让他们能够更好地适应信息化教育的来临，为教师的教育技术能力的提升提供了有力的支撑。此外，教科文组织发布的《教师信息和传播技术能力标准》以及英国发布的《ICT 应用于学科教学的教师能力标准》等，对教育的发展也有一定的指导意义。

二、教师信息化教学能力的特点

教师的信息教学能力并非是一个单一的技能，而是由多种能力组成的。信息化教学能力是一种特殊的教育形式，它是一种在教育过程中，为实现教育目标而应用信息技术的能力。如果一名教师要想获取信息化教学的能力，就一定要拥有足够的信息化实践知识，并借助一定的信息化情境。教师信息化教学能力的特点主要包括以下几点。

（一）信息化教学能力的复合性

随着信息时代的到来，教师的教育水平也在不断地变化着，从单纯的知识、技能的传授，转变为一种新的教育方式。教师的信息化教学能力包括以下几个方面：第一，不仅要有传授知识和技能的能力，还要有将教学各方面技术化的能力；第二，不仅要有促进自身能力发展的要求，还要能提高学生的信息化学习能力；第三，要从基础的信息化教育水平上，逐步提高教师的素质。

尽管在常规教育中，复合性也是教师的教学能力的一项特点，然而，随着信息化的来临，在教学中加入了许多信息技术元素，在信息化的背景下，教师的教学能力也变得更加复杂和多样化。尤其是在多样化的教学信息和数字化的学习资源环境下，教师的权威地位发生了很大的变化，并且在教学中起到了不同的作用。在这种新的学习环境下，对教师的要求和期望也变得更高，教师既要具备掌控教学的能力，又要具备教学的综合素质。要处理信息化教学中的知识内容，教师们不仅要具备传授的技能，更要把这些技能转换为学生自身的技能，并对学习方式和策略进行培养，让他们能够真正地获得信息化学习的技能。

因而，在信息时代，教师的信息教学能力呈现出"综合化"和"多层次"的特征，同时也呈现出鲜明的复合特征。

（二）信息化教学能力的关联性

教师的信息化教学能力由众多的子能力组成，这些子能力具有自身的特性，但是子能力之间是相互作用并影响的，互相之间存在着紧密的联系，其关联性主要体现在以下几点。

1. 基础性

教师在进行信息技术教育时，必须具备基本的教学技能，并在这些技能的培养下，不断提高自己的素质。教师信息化教学能力的发展所需要的基本能力有：一般教学法的相关能力、驾驭学科教学内容的能力、基本的教学技术能力等。

2. 融合性

将教学中的教学技术、学科教学内容以及学科教学法这些基本的内容进行有机融合，与教师信息化教学有关的学科内容能力、学科教学法能力等也将逐步形成。在这个过程中，我们可以清楚地看到，在能力的生成和发展中，有一种融合的特点。

3. 递进性

在信息技术教育中，教师的信息技术能力是一个不断提高的过程。而在各个时期，教师的信息技术水平又各有其独特的发展特点。教师的各种教育学生的能力，是一个不断发展的过程。只有从中摸索出新的平衡点，不断地进行协调，才能获得持续的发展能力，并形成一个良性的动态过程。

（三）信息化教学能力的发展性

1. 学习对象要求不一

信息化的教学环境是动态的，信息化的实施也是动态的。由于教学对象的差异，学生的学习发展与能力的需求也存在差异。为了适应这些复杂多变的情况，满足学生的动态要求，教师信息化教学能力需要不断地调整、动态地形成与发展。

2. 信息技术发展具有周期性

信息技术发展至今，已经取得了很大进步，技术的更替存在周期性，并且这一周期在逐步缩短。在快速更新的信息化社会中，信息化学科教学与相关的教学方法也要顺应这种变化，为了适应新技术、新工具、新方法所带来的改变，需要进行及时的更新和发展。也正因为如此，在信息技术的飞速发展中，信息化的教学能力也在持续地进行着更新和发展。所以这种动态变化的发展需要教师去主动适应。

3. 教师教学能力结构的动态发展

课程教学的改革与发展需要信息化社会中教师能力的调整与改变，同时还需要教师动态调整与发展完善自身的教学能力结构。

第二节　教师信息化教学能力构成

一、教师信息化教学能力的知识体系

在信息化社会中，教师教学能力的知识结构呈现出了显著的分层特征，不同的教学状况也会对其提出不同的要求。根据这种差异，教师对信息化教学能力的认识可以分为三个层次，如表4-1所示。

表4-1　教师信息化教学能力的知识体系

知识体系划分	具体知识内容
知识基础	学科知识、一般教学法知识、学科教学法知识、教学技术知识
知识主体	信息化学科知识、信息化教学法知识
最高知识要求	信息化学科教学法知识

（一）第一层次

在提高教师的信息技术能力方面，需要以这一层次的知识作为基础，具体知识内容如下。

1. 学科知识

教师从事某一学科的教学工作首先需要具备该学科的基础专业知识，这些学科的知识主要包含了有关学科的概念、理论和方法等，还包含了与学科相关的其他学科的理论内容等。

2. 一般教学法知识

教学的一般性原理、策略和方法等都是一般教学法知识包含的内容，通过运用这些知识，能够完成对教学目标和教学过程的认识，同时，教学的准备、实施、管理以及评价也需要借助这些知识来完成，掌握一般教学法知识能够给教师带来极大的便利。

3. 学科教学法知识

学科教学法知识的提出者是舒尔曼，这个理念已经被社会所普遍接受，它的本质是将一门学科知识与普通的教育学相结合，包括对一门学科知识的表达、传递和呈现等，通过对这门知识的理解，可以为教学提供方便。

4. 教学技术知识

教学技术知识包含了两类内容：教学媒体和教学手段的应用知识。其既包括使用教学工具的技能，如使用教科书、粉笔、黑板、模型等的技能，当然，也包括了使用教学媒体知识与技能。

（二）第二层次

这一层面的知识构成了教师在信息化教育中的主要知识。

1. 信息化学科知识

信息化学科知识是指融合了教学技术与学科知识而形成的，它是一种将教学技巧和专业知识结合起来而产生的一种知识。当然，教学手段并非一成不变，可以为不同的课程内容配置适当的教学手段，使之得以展示。

2. 信息化教学法知识

将传统的教学方法与教育技术相结合，形成了一种新型的教育方法，这就是信息时代的教育学知识。在教学过程中，教学技术的介入会对教学产生一定的影响，使其中的要素发生变化。一些新教学方法的产生以及原有教学法的巩固和拓展，都能够在教学技术的作用下实现。

（三）第三层次

第三层次的知识内容包括信息化学科教学法，其是教师信息化教学能力的最高知识要求。将教学技术与学科知识、一般教学法进行融合，就是信息化学科教学法，这是三类知识综合后产生的一类特殊知识。在内涵上，这一新知识已经有了一次新的超越，在发展信息化教学能力的过程中，其是教师获得知识的最高境界与追求。

二、教师信息化教学能力的结构

知识是人的基本素质，而知识的应用又离不开知识向能力的转换。学习的目标是使学生能够应用所学到的东西来解决问题。这种能力的表现是通过对所学知识的全面应用和对问题的分析和解决来实现的。

（一）信息化教学迁移能力

在信息技术的应用过程中，教师的信息化迁移是信息化的重要组成部分。为了不断提高教师的信息化教学能力，其也是一项重要条件。

1. 纵向迁移能力

纵向迁移即信息化教学知识技能的转化迁移，主要指教师在信息化教学中遇到一些实际问题时，将学习获得的知识技能应用于其中以解决问题的能力。这些问题的解决过程中就需要用到迁移，因此，信息化教学知识技能转化成信息化教学能力的关键就是迁移，简单来讲，这个过程就是学以致用。

2. 横向迁移能力

所谓"横向迁移"，就是指在不同的信息环境下，教师对信息环境的适应性迁移。横向迁移能力是指在一个新的、信息的教学环境中，教师可以扩展原来环境中的教学经验。并进行了再创造应用。这种能力在教学中的应用很广泛，简单来讲，就是举一反三、触类旁通。

（二）信息化教学融合能力

信息化教学融合能力具体包括三个方面的子能力。

1. 信息化学科知识能力

将专业知识与信息技术结合起来，形成了一种新型的专业知识形式——信息化学科知识能力。以一种新的方式，将原来的学科知识的形式和内容展现出来，并加以扩展，这是对教师进行学科知识信息化的一种能力要求。

2. 信息化教学方法能力

将普通的教学方法与信息化进行整合，所产生的新的知识性能力即为信息化教学方法能力。这一能力要求教师可以将两者有机地结合起来，并且在信息化环境下，要求教师可以掌握一些基本的教学原理、方法和策略等。

3. 信息化学科教学法能力

把主题教育法与信息科技结合起来，这种特殊的知识形态即为信息化学科教学法能力。该能力需要教师具备其融合的各项知识，同时还要有将它们统一起来的能力。通过发挥每项知识内容的优势，教师才能在这种新的知识形态上实现教学效率和效果的双提高。

（三）信息化教学交往能力

在信息化教学环境中，教师和学生是两个主要的主体，他们彼此之间要进行更多的交往。信息化教学交往能力是一种增强师生之间的沟通与交流，开展信息化互动，相互交换思想与情感，以实现学生的能力发展为主要目的的一种教学能力形式。

1. 课堂信息化教学交往能力

在信息时代，师生之间存在着一种独特的互动方式，这种交往方式被称为"信息互动"。在信息技术环境下，学生在信息技术环境下的学习行为是由教师来指导、管理，而学生是学习者。

在这一过程中，教师要与学生保持一种平等的交流，并保证教学活动有条不紊地进行，这项能力是一项能够推动教师高效的教学和学生高效的学习的关键能力。

2. 虚拟信息化教学交往能力

从一个更广义的角度来看，信息化教学交流能力是在一个虚拟的信息化教学环境中，教师与学生展开教育交流的能力。在这种情况下，师生双方进行有效的交流是实现这种能力的必要条件。

（四）信息化教学评价能力

在信息化教学中，对教师的教学进行客观、合理的价值判断，调适教师的教学行为，以及对学生的学习做出评价，对其学习行为进行规范指导，这就是对信息化的评价。在信息技术教育的评价中，师生共同关心，就能够达到教育的最优化。

1. 学生信息化学习的评价能力

在信息化社会中，教学评价的方式并不是单一的，其更加关注学生的全面发展，评价方式也更具有导向性。在信息化情境中，教师们要注意的是，他们的个人发展和差异，创新学习能力，综合素质，信息技术方面的评价，实际能力的发展，情感的培育。

2. 教师信息化教学的评价能力

相对而言，对教师进行信息化教学能力的评估，是一种以结果为导向的评价，是教师信息化教学质量评价，其以促进教师有效教学为目的，同时也是发展性评价，更加强调以促进教师专业发展为出发点，通过评价，提高教师的教育水平。

（五）信息化协作教学能力

协作教学是指在教学全流程中，通过备课、观摩教学、教学活动和科研活动等方式，开展高效合作的教学活动。信息时代的来临，给教师协作式教育带来了更为宽广的实践空间，也扩大了其合作的范围。

在信息化的社会里，教师要充分地使用数字化的互联网，与同行、专家相互协作，基于信息和传播技术，培养多样化的集体教学能力，并发挥出信息化的集体智慧和信息化的协作能力。

（六）促进学生信息化学习能力

信息时代的来临，给师生带来了巨大的冲击。在信息时代，过去的研究更多地关注着教师的教育水平和职业发展，而现在，学生的综合发展已经成了人们关注的热点。从另一方面讲，提高教师的信息化水平，也是对学生信息化水平的提高。

第三节 教师信息化教学能力的发展策略

一、教师信息化教学能力终身发展体系

现代教育理念认为，在信息技术与课程进行整合的过程中，在教育实践中，要建立起一套完整的教育管理系统。

一般来说，提高教师的信息化教育水平，要经过职前训练和上岗训练，但是职前和在职培训机构之间还存在着一些问题。由于机构各自为政，在培训内容的安排上不能做好衔接，各自体系间也不协调，甚至会出现信息化教学能力价值取向的偏颇、内容相互重叠等问题。要想更好地与教师的职业发展及信息化教学能力发展相匹配，我们应该综合考量对教师的职业教育和在职教育，实行职前教育和在职教育的整合，构建出一个完善的终生发展体系。

二、教师信息化教学能力发展的特点

作为一种特殊的技能，教师的信息化教学能力的发展必然要遵守技能发展的普遍规则，但在技能发展的全过程中，又表现出了自己的独特性。在发展过程中，教师的信息技术水平具有三个主要特征：动态性、系统性和指向性。

（一）教师信息化教学能力发展是动态的

在教育发展的全进程中，教师起着举足轻重的作用。教育的变革同样是靠着教师们的不懈付出，而教师们的职业发展又必须靠自己的能力和素养去提升。在其发展过程中，时代也是发展的一个重要特点，所以，它也要符合时代的特点，始终处于不断发展之中。在教师的信息化教学中，教育实践和协作教育是实现其不断发展的主要力量源泉，而这种力量的发展更是由其自身的自主性所决定的，所以，在教育过程中，要对其进行自主学习、终身学习的意识和技能的培养。

（二）教师信息化教学能力发展是系统的

首先，在教育领域，教师的信息化能力成长并非一种简单的成长方式，不可能将其职前的专业知识和技术的掌握，以及在工作岗位上参加的某些能力成长计划单独当作一个成长路径。将教师自身能力方面的素质要求和知识技能方面的结构要求有机地融合起来，从而达到了教师的信息化教学能力的发展。其次，在信息技术教育中，教师的职前能力培养与在职能力培养的侧重点是不一样的，前者是对技能的模拟经验与知识的积累；而后者，

更注重的是对具体的信息化教学实践，并注重对各种信息化教学情景的能力迁移、融合。二者的着眼点虽有差异，却都与发展的整合密切相关。最后，在教育的发展过程中，教师的信息化教学技能的发展是至关重要的一步，它的发展并不只是教师个人的专业成长那么简单，它的发展的终极目的是学生的成长、教育的发展以及社会的发展。它涉及个人外在的许多相关因素，从个人的发展到对学生、对教育、对社会的促进，都是一个系统的发展。

（三）教师信息化教学能力发展是有指向的

在此基础上，本节提出了一种新的、有针对性的、可持续的发展模式。在知识结构方面，它的最终目标是寻找到教师的信息化学科教育知识，而教师的整个知识系统的发展方向是教师的信息化教学智慧的创造。在能力结构方面，它的最终目的是提升教师自身的信息技术教学能力，并实现教师的专业化发展，而教师的信息技术学习能力的方向和学生的成长，则是教师的信息技术水平的发展方向。

三、教师信息化教学能力发展的策略选择

为了提高教师的信息化教学能力，我们可以根据外部环境条件、方法论、内部系统和直接条件来进行策略的选择，也就是可以从宏观策略、中观策略、微观策略三个角度来进行分析。

（一）宏观发展策略

在宏观层次上，发展战略的重点是为其提供有利于开发的外在环境。

1. 社会发展的需求

信息技术的创造和应用使得社会快速发展，如今，人们生活在一个高度信息化的社会，人们的生活和工作无不受信息技术的影响。信息更新周期短是信息社会的重要特征之一，社会信息化的重要组成部分是教育的信息化，而教师在其中起着关键性的作用。教育和信息技术的融合带来了教学的改变，教师要主动改变自己以适应信息化社会的发展。在一个信息时代，必须要培养出一批具备创造性、实践性的信息技术人才，而教师是其中的主要力量，而实现这一任务的先决条件是教师自身的信息技术发展。可以说，在一个信息社会中，教师的信息素养要求既是一个时代的要求，也是一个新的要求。所以，在这个新的世纪里，提高教师的信息化教学能力已成为一个必然的趋势。它要求教师在了解自己信息化能力的知识的同时，在这个基础上，在信息化教学实践中，逐渐形成自己的信息化教学智慧。因此，教师的教学技术能力是教师发展信息化教学能力的技术基础，它的主要内容是信息化教学实践和教师的信息化教学知识，它的最终目的是信

息化教学智慧。

2. 国家政策的保障

世界各国对教育信息化的发展都非常重视，针对教育信息化采取了一系列措施，政府在基础设施、信息资源和能力培养等领域提供了政策支助。从发展教师信息化教学能力的战略来看，各个国家的政策支持和保障，主要表现为相关的通用教师教学技术能力标准的颁布和实施，以及对教师相关信息技术能力的国家层次的培训项目的支持等。可以说，许多国家都在不断地对教师进行相应的技能要求，并在此基础上进行技能训练。在这一过程中，教师的教育技术素质要求和培养计划也在不断地进行着调整。因此，教师信息化教学能力的发展是一个动态的过程，但这并不意味着其变化难以确定，而是建立在时代的需要之上。在此基础上，对教师的教育技术能力进行统一的评价，既是对教师的能力进行规范，也是对教师的教育技术能力开发计划的指导。

在国家的政策保证的层次上，要不断地对教师的有关能力的标准规范进行动态的调整，并且要把重点放在对能力的培训、考核和认证上。这些对教师信息化教学能力的发展是有一定作用的，但这还远远不够。政府应该更加重视经费投入，同时，能力培训只能促进教师信息化教学能力的发展，但不能够解决问题。多层面和终身化才是要重点强调的内容，特别是在自主学习和教学应用实践的策略上，要引起重视。因此，国家也应该针对教师信息化教学实践给予政策上的鼓励和支持。

3. 教育改革的引导

信息技术与教育的融合，对教育与师资队伍提出了新的挑战。要适应信息时代对高素质人才的要求，就必须进行教育教学方面的变革。我国的基础教育改革已有长足的进展，并引领着课程体系和教学策略的变革。

目前，我国基础教育课程改革正在加速推进，而教师教育的改革却比较滞后，这种情况在教师的相关信息技术能力的培养中表现得尤其明显。美国、新加坡等国家在对教师进行 IT 技能训练时，都把学生 IT 技能作为培养目标。从这个价值导向的转变中，我们可以看出，在对教师进行信息技术能力的训练的相应的教学评估时，教师的信息化教学能力的提高并不是其唯一的衡量标准，而是信息化时代下，中学生的发展才是其目标所在。

4. 学校组织的支持

教师的教育、教学行为、教学能力的表现，都离不开学校的支持。在提高教师的信息化教学能力方面，学校是促进其发展的所有外部条件中最直接的促进因素。我们从以下几个方面来进行分析。

①校长的支持。校长有责任引导教师信息化教学能力的发展，因为校长领导教师工作。校长对教师信息化教学能力的认识和认可，是校长对教师的信息化教学能力发展促进

策略的集中体现。有了学校层面的支持和帮助，才能在学校形成良好的氛围，这对提高教师的信息化教学水平具有重要意义。

②资源的准备。特定的信息化教学环境是发展教师的基本要求，而教育系统的构建以及对教育信息系统中的各种资源进行配置，则是提高教师的信息系统中不可或缺的一环。

③培训的参与。学校应该重视与支持在职教师的培训，根据教师的实际情况，经过有效的计划安排教师参与培训，这对教师发展信息技术能力具有非常重要的促进作用。

④教学的交流。教师信息化教学能力发展除了需要学校做到上述几点外，教师间的交流也至关重要。学校有责任引导和组织学科教师间开展信息化协作教学，例如，通过网络等方式同各个国家的教师开展合作。

5. 教师成长的动力

各种外部因素为其提供了发展的必要条件，而这些外部因素的产生根源归根结底在于其内在动力。在发展信息化教学能力的全过程中，教师的自我学习一直都在进行，教师自身有兴趣，有信心，并且还肯为之努力，这样就可以构成一种内在的推动力，并一直促进教师的信息化教学能力的发展。

（二）中观发展策略

在中观层次上，通过构建方法论来实现教育的发展，这是由于提高教育的现代化水平需要一定的方法和策略，也就是需要一种能够推动这种发展的方法论。

1. 职前培养与在职培训相结合

教师信息化教学能力发展具有系统性，在发展的过程中，从静态的、封闭的、单一的传授，逐步走向了动态的、开放的、多元的、协作的、合作的；从对学生的阶段性的培养，转向了对学生的终生的培养。应当指出，在各层次的发展过程中，将职前训练和在职训练有机地结合起来，是提高教师的信息化教育水平的一个关键步骤。不能将两者分离开来，因为它们是不同阶段的台阶或锚点，应该紧密衔接起来。

2. 传统方式与网络在线相结合

在全球范围内，对教师信息技术能力发展所取得的实践成果进行分析，在选择的培训方法方面，除了采取传统的、当面的培训方法之外，还加入了互联网的方法。目前，教师的信息化教学技能正在不断提高。信息化的时代给学生们提供了多种获得学习信息的途径，因此，教师们可以利用互联网的形式，去获得并分享知识、经验等。这样，就可以把传统与互联网相融合，提高自己的信息化教学技能。

3. 技术知识与实践应用相结合

职前教师主要通过系统学习的方式来获得教师信息化教学能力的技术知识，而在职教师的主要获得方式是自主学习、参与培训等。值得我们注意的是，技术知识需要通过实践教学环节来转变为教学应用能力。职前教师对技术知识的转化可以通过体验模仿、参与教学实习等来实现。

4. 自主学习与协作交流相结合

在教师专业能力发展的整个过程中，自主学习都贯穿始终。另外，教师还要有集体意识，将知识、经验与智慧通过信息化协作教学来实现共享。教师协作交流不仅包括师生之间、教师与专家间的交流对话，还包括教师同行间的交流。

（三）微观发展策略

在提高教师的信息化教育技能方面，其中，"微观"的策略就是一个内在的体系，也是一个最基本的前提。其集中体现在以下几个方面。

1. 以自主学习为主的知识积累

在教师的整个职业发展生涯中，自主学习是必不可少的一项基础条件，是培养教师信息化教学能力并促进其可持续发展的动力源泉，这是一种持续推动教师专业化发展的动力。在此基础上，提出了以"以技术知识为中心""以教学为中心"和"以学生为中心"。不论是在教师职前的学历教育，还是在对教师进行阶段性的培养，或是在对教师进行协作化教学，都离不开理论知识的学习。在这个信息时代，教师们可以通过自主的学习，把自己在各个发展时期所得到的分散的知识进行整合，让这些知识变得更为系统，进而让自己的职业发展变得更为动态、可持续和终生性。因此，教师需要不断地通过自主学习来实现知识的积累，以促进教师信息化教学能力的可持续发展。

2. 以教学实践为主的应用迁移

教师的信息化教学实践是一个复杂的过程，其并非简单的技术性教学实践，在实践过程中要不断进行反思，进而通过反思获得智慧。因此，在不同的信息化教学情境中，实践都应该得到教师的重点关注。

3. 以协作教学为主的对话交流

在教师的信息技术能力中，信息技术协作教学能力是一个十分关键的子能力。培养教师的协作化教学能力，有助于全面提高和发展教师的信息化教学能力，这主要体现在教学研讨、教学观摩、协作交流、协作科研等方面。从上文中我们知道，教师和同行间的协作交流并不是唯一的信息化协作教学能力，师生之间、教师与专家之间的交流对话等都包含其中；在交流方式上，不仅仅局限于面对面的沟通，信息化环境中的协作教学与对话交流也是其需要突出的内容。

第四节 高校英语教师信息素养的培养

一、英语信息化教学中的教师信息素养

（一）高校英语教师的信息素养

"信息素养"这一术语是由美国信息业联合会会长保罗·泽考斯基于1974年首次提出的。他把运用海量、重要的信息来处理问题的能力称为"信息素养"。随后，美国图书馆学会指出：具有信息素养的人懂得何时需要信息，能够发现、评价并有效地使用他们所需要的信息，从根本上说，具有信息素养的人都懂得怎样去学习，他们懂得怎样去寻找信息，怎样去组织信息，怎样去使用信息，他们已经为终身学习做好了准备。高校英语教师应该具备的信息素养主要包含五个方面。

1. 信息意识

信息意识是教师在信息活动中对观念和需求认识的总和，是信息素养的组成部分之一。信息意识也可以说是教师对信息的敏感程度，因此，教师不仅要具有敏锐的敏感力，还要有持久的注意力，能够认识到信息的作用，对信息产生内在需求。信息的敏感性会对教师进行信息技术与课程的融合产生影响，强大的信息意识可以帮助教师对信息的挖掘、搜集、利用，还可以让自己的知识得到充实。信息意识不仅可以让教师的信息知识得到丰富，还可以让他们的信息能力得到提升，也可以让他们的信息得到形成，信息素养得到提升，与此同时，它也是教师可以成功地进行信息技术和课程整合的前提条件。

2. 信息知识

信息知识也是教师信息素养的重要内容，指的是与信息相关的理论知识和方法。在信息时代，信息知识不仅包含了信息理论知识、信息化的性质、信息的方法和原理等基本知识，还包含了信息技术的原理、软硬件知识、信息技术的发展等现代信息技术知识。作为一名教师，必须具备一定的信息知识水平，而且要不断地学习和更新信息知识。

3. 信息能力

信息能力指的是教师获取、分析、加工、传递以及创造信息的能力，是信息素养的核心部分。要想具备信息能力，教师需要掌握以下几点：一是基本信息素养，这是指教师要掌握最基础的计算机技能，包括 Word、Excel，以及一些常见的软件的设置和应用，还可以利用计算机来编写试题、处理考试成绩等；二是多媒体素养，教师要能够根据不同学科的特征和教育对象，选择不同的授课内容和多媒体设备，并制作教学需要的多媒体课件，完成教学目标；三是网络素养，要求教师对计算机网络的原理有一定程度的了解，可以通

过互联网进行数据搜索、文件传输以及互联网交互教学，还可以通过电子邮件与学生、同行进行交流，可以在相关网站、网页、论坛等发表自己的看法。

4. 信息和课程整合能力

作为信息素养的一个重要组成部分，信息与过程的融合也是对信息素养进行培养的目标，它是一种教师能够按照自己的教学实际，按照有关的教学原理，来进行与教学实际相符的、具有个性化的多媒体教学活动，以此来提高教学质量，达到教学目标。在此过程中，教师要依据课程特点，把信息技术和各种教育媒介有机地融合在一起，融入教学过程中，充分发挥信息技术的作用，提高教学效果。

5. 信息伦理

信息伦理包含了两个方面的内容：一方面是信息安全，教师需要了解与计算机相关的安全防范知识以及防范计算犯罪的常识；另一方面是信息道德，指的是教师在进行信息技术与课程整合时，既要确保教育的科学性，又要尊重别人的劳动结果，并对别人的知识产权进行维护。可以说，信息伦理是教师信息素质的指导思想，它对教师在获取、使用和加工信息的过程中，提出了一系列的要求。不能侵犯他人的合法权益，这是信息素养的重要内容。

（二）高校英语教师信息素养存在的问题

1. 意识层面

通过相关调查发现，对计算机网络技术在大学英语教学中的应用，大部分教师都认为这种教学模式可有可无，教学效果一般。有部分教师对英语信息化教学持怀疑态度，甚至有少数教师排斥这种教学模式，担心这种教学模式大范围推广之后，教师会被机器代替，教师的作用减弱之后会失业。也有教师担心会出现教学失误，影响学生的大学英语四、六级考试成绩。还有的教师自身计算机水平差，对信息技术与课程整合的操作性差，担心因为操作失误影响教学，这就导致其对信息化英语教学产生了逆反心理。还有就是进行信息和课程整合需要花费大量的时间和精力，再加上教学任务繁重，教师也就对此不感兴趣了。

2. 技术层面

现阶段，只有少数的几个教师能够适应高校英语教育的要求，大多数教师的电脑应用能力还有待于进一步的提升。所以，目前高校英语教师的信息技术还不够成熟，缺少水平高、能力强的信息化教学人才，这也是抑制大学英语信息化教学发展的一个重要因素。

3. 理论知识层面

在进行大学英语信息化教学的过程中，教师们必须以学科的特征和他们的课程需求为依据，来获得与之有关的信息，然后再对这些信息展开分析、加工、整合，从而设计出一个合乎逻辑的教育计划和工作，同时还可以对他们的学习进行更好的控制，从而对他们的在线学习行为做出一个更好的评估。但是，目前能做到这些的只有少部分教师。因此，大部分教师缺少大学英语信息化教学的相关理论知识，在信息技术与课程整合方面的能力不足。

综上所述，在高校英语信息化教学中，存在着一个难题，就是如何提高学生的信息素养。当今，随着信息化技术的快速发展，其在教育中的运用日益增多，教师要想不断提升自己的教学水平，就必须加强对自己教学能力的提升。有关的政府部门和教育行政部门也要积极行动起来，发展英语信息化教学的师资队伍，促进大学英语信息化的发展。

二、大学英语教师信息素养的培养方式

（一）增强教师信息意识

在高校英语信息化的发展中，要想实现这一目标，首先要有一种全新的教育理念，而不是一种先进的教学设备。培养教师的信息素养是改变教师传统思想观念的基础。因此，高校的首要任务就是要让教师从思想上改变观念，对自己信息素养的重视和教师们的职责有一个清晰的认知，让教师们明白开展英语信息化教育的必要性，从而积极主动地学习和实践，不断提高自身对信息技术的运用能力。

（二）提高教师信息能力

1. 要加强在职教师信息素养的继续教育

学校需要对现有高校英语教师进行相关的信息技术应用技能培训，制订出有效的培训方案，帮助教师提高信息能力，这就使得它在英语信息化教育中发挥了重要作用。大学英语课堂是网络时代的"主阵地"，在信息化条件下，学生是最大的受益群体。但是，在职教师是没有太多专门的时间来进行培训的，因此，对教师的培训需要以在岗学习和业余学习为主。此外，还可以安排一些骨干教师到其他高校做一些短途的培训，或者是在校园里做一些关于学生的培训活动。另外，教师也可以自己在网络上进行相关信息知识的学习，进行自我提升。

2. 做好新教师现代信息技术教育的培训

随着学校规模的不断扩大，大学的招生数量也在与日俱增，这就给大学师资队伍提出了更高的要求。为此，高等师范学校及英语院校应当对现行的教育体系进行变革，增设与信息技术有关的科目，让新入职的教师在在校时就能熟练地运用信息技术。

3. 建立相应的评价和管理模式

学校可以构建与之有关的评价和激励制度，对在信息化教学中运用新技术进行教学的

教师进行鼓励，从而让大部分的教师都能参与到信息化教学中来。在此基础上，对高校英语教学中的信息化应用进行了评价。学校内部还可以组织各种形式的课程信息化竞赛，激励教师们积极参加，提升教师们的信息技术水平。

（三）提高教师技术和课程整合能力

信息技术只是解决问题的工具，并不是能够解决一切问题的万能药，信息技术无法代替教学艺术。只有教师根据教育原则合理地运用信息技术制订出解决问题的方案，才能发挥信息技术的最大潜能。因此，在信息技术与课程教学整合方面，教师应该积极探索英语信息化教学模式下的教学方式、设计、内容以及管理等。信息技术与课程的整合，需要教师明确了解信息的优越性和局限性，通过合理的教学活动，采取行之有效的教育计划，开展多种形式的教育活动，从而激发学生的创造性、研究性和自主性的学习。教师要能够利用信息技术对学生的网络学习过程和结果进行有效的管理和评价。

第五节 高校教师信息化教学能力提升

与常规的教育方式相比，信息化的教学方式更有利于知识的普及，扩大学员的人数，调动学员的积极性。为此，大力发展高校教育，不仅是促进我国高等教育发展的需要，而且也是解决当前大学教育发展中存在的问题的一种有效方法。但是，随着教育信息化的不断深入，在当前的形势下，如何提高大学教师的信息化水平是一个重要课题。在这种情况下，提高大学教师的信息技术水平就变得非常紧迫。

一、高校教师信息化教学能力提升的必要性

随着现代教育技术的发展，我国高校的信息化校园建设工作虽然已经越来越完善，但是仍然存在着许多问题，最重要的问题就是，我国的高校的信息化建设速度和大学的信息化教学水平不相适应。如何提高大学教师的信息化水平，已经是一个亟待解决的问题。

第一，提高大学教师的信息化水平，这是一个民族建设的必然要求；随着信息技术的迅速发展，网络已经成了教育改革和发展的主要途径。在目前的新时代背景下，只有拥有较强的信息化教学能力，才可以为国家创新型人才的培养提供必要的保障，才可以在信息化背景下实现国家创新驱动发展战略。第二，提高教师的信息化水平，促进其专业发展；在大学教师专业化发展越来越引起人们注意的同时，如何提高大学教师的信息化水平也越来越被人们所关注。目前，我国大学教师提高信息技术教学水平的目的和手段已日趋明晰，但效果并不明显。在这种情况下，加速提高大学教师的信息化水平，是大学教师专业

发展的需要。第三，为了满足多样化的教育条件，必须提高大学教师的信息化水平。在信息社会，传统的教育方式和内容已不能很好地适应大学生对教育的要求。在日趋多样化的教育环境中，大学教师只有具备一定的信息化能力，才能保证其教学质量。

二、高校教师信息化教学能力提升面临的困境

（一）顶层设计不足

本节从理论和实践两个方面对大学教师进行了系统的研究。教学改革和保证教学质量，都离不开顶层设计。在当今信息技术飞速发展的今天，对大学进行现代化、信息化教学是一种必然。然而，当前一些大学在开展信息化教育的过程中，在对教师进行信息化教育能力培养和对信息化教育的管理上还存在着诸多问题。第一，学校管理人员对教育信息化的认识不足。有些学校的管理人员只重视对学生的实践能力的训练，而不重视利用现代信息化的模拟实践教学。第二，缺乏对教师进行信息化教学的技能培训，缺乏对基层师资的培养。在信息技术的发展过程中，教师是最重要的主体，而信息技术的发展又离不开教师的主动参与。从当前的情况来看，一些中老年教师对实施信息技术的态度不够积极，对信息技术的认识也不够全面。

（二）"双师型"队伍建设缓慢

"双师型"师资队伍建设是当前高职院校改革和发展的一个主要趋势，它也是当前我国高职教育改革的一个重要的方向。高等院校是培养高素质、高技术、高技能的专业人才培养基地。当前，我国大多数高等院校已经对"双师型"师资队伍进行了重点关注，但是，一些高等院校还没有建立起一支"双师型"师资队伍，这主要是因为他们在管理和师资培养等方面还存在着不足。高校"双师型"教师队伍建设还不够健全；同时，由于高校没有建立起一套健全的"双师型"师资的职称评审机制和教学评估机制，造成了很多师资不愿意参加的情况，缺乏学习的动力和积极性。

（三）教师培训力度不足

高校教育信息化的发展，既要提高教育管理观念，加强师资力量，更要注重师资队伍的培养。由于受到软硬件条件的制约，当前我国大学师资队伍建设的努力还不够。首先，大学在进行师资培训时，没有明确的师资培训标，这与大学教学改革的目的不一致；第二，师资培训目标的差异化没有体现出来。一方面，师资培训工作只局限于对授课教师进行信息化教学的技能培训，没有将教育管理者和技术服务者的信息化教育技能作为重点。另一方面，在师资培训上没有体现分层的特点，没有充分发挥中青年教师的主体作用。第三，师资培养的方法和手段比较单一。有些教师的课业日程排得很紧，不能很好地调整自

己的学习时间，因而造成了对教师的训练流于形式。

（四）后续服务质量有待提升

高校要想在网络环境下对教师进行信息化的培训，要有健全的硬件条件和后期的软件维护。目前，我国高校由于缺乏教育资源和信息化技术，导致了教育资源共享平台的建设和使用受到了很大限制。一方面，大学没有能够有效地利用互联网的信息化平台来实现教育资源的跨地域共享，也没有对区域内部的职业教育资源进行优化。另外一方面，大学没有将信息化科技充分运用起来，构建出一个虚拟仿真实的教学系统，为学生提供一个更便捷、快速的实训技能学习环境，打破教育资源匮乏的困境。

三、高校教师信息化教学能力提升的路径选择

（一）完善顶层设计

首先，要建立正确的教育观。因为信息化教学是一种在大学中对教学方法进行的新的探索，所以，学校的管理者应该站在学校的总体发展方向上，用全局的思想来进行信息的教学设计，做到全面地总结规划、集中资源、实现目标。学校管理人员应从解决教师的实际问题出发，以求真务实的态度，为学校的信息化建设做出贡献。除此之外，院校管理层还应该对国内外有关院校建立信息化教学的进展保持高度的重视，并从中吸取有关的经验，不断地对自己的理论和知识进行更新，以院校自身的特点为依据，创造出新的管理方式，并主动地对传统的教学理念进行转变。在信息时代，高校必须认清形势，主动进行信息技术教育，不然就会被信息技术的浪潮所淹没。信息化教学的水平将直接影响到一所学校的发展潜能和社会地位，因此，各个学校要努力提高教师的信息化素质，增强他们在信息化教学方面的基本能力，逐渐养成信息化思维方式。此外，学校还应该通过各种途径，对教师进行信息技术教育，创造一个良好的信息技术环境，打破教师的心理障碍。

其次，要在基层大力推进探索研究。教师是教学方法的主导者，而教育信息化的每一次进步，都要求教师在教学中不断地积累并用心去创造。从当前的状况来看，大多数大学的教师都具有一定的信息化教学意识，并在观念上倾向于开展信息化教学，说明教师在积极探索信息化教学，并努力转换自己的角色，主动成为信息化教学的组织者和引导者。基层教师要主动改变传统的教学观念，探索新的教学方式，以在日常教学中遇到的问题为切入点，逐步转换自己的角色，进行信息化教学。正是这些积极的探索精神与实践，才能促进信息技术的发展，实现有机结合，共同发展。

（二）加强"双师型"队伍建设

首先，要建立健全"双师型"师资培训体系。大学要从加强师德建设入手，主动提高

师德意识；在此基础上，应建立"双师型"的师资队伍。通过这种方式，既能使教师树立明确的学习目标，又能使其主动学习，更能提高其教学水平，从而使学校获得更大的发展。

其次，加强培养"双师型"师资队伍。在进行人才培养时，要从自己的经费、信息技术等方面，结合实际情况，选择合适的人才培养模式。各大学要把自己的学校作为培养对象，以优秀的教师帮带普通的的教师，让他们一起成长。同时，还应该加强"校企"的协作，建立"校企"的教育实习基地。同时，还可以到企业开展顶岗实习和挂职训练，了解企业的最新技术，提高学生的实际操作能力。另外，学校还可以邀请校外的专家、企业的高科技人才来学校做讲座，进行实地培训。

三是要构建专业技术人员的评价体系。高校对教师的需求与一般大学的需求不一样，因此，大学与大学之间应该建立"双师"的评价体系。在评价体系的构建上，要结合高职教育的特点、目标和发展方向，使高职教育的师资队伍逐步向"双师型"师资队伍迈进。

四是构建科学的教学评估系统。高校在进行信息技术教育的建设时，必须要有一套完善的信息技术教育评价制度，对教师的教育素质、教育质量等方面进行评价。此外，还应引入第三方机构，对教师的信息化教学质量展开评价，确保评价结果的科学性和公平性。

（三）借助培训提升基础能力

首先，要对信息技术在大学的师资培养中的应用进行定位。在此基础上，以培养对象为出发点，明确培养目标，有助于教师有目标地进行教学，制定出适合自己的教学路径，从而提高教学效果。在设定培训目标时，要注意：一是不要设定过高，否则会影响到一些教师的学习热情；但是，在培养过程中，培养的目标既不能过高，又不能过低。无论采取什么样的教育方法，其根本目的都是要改变教师的教学观念，提升他们的信息技术水平。在培养中，要结合本学科特点，设置与师资有关的信息技术课程。此外，还应该指出，在对教师进行信息技术教育的培训时，还应该与学校的长期发展目标相联系，提高教师的教学质量和学校的办学质量。

其次，要注意培养目标的差异化。光靠教师运用信息技术开展教学，并不能将教育信息化顺利地完成，还必须要有教学管理者、有关技术人员等的支持与合作。这就要求高校的管理者、技术人员参与到信息化教育中来。在实施信息技术的过程中，各个主体承担着不同的责任，因此，他们的训练内容也应该不同。对高校管理人员来说，他们应当在教学理念、教学管理等方面进行深入的研究，主动扩大自己的知识面，开启信息化思维，为构建一个良好的信息化教学环境做出贡献；对有关技术人员来说，他们是实现信息化教学顺利进行的保证，应该重点对他们进行有关硬件环境的维护和软件环境的开发等方面的训练；对教师来说，他们是信息化教学的主要推动者和实施者，其培训的内容应包括理论知识与实践操作等。同时，因其所处行业的差异，还需要根据其行业特点，开展更为深入的差异化培训。因为教师的年龄不一样，所以他们对信息化教学的接受能力也不一样，所以在培训的时候，应该对那些还很年轻，并且拥有一定计算机操作水平的教师进行比较大的训练，而对那些年龄比较大的教师的训练速度可以适当放慢一些。

四是培养方法的多样化。第一个是"事例"。这种训练方法是把在教学过程中所碰到的一些具体的问题作为一个出发点来展开的，它选取了一些典型的案例，并且把一些知识点与这些案例融合在一起，按照训练教师的想法，学员能够更快地掌握有关的知识。第二种是自学。大学教师的工作比较繁忙，经常出现不能及时参与训练的现象，所以，我们应该积极鼓励他们在业余时间开展自我训练。这是一种与翻转课堂相似的教学方法，教师们可以事先得到教学内容，按照自己的课时来学习，如果有什么问题，还可以和教师们一起讨论。但是，该方法也有其不足之处，即需要对课程内容进行预先的设计。此外，因为教师们的工作比较忙，所以该方法也没有得到普遍应用。第三，以协作为基础的研究。这样的训练方法，既能培养学生的创造力，又能开拓学生的思路，加强学生的交流能力，又能培养学生的团队精神。在开展合作性学习之前，应该根据教师的年龄、专业以及对资讯科技的了解程度，将他们分成小组，组成一个学习社区。通过教师的指导，能够更好地发挥教师的作用。在学习过程中，每个小组都应该制定一个比较严格的学习方案，成员之间要互相协作，共同学习。本节认为，要通过对学生进行竞赛和评价，来激发学生的学习动力，使学生更有效地进行学习。

（四）优化后续服务

首先，我们要积极主动地开发网站。建立一个网上教学平台，既能促进教师的专业发展，又能促进教师自身的发展。在建设这个平台时，要把提升教师的信息技术素养作为其建设的中心。高校在构建好这个平台之后，要对教师和学生进行积极的引导。无论教师的授课有什么问题，或者学生的学习有什么问题，都能在网上找到解决问题的办法。此外，在这个网络平台上，教师们可以交流自己的教学经验，讨论自己的教学问题，达到让教师们一起提高的目的。

其次，引入了虚拟模拟技术；信息技术的持续更新，新技术、新设备的更新换代，在一定程度上为人们的生活带来了便利的同时，也对高校的教学造成了一定的影响。大学的特点决定了大学的教学设施要跟上世界的先进水平，这就给大学的经费造成了很大的压力。有些学校因为经费的原因，不能频繁地进行仪器的升级，这就造成了学生对仪器只能有一定的了解，而对来自社会的新型仪器却不知道该如何使用。这些问题都会对高校的教育教学和人才培养产生不同程度的影响，从而对高校的长远发展产生不利的影响。所以，在经费有限的情况下，高校可以引入虚拟仿真技术，使教师能够在最快的速度学习新技术，对新设备有更多的了解，提升他们的实践教学能力。

第五章　高校英语信息化教学改革策略

第一节　高校英语听力信息化教学改革策略

一、听力理解能力的影响因素

（一）语音因素

美国语言学家指出，在人们的交流中，听占了45%的交流时间，说的占了30%的交流时间，读的占了16%，写的占了9%，这就说明了听力的重要作用。这四个技能是互相作用的。如果一个人的声音和语调不够准确，那么他所说的话就很难让人明白，而他自己也常常无法明白。所以，在英语的学习中，我们要先让同学们排除方言的影响，使他们能够准确地说出自己的发音，特别是要能够准确地说出音调相近的词，如连读，弱读，重读，失声等，不然的话，将会对听力材料的理解产生很大的影响。

（二）词汇因素

英语中的词汇量和对单词的熟悉程度，都会对听力的效果产生很大的影响，更何况是许多同形字。

（三）文化背景因素

英美两国的政治、历史、文化、艺术、社会生活等知识的掌握，都会对英语的英语学习产生一定的影响，进而对英语的跨文化交流产生一定的影响。

（四）心理因素

听力的理解是一种非常复杂的心理活动，由于一些同学受到原有听力水平、词汇量、心理素质等方面的影响，他们在听力的过程中会出现一系列紧张和焦虑的情绪，越是紧张，他们的听力就会变得更加难以理解，也更容易忽略已经掌握的一些背景知识。这不仅会影响到听力教学的效果，而且还会让学生在今后的听力教学中出现一些障碍。

二、高校英语听力教学的发展现状

（一）教学方法单一

目前，大多数大学英语听力课仍沿用着教师通过播放音频、多媒体等形式，要求学生进行听力训练的传统教学方式。在英语听力的整体教学和培训中，英语听力教材都是由学生被动接受的，而教师对学生的听力底子、听力教材的语速等都没有太多的关注。而且，这样的教学方式不利于培养学生自主探索学习的能力，也不利于培养英语听力练习的好习惯。

（二）学生缺乏自主学习能力，不重视英语听力学习

在大学英语教学中，英语听力教学一直是个难点。英语听力水平的提高与英语教学中长期养成的良好的学习习惯及掌握的基本知识密切相关，而目前开展的专门辅导培训的课程数量或课时都比较少，导致了学生的学习量严重不足。所以，要提高大学生的英语听力水平，除了要增强他们对英语听力的认识外，还要注意对他们进行自主学习。

（三）教学大纲的专业指导性不强，教学目标与实际课程不相符

目前，我国大学英语听力课的教学基本上都是按照《大学英语课程教学要求》进行的，学生在大学英语学习期间，必须达到《大学英语》中所提出的基本条件和要求，也就是能够完成英语课时，并且获得相应的学分。同时，学员能够理解课程的教学内容，具备一定的英语交流能力，并能够完成相关主题的汇报。在平时的缓慢英语听力练习中，要逐步地把握文章的主旨和中心思想，经过一些技能的练习，培养出英语听力的基础技能和判断力。然而，通过对学生的调查，我们发现大部分学生的英语听力水平并没有明显的提升，与《大学英语》的具体教学目标相比也相差甚远。

三、高校英语听力信息化教学设计

在信息化的条件下，教师不仅要做好准备，还要做好教学设计。信息化教学设计指的是，在信息化的环境下，对现代信息技术和信息资源进行了充分的运用，对教学过程中的每一个环节和要素进行了科学的安排，为学习者提供了一个良好的信息化学习环境，教育者和学习者可以通过现代教育媒体、教育信息资源和教育技术方法来开展教学活动，从而达到教育过程全优化的一种系统方法。它突出了"以人为本"的教学理念，让学习者置身于"情境"之中，以"任务驱动""问题解决"为主要的学习与科研活动，把"信息技术"与"学习任务"相融合，使学习者的主观能动性、创造性得到了最大限度的发挥，从而提高了学生的整体素质。信息技术教学设计包括"教学目标分析""问题情境""教

学活动流程""教学活动实施所需的教学资源"。在信息技术的课堂上，教师已经不是单纯的"专家"，而是帮助学生获取、解码和重组大量的信息，提高他们的学习效率，帮助他们解决现实生活中的问题。

（一）教学手段科技化

1. 计算机多媒体

结果显示，在学习中，采用听力介质时，学生的注意集中程度在 55% 左右，而采用视听结合的多媒体，则能显著地增加其注意集中程度达 87%。因此，在英语听力课中，我们应充分运用多媒体手段，调动学生对英语的积极性，增强对英语的兴趣。

除了听书中的录音外，我们还可以使用电脑多媒体来进行多种形式的听力练习，如英文歌曲、英文电影、英语新闻、英文讲话等。就拿笔者的英语听力课来说，在上课之前，教师会认真地选择一首英文歌曲进行教学，英文歌曲的选择要根据学生的认知水平、歌曲的风格、歌词的难度、歌曲中所蕴含的信息，来确定歌曲的适用性和教与学的意义。这首歌通常有三次播放次数：一次是欣赏，同学们可以戴着耳机听歌；第二次，同学们要一边听一边背，教师会在唱的时候来做相应的暂停。克拉申提出的"输入理论"与"情绪筛选假说"为其提供了一定的理论依据。英文歌不仅能调动学生的学习积极性，创造一个轻松活泼的英语听力教学氛围，同时，歌本身又是一种独特的语言载体，在节奏感和旋律的影响下，歌词往往只注重语言的形式，而忽略了语法和句法。

克拉申的输入理论认为，只有在 I+1 级的条件下，才能使人们在一种新的、有意义的、能够被人们所了解的信息的输入中，取得最好的学习结果。也就是说，教师"输入"的听力资料，难度不能太大，否则，会使学生感到紧张，加重对情绪因子的筛选障碍，进而影响到学生的学习积极性和学习成效。但也不能过于简单，如果不能学习到新的知识、新的技能，学生们也会感到焦虑、厌倦，从而造成学习效果不佳。将英语歌曲融入课堂中，可以防止学生由于听觉上的单调而感到无聊和反感，英文歌曲优美的旋律，舒缓的旋律，既能使学生欣赏到优美的音乐，又能使他们的语言得到陶冶，激起他们的学习兴趣，减轻他们的情绪对他们的消极影响，还能在不知不觉中使他们更好地理解和感悟英语的基本规则，使他们的英语听力课更有成效。

2. 教学软件

尽管网上有很多英语听力材料，但如何进行加工、整合、深度挖掘，以达到更好的效果，仍是广大英语教师面临的一大问题。同时，基于网络和计算机多媒体技术的信息化，也为教师提供了丰富的音频处理软件。该软件的程序简洁，功能强大，而且容易使用，便于将声音信息以文本形式表达出来，并支持多人联机合作，十分适用于在互联网上进行听力课的教学。除此之外，我们还可以使用大量的英语教学软件，智能交互式英语平台等，来弥补我们在教学中的缺憾。

（二）教育传播信息化

以计算机、网络、移动终端为基础的"可汗学院""慕课""微课""翻转课堂"等新兴的教学模式，不仅对传统的教育造成了很大的影响，而且为我们打开了一个更加宽广的空间，使我们学生的培养方法发生了根本性的变化，对我们的学习体系进行了全面的改革。教师们可以以自己的教育需求为依据，与本节课程中所需要讲解的听力语音语调基本知识和听力技能相联系，从而选择好网络资源，或是由教师自己制造出微课资源，并在上课之前，通过教室 QQ 群或者微信群将这些资源共享给学生，让他们进行提前的学习，从而达到使用互联网的教学资源来对课堂进行辅助的目的，为学生的自主学习带来了可能。同时，借助互联网的实时反馈，教师可以了解学生的学习问题所在，进行更有针对性的指导，从而极大地增加了师生在课堂上的沟通和互动的时间，提升了学习效率。

（三）教学方式现代化

1. 网络课堂

要充分发挥我校的网上教育资源优势，建设具有"听力策略""英语新闻""视频点播""听力论坛""在线测试""在线辅导""在线测试"等功能的英语听力网页，让学生在课外进行自学。

2. 课外实践正

充分发挥地理位置的优势，安排同学们参与各种贸易洽谈会、国内国际展览会、"全球外包会议"等接待性服务活动，使同学们能够将所学知识融入实际的商业交往情境中，与外国顾客进行沟通，从而增强他们的英语听说能力。在幼儿园的时候，可以邀请企业的专家、专业人士到学校举办讲座，向学生们介绍他们未来可能面临的工作性质、工作内容、职业岗位需求等信息，让他们对本专业的人才培养目标有一个全面的了解。

3. 校企合作，建立工作室，进行真实交易

将学校和企业之间、教室和办公室之间的界线进行突破，学校为学生们提供了可以进行实训的设备和场所，企业则为学生们配备了一些可以进行实践操作的技术。在此之前，企业会定期地邀请专门的技术人才在工作室中对学生进行操作和学习方面的指导，到了后期，学生们会轮流到工作室中去，并将企业交代的工作任务在工作室中进行，这样就可以将一个真正的工作环境带入校园中。工作室为专业教师与行业企业搭建了一个沟通的窗口和一个协作的平台，并在这个过程中，及时传递了市场需求，既可以调整教学内容，完善人才培养计划，也为学生的创业实践提供了一个基地，更好地培养出了社会所需的高技能复合型人才。

第二节 高校英语口语信息化教学改革策略

高校英语口语课的基本目标是为学生提供能胜任英语工作的高素质英语专业技术人员。为此，大学英语教师要运用多种方法和现代教育技术，最大限度地激发学生对英语的兴趣，在信息技术条件下对大学英语口语教学进行改革，从而有效地打破了原有的桎梏，将一种全新的教学观念引入大学英语口语教学中。

一、高校英语口语信息化教学实践的重要意义

（一）有效激发学生的学习兴趣和热情

在高校英语口语课上，大部分大学生英语口语水平不高，对此没有太大的兴趣，也不太有积极性。与其他传统的教育方式相比，信息时代的教育方式将许多优秀的教育资源和互联网技术引进到大学英语口语教育中，能够将原本单调的英语口语知识变得生动，从而使整个口语教育变得有趣起来，有利于给学生创造一个比较轻松、愉快的课堂气氛，激发了学生的参与热情，让他们能够自觉、主动地练习英语口语技巧。

（二）有效改善传统的英语口语教学模式

过去，大学英语口语教学主要是以教师为主，教师在课堂上只讲授一些口语的理论性知识，而忽视了学生的实际应用，导致一堂课后，学生并未真正掌握实际的口语知识。而在信息技术条件下进行英语口语课的教学，则可以将内容转移到网上，并将海量的学习资源进行有效的整合，使英语口语课更加丰富多样。

（三）极大地丰富英语口语教学内容

大学英语口语教学中，一般都是以讲义和课本为主的方式进行，然而，在现代化的网络环境下，大学英语口语教学能够与时俱进，充分运用信息技术，丰富大学英语口语课的内容。网络上的学习资源非常丰富，而且更新的速度也非常快，教师们可以灵活地运用信息技术，创造一个英语口语的情景，或者用信息技术为学生创造一个生动活泼的课堂气氛，从而扩大他们的英语知识，提升他们的英语口语水平。

二、高校英语口语信息化教学实践

（一）科学合理地分析教学目标，奠定信息化教学基础

大学英语口语课是为了培养大学生找工作的技能，让他们能够在日常生活中熟练地使

用和掌握几种常见的问法。而利用计算机辅助英语教学，通过一定的学习，可以帮助学生掌握基本的知识，并通过一定的学习过程，达到与英语教师进行简单而有效的沟通的目的，这对提高教学质量有着十分重要的作用。另外，通过该信息系统，学生可以通过小组讨论，及时解答自己的问题，还可以模仿英语的语调，这既是对素质教育的一次有力的实践，又是一次让学生在不同的文化之间进行沟通的尝试。

（二）精心设计英语口语教学环节，贯彻落实好信息化技术

要在网络环境下进行大学英语口语课教学，就需要对各个环节进行细致的设计，使网络环境下的口语课能更好地进行信息技术的应用。英语教师在课堂上可以将其分成三个部分：首先，在课堂上适当地安排一些预习作业。比如，教师可以在这个平台上，将课前需要自主学习的任务以及与本节内容有关的讨论话题等，让学生在网上进行预习。第二，在教学中指导学生进行自我调节。首先，教师让学生们按照自己的想法分组讨论，然后，教师会给他们看一段有趣的视频，让他们分组讨论，并且推选一位代表，把自己的想法说出来，最后，教师会在最后几分钟里，对每一节都做出评价。其次，就是"配音"，教师会让学生们观看一段英语对白，并让他们将对白中的单词发到网络上，讨论对白中的词汇，最后再用"配音"来进行对白的训练。最后，进行话题辩论，教师会给学生一个辩论的主题，然后将他们分成人数相等的小组，并给他们 8 到 10 分钟的时间，让他们自己在网络上寻找资料，然后就会正式开始辩论。第三，适当地给同学们留一些课外作业，教师们可以将课外作业上传到网上，让同学们在自己的空闲时间里去做，然后再将这些作业上传到网上，教师们就可以通过网络的方式，对同学们的作业进行评分，同时还可以通过网络跟同学们进行交流，并在第一时间将这些作业上的问题解决掉。

（三）有效借助网络微课平台，不断创新英语口语教学方式

在当今信息技术迅猛发展的今天，伴随着各种各样的便携式终端的出现，以信息化的方式进行大学英语口语课，既可以调动学生的积极性，又可以给大学英语口语课带来新的生命力。所以，在英语口语课堂上，教师要充分利用网上微课程的优势，在信息技术条件下，对英语口语课堂进行改革，从而有效地提高英语口语水平。其中最受欢迎的就是微课、慕课，教师们可以将这两种方法应用于英语口语课堂，这也符合新课程改革的教学理念，努力激发课堂上每一位同学的学习热情，让他们通过英语口语学习获得更多的东西。大学是培养应用型人才的主要基地，而英语口语是大学教育中不可缺少的一环，在大学的整体教学中发挥着举足轻重的作用。在目前的大学英语教学中，怎样提高英语口语课的教学效果，提高学生的英语口语水平，提高学习积极性，这是一个值得我们深思与探讨的问题。教师要利用现代化的信息技术，使信息技术在英语口语教学中的实用价值得到充分的体现，充实和改进大学英语口语教学的内容与方式，让学生拥有更多的自主性与实践性，

进而促进高校教育的发展。

三、高校英语口语信息化教学改革策略

（一）课堂教学准备策略

课堂教学准备策略主要是指教师在课堂教学开始之前所做的有关各项准备工作的策略。教师需要从目标、教材、教学对象等方面做准备。

1. 明确教学目标

教学目标是指通过某一具体的教学活动所要达到的某一具体可见的行为结果。换句话说，教学目标即规定或设想教学活动必须要达到的标准，是对学生要掌握的知识、技能以及能力的要求，是设计具体教学任务的依据。每一堂口语课的教学目标都很明确。一般来讲，可以将口语课的教学目标分为语言目标和交际目标两种。所谓语言目标，即学生在交际中需要掌握的词汇、短语、句型等；所谓交际目标，即学生运用已掌握的功能意念进行口头交际所应达到的能力要求。在设计教学目标时，尤其要注意所设计的目标不能过于宽泛。因此，在确定教学目标后，要按照学习者目前的能力和水平，把目标细分为一个个小目标，并对其进行具体的口语练习活动。这样，口语教学中的活动便都会向有意义的方向集中，不仅能够有效避免教学活动的盲目性，而且还能促进教学活动效率的提高。与此同时，在向学生描述教学目标时，学生会明确本堂课所要学习的内容和应该达到的交际水平，便于学生评价自己的口语能力，找出与教学目标的差距，从而使学生产生强烈的责任感，强化提高口语交际能力的动机。

2. 灵活运用教材

由于现今大学英语口语教材的质量良莠不齐，教师在具体的口语教学中不能盲目地依据教材，而应根据学生的具体情况对教材进行合理的取舍。选用教材时，一般需要进行筛选，然后运用删减、增添、改编和替换的方式灵活运用教材。删减指对教材中明显过时、拼凑、不符合实际语言交际规则的材料要大胆删去，对一些次重要的语言操作练习可留作课下作业，不必课上处理。增添是指教师应按照口语教学的具体要求对部分材料进行准备。在编写口语教材的过程中，必须要考虑师生使用教材的实际情况。改编是指对教材可用的材料进行适当处理，如根据学生的语言表达习惯、认知能力或课堂情境设计的需要调整材料的顺序等，使其能够为口语教学提供更好的服务。替换指教材中的一些材料是非常必要的，但对具体的课堂操作又不是很合适，教师在这种情况下可以根据自己对教学活动或教学情境设计的需要，从教材以外选择一些比较适当的类似材料进行替换。总之，教师应根据自己教学的实际需要灵活运用教材。

3. 了解教学对象的认知风格

学生是学习的主体，只有学生积极参与才能有效开展口语教学。为了充分调动学生的参与积极性，教师必须按照学生的认知风格来对课堂进行设计，包括学生的认知水平、年龄特点、学习风格等。由于认知能力的差异，学生所习惯和喜欢的学习方式也就不同。不同年龄段的学生的喜恶也不同。大学生虽已成年，但其性格尚未十分成熟，有时也会比较敏感，虽然他们具备一定的自控力，但也很容易受到外部环境的干扰。这个阶段的年轻人不但重视教师的评价，而且同样重视同伴的认可。所以，教师在大学英语口语教学中应该注意自己的课堂用语。

（二）课堂教学导入策略

1. 课程导入的基本准则

首先，导课的设计必须要符合本节口语课的教学目标。导课的内容必须要能够与教学内容相联系，不能脱离教学内容。由此可见，教师必须要准确把握教学内容，确保教学内容的科学性，不然导课只能是一种形式，无法起到真正的作用。

其次，导课必须立足于授课对象的年龄特点、心理特点、知识能力基础等实际情况。

再次，导课要运用"先行组织者策略"。先行组织者策略最早是由美国著名的教育家奥苏贝尔提出的。它是教师利用自己的背景知识来帮助学生学习信息的一种方式，指在学习者已经知道的断裂处建立沟通的桥梁。

最后，导课必须简洁。简洁要求教师用简短的话语和最短的时间，使师生之间的距离得到迅速而巧妙的缩短，使学生能够在课堂上集中注意力。一般来讲，导课不能过长，过长会影响整个教学过程。相关实践表明，导课一般以2~3分钟最为合适。

2. 课程导入的基本方法

一般来讲，口语教学中主要有以下几种导课方式。

（1）图片导入

当今的口语教材大多配有插图，而且几乎每一单元都配有与教学内容相关的插图。教师可以在导入时充分利用教材中的插图。例如，可以让学生先不看教材，先让他们根据图片猜测今天要学习的主题，或请两位学生运用简单的语言来描述图片，以激活学生的认知图式，从而使学生开口说英语的动机得到激发。

（2）话题导入

教师可以按照课堂教学内容，提出一个话题让学生先讨论，然后由学生发言。学生在发言过程中，往往会遇到很多与表达主题相关的生词、短语等，学生在这个时候便会迫切想要掌握这些阻碍其表达的内容，借此机会，教师便可以将教学引入语言教学阶段，从而为活动交际阶段打下坚实的基础。

（3）设疑导入

教师在开始上课之前，可以有意识地设置一些启发性问题，但不能直接告知学生答案，目的在于引起学生的思考，设置悬念，从而能够在一定程度上提高学生的学习兴趣。设置悬念通常是由一定的情节引起的，可以激发学生的求知欲，从而使学生获得强烈的学习动力。

（4）媒体导入

随着多媒体技术的迅猛发展，各大高校都开始采用计算机辅助外语教学模式。在口语教学中，教师可以以各种各样的音频或视频材料为导课内容，极大地提高英语口语的教学效率。由于多媒体具有较强的可视性、较高的信息密集度，可以使学生的好奇心得到激发，从而进一步调动学生的学习兴趣。

（5）创境导入

教师可以通过语言和电化教具等手段，营造生动的教学情境，模拟真实的交际环境，触动学生的情感，使他们产生共鸣，从而激励他们尽快融入新的教学情境。

导入的形式多种多样，其目的只有一个：激发学生的学习兴趣，启迪他们的心智，使他们减少焦虑，乐于开口说话。由此可见，导课也是一种创造性教学活动，体现了教师的智慧，为一堂课的成功奠定了基础，为教师顺利授课提供了良好的条件。

（三）实施课堂互动的有效策略

著名语言学家朗在"输入假设"理论的基础上进一步研究发现，交际双方为了使交际能够顺利进行，必须进行"意义协商"，产生"交互修正"，因此他提出了"交互假设"理论。在朗看来，与单向交际相比，双向交际对语言的习得更为有利。当交互主体间的意义协商被启动调整与修正，学生主体的语言输入、选择性注意与语言输出也就被有效地联系起来。通过意义协商，学习者的注意力转向他所知道与不知道之间的差距，以及第二语言中他了解不多或不了解的领域。在口语课堂教学中存在诸如教师、学生、教材、环境等多种因素，由于二者间存在着互动关系，因此，课堂教学的潜能才能得到发掘。当学生主体与教师主体，以及学生主体之间产生信息差，便会促使交际主体间进行交流与互动，以填补信息差。在这过程中会促使学生向未知的领域主动探索，完成由学得向习得的转变。在口语教学中，只要教学诸因素的互动被激活，口语课堂便会生机勃勃、妙趣横生。

1. 互动教学的内涵

一般来讲，口语教学中的互动包括以下两种模式，即师生互动和生生互动。所谓师生互动，即师生为了促进既定教学目标的实现而在共同构建知识与发展能力的过程中所进行的双向交流活动。很多教师认为，只要学生在教师提出问题后做出反馈就实现了互动。事实上，学生只是对教师的话语进行简单的重复，没有与教师进行有意义的交流，这不是真正意义上的互动。只有当教师对学生的反应再做出应答，继而学生还会再继续做出反应，师生之间如此不断交流时才能说产生了真正的师生互动。正如并非所有的师生活动都是"师生互动"一样，并不是所有学生间的交往都可以称为"生生互动"。首先，它必须是基于教师的指导所进行的与教学密切相关的学生活动，学生的任何与教学不相关的自发行为都不属于生生互动。然而，基于教师指导的学生活动并不都属于生生互动。其次，生生互动必须针对每堂课的教学目标，与教学目标相脱离的学生活动都不能称为生生互动。

2. 互动教学的任务设计

首先，在任务的设计上要具有真实性和功能性。朗对"任务"下的定义主要是指社会生活中的任务，包括刷墙、填表、给小孩穿衣服、买鞋、订票、借书、考驾照、打印等日常生活中的各种活动，而不是孤立的或可以任意组合的课内或课外教学活动。任务的选择只有贴近生活才能引起学生的共鸣，从而使他们产生学习的动机和兴趣。与此同时，一个成功的互动任务设计还应使学生学会用所学的语言进行交流，使学生通过完成一个任务或一系列任务来运用具体的语言知识。有时教师设计的任务过分强调趣味性、表演性，学生在完成一个任务时没有多少机会涉及语言知识的运用，这个任务就是失败的。成功的任务设计应具有一定的功能性，即能使学生在课堂上演练出在真实生活交际中需要的功能性语言，如怎样询问、解释、说服别人和陈述观点等。

其次，任务的设计应由易到难。由于语言方面的障碍，学生对各种任务指令最初一定较为排斥，因为从小学到中学再到高中，学生早已习惯了以教师为中心的传统教学模式。因此，突然缺少了教师这个拐杖，学生在心理上一定会觉得非常无助。这时如果马上让学生完成一项对语言能力要求很高的任务，一定会增加学生的焦虑感，很容易使他们丧失信心甚至产生抵触心理，无益于教学的进一步开展。因此，教师的任务设计应充分考虑学生的兴趣和能力。当学生的主体意识被充分调动，情感方面的积极因素才能发挥作用，达到互动的最佳效果。

3. 互动小组划分

"交互假设"理论指出，使输入变得可理解的最终途径就是在会话交互过程中不断地相互协商，对可能出现的理解问题进行调整和修正。因此，在口语教学中，要想真正实现对学生的可理解性输入，教师首先要做的一项工作就是将班级成员进行科学分组，为学生创造能够相互协商的环境。口语教学中每个小组最理想的人数为4人或者6人。据研究表明，4人小组和6人小组是最灵活高效的两种组合方式，因为它们足够小，小到所有的小组成员都能够参与到互动活动中来；它们还足够大，大到对于教师提出的问题能够集思广益、找到答案，在课堂上，每一组都可以分工合作，及时完成教师所安排的交互式作业。由于4个人和6个人都是偶数，因此无论教师给他们安排什么对白，他们都会选择4个人和6个人作为自己的小组，而不会被分配到其他小组。另外，要确保根据学生的实际情况，进行适当的分组。很多教师都喜欢让他们自己挑选分组的人，他们很自然地会挑选他们所认识的、同系的、英语能力和他们相当的同学。这既不利于学生之间知识结构和信息资源之间的互补性，也会造成组员之间的能力差异，难以达到交互的目的。教师们要对他们的总体情况有一个大致的了解，在进行分组的时候，要根据他们的英语程度来平均分配，既要有优秀的，也要有中等的，以及稍差一点的，并且要尽量保证男女比例，文科和理科的比例要均衡。每一组必须指定一位有责任心、有组织性的同学作为"指挥官"。他们可以将自己的小组成员进行多种活动和任务，从而达到生生互动的目的。还可以协助教师为那些水平较低的学生提供帮助，更好地提升学生的口语交际能力。这样不仅能够减轻教师的负担，而且还能极大地提高教学效率。当然，小组的划分还会发生变化，并不具有永久性。一旦小组成员间出现无法调和的分歧，那么教师必须立即做出重新分组的决定。

4. 互动评价反馈

在一些教师看来，花费时间在口语课的点评上是对时间的浪费，甚至很多教师都省掉了这一过程。事实上，学生经过思考、讨论、组织语言再到思想的表达，整个从语言输入、构建再到输出的过程是付出了极大努力的。对自身的付出，学生是非常想得到来自教师和同龄人的认可的。如果此时教师对学生的表现不做任何评价，或者只是敷衍了事，说一些不痛不痒的、毫无针对性的评价，那么学生一定会感到非常丧气，久而久之便会失去参与活动的兴趣和动力。

教师可以通过不同的方式向学生提供反馈，但前提是它必须符合学生的水平，并能够与学习内容密切联系，特别应该重视纠正性反馈的作用。纠正性反馈的形式有很多种，如要求确认、纠正错误等。教师在评价反馈中，还应重视自己的用语。在课堂上，教师使用英语的原因不仅是为学习者提供模仿范例和增加语言输入，而且还可以通过自己的语言，实现师生、生生之间的交互活动。因此，教师反馈必须是清晰的、明确的、有选择的、系统的，还要能够提供大量新信息，即包含改正学习者语言错误的具体信息或指出其产生错误的原因，但言语应委婉不应尖刻，以免损伤学生的自尊心。

5. 推进互动的方式

（1）思考—结对—分享练习

在口语教学中教师经常发现，当提问后如果马上让学生发言，其表现一般并不理想。语言从输入到输出是一个知识建构的过程，学生完成这一过程需要以下四个步骤。一是在教师提问之后，应将足够的独立思考的时间留给学生；二是当学生有了想法之后，会立刻与同学进行想法的讨论和交换；三是达成共识后，与小组成员分享自己的想法；四是整个小组综合各方的观点，派代表在全班进行发言。这与小组内的头脑风暴比较相似。

（2）课堂辩论

辩论在大学英语口语教学中是一个非常有效的互动教学方式，也是培养学生口语交际能力的一个最有效的手段。辩论主要培养学生的语言逻辑组织能力和运用语言表达思想的能力。辩题不仅能够由教师进行选择，而且还能够由学生进行选择。一般来讲，教师可能会在一、两个星期前就把辩论题目交给同学，让同学们可以搜集材料并做好翻译工作。在课堂上，我们可以把学生分成三个小组，即赞成小组、反对小组和评委小组。在指定的时间里，辩论者和反对者可以自由地进行辩论。有些同学在这个过程中，由于太过急于求成，因此教师要对他们的问题进行及时的纠正。在讨论的最后，裁判小组将有目标地评价正面和负面的表演，并对其不足之处加以补充。最终，教师对全班同学进行综合评分，判定优劣。

第三节　高校英语阅读信息化教学改革策略

高校信息技术在大学中的应用和研究，其基本目标是提升大学教育质量。在高校信息化改革过程中，所创建的新的教育理念、教育模式、教育方法、教育设施以及新的管理模式，其对教育质量的提升是最主要的测试指标。通过对英语阅读课进行一系列的改革，把信息技术融入英语阅读课的教学中，采用多种形式，丰富内容的教学方法，使学生的自主学习能力、知识运用能力和创造力得到了不断的提升，增强了他们的就业能力和社会竞争力。

一、信息化英语阅读教学的特点

第一，在信息技术的指导下，英语阅读课具有了可视性。图文并茂的信息化教学模式，能在很大程度上扩大教学的横断面，为学生提供更多的知识，从而激发学生的学习热情。传统的英语阅读课是以课本为基础的，而互联网的出现不仅大大拓展了学生的知识面，而且也为教师提供了一种新的、更好的教学方式。在阅读欣赏课程中，教师可以利用多媒体将有关文本的媒体文档展示出来，让每个英语文字都成为活灵活现的文字和情景。在这种气氛下，学生的学习兴趣和知识水平都在不断地提升。

第二，在信息技术的指导下进行英语阅读教学，有利于提高学生的自主性。在信息技术的帮助下，学生从一种焦虑、紧张的情绪状态转变为一种积极、轻松的情绪状态。这样的转变，有助于让学生以自己的方式接受新的知识，以自己的方式去学习。教师们可以实施分级授课，将大课集中，小课分开进行。在班上，同学们可以根据自己的需求，有选择地选修阅读课。这是对基础不好的同学的一种尊敬，而且在教学方法上，也比较灵活，没有了之前那种被束缚的感觉。在英语阅读教学中，提高英语阅读的自主性至关重要。随着网络信息化教学的介入，学生的学习从一个单独的过程，变成了教师引导、学生合作、媒体介入的合作模式。在课堂教学中，教师要发挥主导作用，注重对学生进行有效的学习，提高他们的主动性；作为学习的主体，学生的主动参与程度直接影响到学习的成效；媒体是一种催化剂，是一个知识库，它通过信息技术来燃烧知识的火花，播种知识的种子。这一过程构成了一个整体，互为补充，而这一环节的主线就是对英语阅读法的灵活应用。

第三，通过使用多媒体网络，可以使英语阅读水平得到很大的提升。首先，在英语教学中，通过互联网引入一些相关的背景信息，可以使学生更好地掌握英语的教学方法。其次，在英语教学中，通过使用多媒体网络，可以有效地促进学生的阅读。它的特征是资源的广泛性和开放性。利用多媒体网络，能使同学们获得广泛的资讯架构，包括时事、新闻、新的英语词汇，并能使同学们更深入地认识到国外的政治、经济、文化、宗教、民情等。因此，本节提出了一种英语教学中如何运用这类语言进行教学的新方法。

二、基于信息化的英语阅读教学模式探索

（一）高校英语阅读教学驱待改革

在英语教学中，阅读是一种很好的教学方法。英语阅读是提高学生英语综合素质的一个关键环节。然而，在英语阅读中，教师往往以词汇和句式为主，对阅读材料的翻译和语法的理解则是重点。刻板和枯燥成了英语阅读的一个标志，因此，教师们在教学的时候，会觉得自己很难教，学生也会觉得自己很难学。然而，我们却不知道，这是一个复杂的过程。在阅读过程中，学生要不断地总结阅读技巧，积极地接受信息，进而逐渐地完成对知识和信息的建构。阅读是听力、口语、写作、翻译等技能中获得知识和信息的主要途径。读书还能培养人的情操，开阔眼界，增加自己的文化底蕴。因此，在大学英语阅读课中，要想全面提升学生的英语能力，就必须要有一个合适的、合理的学习方式。

（二）英语阅读教学的协作法模式

协作法在英语阅读教学中的应用，就是将学生分成若干组，以组为单位，通过与教师、教学硬件设备等的合作，组成一个集体。在阅读课中，学生和教师要互相交流，互相协作，共同完成阅读课中所要做的工作，并对所提供的资源进行优化，从而取得最佳的阅读效果。在传统的英语课堂上，在阅读材料的设计上，通常是根据所读的文章来进行提问和讨论。在新的英语阅读教材的最后，都会有与题目有关的讨论，同时也会更注重同学间的协作，将原来的单打独斗变成多人合作，同学们一起讨论，一起做题目。运用信息技术，将英语阅读与有关的知识相联系，并对其进行了优化，达到了良好的教学效果。

（三）英语阅读教学的竞赛模式

将学生分为几个小组，每组配一位组长，教师在课堂中给学生布置任务，学生在课堂上可以通过网络媒介查询相关的知识。教师规定在相应的时间里每个小组的任务，然后由组长代表小组汇报完成任务情况。在此过程中，各组呈竞争模式，比较彼此效率的高低和答案的准确性与完整性。这种模式对于调动学生的竞争意识、激发学习者的学习积极性和主动性有着积极的意义。小组内的合作与各组之间的竞争，能够使每一位成员的作用都得

到充分发挥。特别是对基础较差的学生的帮助是非常大的，他们将受到积极的影响，变得愿意投入学习中去，不再厌恶英语阅读课。

三、信息化背景下英语阅读教学的启示

（一）构建适应信息化教学的教学团队

在英语阅读的课堂上，英语教师是起着领导作用的，一个适合于信息化课堂的英语教师，除了需具有较高的英语教学技能外，还必须具有较强的专业知识，并具有较强的电脑编程技能。因此，要建立符合英语阅读与现代化信息技术要求的教材、设置较多的情景和激励式的阅读作业、给予正面的评价，就必须具有较强的可操作性。

（二）发挥英语教师的多角色作用

在这一过程中，教师所起到的作用是多种多样的，从教育中的"先导"到"网管"。而其中，"网管"的地位又需要从单纯的"教书育人"转变为"全才"。在英语阅读的课堂上，教师不仅要做好课堂上的准备，而且要充当学生的情感"导师"，在课堂上给予学生感情上的支持和鼓励。既要有教无类，又要有与同学交流的能力，及时地对学习的结果进行总结、反思，并有效地维护好课堂的秩序，最大限度地提高课堂教学质量。

（三）信息资源的利用要去其糟粕

互联网上的信息资源在英语的学习中起到了很大的促进效果，能让英语的学习更容易、更有效。然而，互联网也有它的"两面性"，故在充分发挥多媒体技术优势的前提下，也不要过度使用互联网的各种资源。互联网上充斥着各种各样的知识和资讯，筛选出其中的精髓，剔除其中的糟粕才能使网络信息技术在教育中的应用取得最佳效果。

通过信息技术，扩大了学生的阅读范围，培养了他们自主学习和获取信息的技能，提升了他们的整体素养，获得了全面的发展，从而使其变成了一个合格的、有素质的人。

第四节 高校英语写作信息化教学改革策略

如今，以计算机、多媒体和网络技术为代表的信息技术，已经在人类政治、经济、文化等各个领域中得到了广泛的应用，引起了人类社会各个领域的变化，而这些变化对传统的教育方法造成了巨大的影响。英语课堂利用现代化的信息技术，能有效地整合各种教育资源，使课堂教学更具吸引力。随着世界经济一体化进程的加快，各行业对英语能力的需求日益增加。在这样的环境中，英文写作变得越来越重要。在大学英语作文课中运用信息

技术，可以有效地利用网络资源，实现英语作文课的教学模式的改革。

一、高校英语写作教学面临的问题

（一）对英语写作培养的重视度较低

因为英语的内容比较多，要做到"听，说，读，写"都要花很长的时间，但是大学英语的课程一般都是两年，因此，英语教师们往往会着重于英语词汇、阅读、听力、语法，而不是将英语写作当作一门独立的课程来详细地解释。从大学生的角度看，大学毕业生往往把重点放在自己的专业知识上，对英语的关注不够，觉得英语对未来的工作没有什么帮助，所以对英语的学习兴趣和积极性也不高。

（二）学生基础较差，英语写作能力差

高校英语写作是大学英语综合素质的重要组成部分，它与大学英语教学密切相关。然而，从现实的角度看，大学生英语写作的现状并不令人满意。由于高校招生规模的扩大，学生的文化基础相对较差，英语写作作为英语教学中的难点，给大学生的学习带来了很大的困难。英语写作是体现英语整体能力的一个重要方面，也是大多数学生在学习过程中的一个相对较弱的方面。在高校英语教学中，英语写作作为一项未被单独设置的学科，其课时严重短缺。但是，和汉语写作类似，英语写作的进步并非一日之功，而是要经过长时间的积累。因为在一段时期内，英语写作的进步并不明显，因此，大多数学生也就丧失了继续学习的积极性。

（三）教学方式传统而单一

传统的大学英语写作教学，一般是由教师在课堂上讲授词汇、语法、句型等基础理论，再由教师布置作业，让同学们照着例文模仿，最后由教师给同学们评阅。同学们觉得这种写作过程很枯燥，没有什么乐趣可言。在英语写作中，由于没有主动参与，学生对英语写作缺乏兴趣，给课堂上的教学增加了困难。与此同时，师生之间也不能就作文中存在的问题进行及时的交流，缺少了有效的互动，造成了作文教学的效率低下。

二、实现高校英语写作教学目标的策略

（一）优化教学环境

大学英语教学环境对大学生学习英语是非常重要的，因此要优化大学生英语写作教学的语言和文化教学环境，优化高校校园文化建设。高校要为每个阶段的学生提供相适应的教学资料，还要配备相当的教师队伍，改革创新信息化背景下的英语教学方法和教学手

段，积极构建英语教学平台，丰富大学生英语学习的网络资源，创造一个有利于英语语言学习的环境。

（二）培养学生的自主学习能力

在信息化网络背景下，要确立学生的主体性，充分发挥教师在课堂上的领导作用，调动学生对英语的主动性，增强学生对英语的自主性。大学英语教学中要有学生的积极参与，才能实现教学目标。学生在大学英语写作教学中始终处于无可替代的中心地位。学生既是教学服务的对象，又是教学成果的载体。没有学生的学习，教学也就失去了其存在的意义。英语语言的学习是学生自主学习的过程，只有不断地学习，才能具备听、说、读、写、译的能力。

（三）注重教学过程

1. 安排写作过程

在大学英语写作教学过程中，教师要引导学生积极参与到写作过程的拟定和安排中，激发大学生对写作学习的兴趣。在写作过程中，由于活动的不同，所以侧重点也都有所不同。

①对写作前的准备活动而言，应该注重的是对作文内容的构思，引导学生认真思考写作素材。

②一篇完整的英文写作文章包含一个语义整体，包括主题句、展开句和结束句三个部分。

③改写的重点应该放在句子的多样性、意思的表达、层次间的连贯以及句与句之间的衔接上。

④在段落发展的过程中要适当运用过渡词，通过使用各类过渡词，可以使文章具有很强的条理性和比较鲜明的层次，有助于承启句意，更加明确段落的主题思想。在英语写作教学中，要让学生高度重视过渡词，并提供一些句子让学生进行增加过渡词的练习，从而实现段落篇章的完整性。

⑤对英语写作的标题，要能结合学生的校园内外生活、社会中的热点问题、学生感兴趣的一些话题等；也可以让学生根据情境或者写作内容自己拟定题目；还可以结合大学英语教材的教学内容来拟定题目。

⑥教师在写作教学中还要提供给学生各种各样的英文写作形式，指导学生选择适合自己风格的写作方法进行写作前的准备。

2. 积累写作素材

写作是作者表达对世界的认识的一种方式，教师要鼓励学生多阅读、多思考，扩大写作素材的积累。教师应该从学生的心理出发，帮助学生对写作素材进行挖掘。除此之外，在写作过程中进行范文的教学也是一种十分有效的方法，可以帮助学生了解英语表达方式，巧妙地展开英语写作。

3. 汇集各种观点

教师可以组织学生就某一话题进行小组讨论，使学生能够全方位、立体化地讨论一篇文章中的主题；与此同时，可以通过大纲的形式来展现教师收集到的观点，为了改善或加强学生在写作中难以达到的语篇衔接的薄弱环节，可以要求学生在厘清语篇的层次结构后，在各种观点之间加入适当的表达。这样一来，写出的文章不仅立意新颖，而且内容充实、结构层次分明。

（四）加强教师的能力建设

在信息化背景下的高校英语写作教学中，教师在教学中是指导者，在传授学生英语知识的同时，也是学生英语学习的引导者，在教学中起到主导作用。英语作为一门语言，具有语言学习的特殊性。专业英语知识、英语阅读量、英语写作水平、英语行业科研实践能力，都是教师要具备的专业理论知识和英语教学岗位技能。因此，加强高校英语教师的综合能力建设，发挥教师的主导作用，加强教师的经验积累，对大学英语教学的写作效果有帮助。

三、信息化教学应用于高校英语写作教学的意义

信息化教学是指在信息技术条件下，通过现代教育媒介，信息资源，教育技术手段，师生双方在信息技术条件下开展的一种互动行为。信息化教学是在信息技术的支持下，在现代教育与教学理论的指导下，注重建立一种新的教学模式。信息化课程的内容更加与时俱进，更加丰富，能够更好地满足学生的学习需求。基于现代信息化的网络课程，能够推动教育体制的变革。

计算机网络技术的出现，给大学英语写作提供了一种崭新的教学氛围。一方面，随着互联网技术的不断渗透，教师逐渐从原来的"主体性"角色逐渐转变为"监督者"和"辅助者"。信息化在教学中的优越性是显而易见的。利用信息技术，教师可以改进和优化课堂，提高教学质量，实现预定的教学目标信息化的应用，使英语写作课的教学方法得到了很大的改进，从而提高了学生的学习积极性，激起了他们的求知欲。同时，在教师和学生之间进行信息技术的应用过程中，教师和学生之间的沟通和交互作用也会得到很大程度的提升，起到事倍功半的作用。信息化技术的种类很多，适合于教学的技术类型也比较丰富，比较常用的有多媒体辅助教学、网络技术接入式教学等。当把信息技术运用到英语写作中的时候，教师们要根据信息技术所具有的各种特征，把信息技术运用到写作技巧的各

个环节中，比如，运用多媒体来解释写作实例，运用网络技术来解释写作的种类，也可以让同学们在网络上讨论写作技巧和难点。将信息技术应用于英语作文教学，可以为英语作文教学注入新的活力。

四、信息化教学在高校英语写作教学中的应用模式

针对高校英语师资的信息化水平，学生的实际状况，学校现有的信息化设备，资源，技术，网络等方面的现状，提出了利用先进的多媒体技术，充分利用丰富的网络资源和网络平台开展课堂教学的设想。在课后的教学中，教师可以通过教师与学生之间的互动平台、手机等方式，来实现对学生的写作教学进行指导。

（一）多媒体教学辅助高校英语写作教学

多媒体技术是一种集声、图、像于一体的技术，它所带来的视觉和听觉体验，也是一种与传统英语课堂完全不同的体验。英语教学材料在网上很多，教师们很容易就能使用。在教学中，教师要运用多种手段，对英语文法、字、句、段等方面进行剖析，并配以形象的图片、音乐等，以引起同学们的兴趣。在英语作文课上，最常见的方法就是利用 PPT 和FLASH 来解释。通过这种文字、声音、图片和动画的结合，使英语写作成为一门色彩斑斓的课堂。在课堂上利用多媒体技术，可以有效地激发学生的学习热情，对教材有一个更加清晰的认识，从而激发他们的主观能动性，英语写作能力得到很大的提高。

（二）网络平台在高校英语写作教学中的广泛应用

从教师的角度来看，可以通过互联网，从大量的英语作文材料中，挑选出最适合学生的英语作文材料，让他们练习。当布置完作业后，英语教师就可以通过网上的方式来监督学生的写作情况，并对其进行及时的评分。通过这个平台，教师们可以很容易地了解到学生们在英语中出现的拼写错误和不同的语法错误的概率，从而可以让教师们对每个学生在英语中的表现有一个清晰的认识，并且可以根据他们在英语中的不足，制订出一套适合他们的教学方法。从学生的角度看，互联网给他们提供了一个便捷、高效的英语作文教学平台，让他们可以在此平台上互相交流自己的作文经验和体会。在这样一个平等、快捷、方便的网络学习环境下，学生们可以体会到与以往英语教学环境完全不一样的感受，在这样一个平等、自由的学习环境下，他们的英语写作能力一定能迅速提高。

（三）在线英语写作辅导

大学英语教学的课时十分有限，给教师们提供了很少的教学时间，因此，在教学中，学生们既无法掌握相应的写作技能，又无法满足他们对英语作文训练的需要。在此基础上，利用 QQ 空间和新浪部落格等多种沟通平台，结合学生的实际情况，开展有针对性的

作文教学和辅导。同时，通过这种教学模式，教师和学生之间的交流，可以更快地了解学生在学习过程中所面临的问题，从而更好地帮助学生找到自己想要的答案，更有效地提升学生的英语写作能力。

在"师生互动"平台上，可以通过"中英对比""作文范例"等方式，提高学生英语写作的兴趣和写作能力。我们也会在这个交流平台上提供修改和批注的范本，并为同学们指出一些常犯的错误，以增加同学们的写作体验。

（四）充分利用学生的移动设备进行教学

英语信息化教学使教师成为共享者、组织者和引导者，而学生则成为积极的探索者、参与者和协作者，使课堂教学模式向"平等型"的交互发展。因此，在上课的时候，教师可以通过智能手机、iPad 等移动设备来指导学生的学习，让他们为课堂的教学服务。教师应该积极引导学生更好地运用移动设备，实现课堂、课外教学的频繁良性互动，让学生全程参与教学。由于很多高校的计算机、投影仪等硬件设备以及网络条件非常有限，所以很难实现信息化教学，教师可以指导学生使用智能手机、iPad 等移动设备进行学习。

灵活地利用信息技术、网络等资源，可以促进大学英语英语写作的发展，然而，在实践中，却存在着"有多媒体却无教学""没有多媒体就没有教学"等问题，严重地影响了大学英语的教学质量。所以，在大学英语教学改革中，英语教师要不断地更新自己的教育观念和教育手段，不断地提升自己的信息素养和综合素质，寻求一种最符合学生实际情况的信息技术，以信息化作为一种强大的手段来推动学生的语言学习，培养学生的实际动手能力，让学生在写作中体会到学习的快乐，做到寓学于乐。

第五节　高校英语翻译信息化教学改革策略

一、高校英语翻译信息化教学的意义

高校英语翻译信息化研究应充分考虑学习者专业背景知识的优势，充分协调学生、翻译教学和市场需求之间的关系，探索在信息技术环境下，高质量翻译人才的培养。若能将该方法运用到实际工作中，则可有效地提升学生的英语翻译水平，同时也可有效地提升语言的整体运用，增强其在职场中的竞争优势；与此同时，教师的教学观念、教学方法和教学改革的能力也会随之提升，提升师资的整体素质，对高校英语教学的改革起到积极的推动作用。

（一）提高英语翻译教学质量

对信息技术的研究是一种多赢的教育研究。在快速的经济全球化进程中，语言翻译的媒介角色日益突出。目前，仅有较少的商务、理工科、医药学等专业背景的英语专业译员在数量和质量上都很难适应现代社会的发展，需要更多的具备一定专业背景的应用翻译人才。翻译人员的大量短缺，已成为当代经济社会发展的一个重要障碍。大学英语翻译教师要转变为更多的实践教学，借助信息技术，创造一个真实、生动、直观、立体的课堂环境，要把课堂教学的内容做到真实、情景化，把知识的实效性和完整性结合起来。将社会需求、学生专业知识、语言技能、翻译技能四者结合的大学英语翻译课将更具活力和竞争力，更好地提升学生的翻译技能和信息素质，更好地为非英语专业的毕业生提供更多的就业机会，适应国家的经济社会发展需要的高素质应用型翻译人才。

（二）改进高校英语翻译教学方式

《教育信息化十年发展规划》（2011-2020 年）中指出，为了更好地推进大学英语教学的改革，特别将"以教学为中心"的教育信息化作为其中的一个重要组成部分。大学英语信息化翻译教学是将计算机、多媒体、网络通信等现代信息技术应用于翻译教学，以师生互动、自主合作的方式进行教学，是一种全新的、有活力的、自主的、有合作精神的、有组织的、有计划的、可持续的、可操作的、可交流的、可学习的、可自主的、可协作的、可推广的、可扩展的、可广泛应用的翻译教学。这样的教学信息丰富（文本、声音、图像或动画），时空灵活（同步交互或异步交互），信息永久保存（并可反复提取），从而摆脱了传统的教育教学手段的单一性、平面化和抽象化，让学生在学习资源、时间、学习方式和速度等方面拥有更大的自主能力，还能增强师生互动、生生互动的多样性。在此过程中，教师们能够实时地了解到学生的学习状况，获得最新的教学信息，改进教学管理方式，提高教学质量，并能够提高自己的独立学习与合作学习的能力，改进学习策略，提高学习效率，最终达到提高自己的英语综合运用能力的目的。

二、高校英语翻译信息化教学课程设计

（一）教学目标

课程目标的制订是课程实施与考核的依据。现代翻译技术的应用，既要关注社会需要，又要关注社会环境，以符合"培养应用型人才"的实质和内涵，又要通过现代信息技术，引导学生进行资源检索、理论学习、实践拓展和自我评价，使他们从被动的接受和被评价的角色，转变为积极的学习者、协作者，从而使他们在英语和专业的基础上，具备认知、思辨和跨文化交际的能力。

（二）教学环境

在信息技术条件下，翻译教学中的"静态""抽象"等概念被摒弃。在信息技术的教

学中，要充分利用大量的、多种多样的、真实的语料，并注意到教学的实践性，创造出一个逼真、生动、直观、立体的教学环境。在现代信息技术的支撑下，多媒体教室和网络学习平台可以让师生互动、生生互动从课堂内延伸到课堂外，还可以让翻译教学中的信息量得到扩充，让学生能够积极地、主动地参与到翻译教学中，进而提升翻译教学的效果。

（三）信息化教学平台设计

在英语翻译信息技术的应用中，教师运用信息技术，构建与学习、生活、学科等密切相关的模拟翻译情景，目的是让学生在教师的指导和协调下，顺利地完成实际的学习任务。教学活动可以分为两个部分：一部分是教室内部的，另一部分是教室外部的。在多媒体的课堂中，教师们会仔细地挑选出翻译的教学内容，着重对翻译的理论知识和翻译的技能进行讲解，并展开典型的案例练习。与此同时，教师们还会对在信息化的教学平台上出现的问题，进行及时的反馈和解答，让学生们能够比较系统地掌握翻译的基础知识。信息化教学平台是一种对翻译理论知识的补充，对翻译材料库，翻译辅助工具，翻译教学管理模块等进行了介绍。

三、翻译信息化教学改革策略

（一）树立以学生学习需求为中心的教学思想

在信息技术条件下，英语翻译课的教学应围绕着"以学生为中心"这一主题展开。大学英语的教育对象是英语专业和非英语专业两类，所以，在英语翻译教育中，应根据具体的条件，制订相应的教学目标，以学生的实际需要为教育目的，使他们不仅能熟练地掌握自己所学的知识，而且还能运用把自己所学的语言应用导实践中。通过这种方式，可以让学生在未来的工作中有更多的机会，为社会提供一种既懂专业，又能胜任翻译工作的复合型英语专门人才。

（二）构建专业化的师资队伍

对高校教师来说，不能把大学英语翻译教学当作单纯的语言教学手段，要当作一门语言教学，明确英语翻译教学的目标。在教学过程中既注重对英语语法的教授，还要重视对翻译理论和技巧的教授。作为一名高校英语翻译教师，要具有不断学习的意识，切实提升自身的翻译水平。只有这样才能更好地进行授课活动，才能不断提高学生的翻译水平。高校也要面向社会招聘英语翻译水平高、英语实践经验丰富的教师人才，还可以聘请英语行业的专门人士、社会企事业单位的英语精英做学校的兼职教师，整合社会各种英语教学优质资源，构建专业化水平高的英语翻译师资队伍。信息化时代背景下的高校英语教师，要促进大学英语翻译教学改革，创新英语翻译教学方式。在这个背景下，很多英语教师开始着手研究多媒体辅助英语翻译教学，为高校英语翻译教学寻求科学的教学方法。

（三）利用多媒体和网络技术教学

1. 网络学习环境

首先，网络教学手段创造了一个师生间接互动的学习环境。这种学习环境有效降低了学生由于直接面对教师而产生的紧张感。教师们可以将以前上课时所讲的一些东西放到学校网络中，成为一个独立的翻译教学单元，供学生们自己去学习。其次，在教学中要有针对性地增加练习的难度，使学生能够更好地理解英美文化，更好地进行跨文化交流，拓宽视野。而学生们可以在学校网络上阅读中英文的文章，并自己进行翻译，之后模仿原著的写作方法，逐渐提升自己的阅读、翻译和写作能力。

2. 多媒体翻译教学

教师应根据学校的具体情况，制作适合自己学校大学生学习的多媒体课件。多媒体翻译教学模块适应了各个高校英语教学目标，符合各个年级层次的大学生的知识水平。有效的英语翻译教学内容充分利用了动态、真实的英语学习情境，刺激了大学生多种学习感官。形象生动的教学内容使得晦涩的翻译基础理论知识变得形象化、具体化，还实现了师生之间的互动教学。多媒体翻译教学既对英汉互译常用方法和技巧进行归纳，又针对句、段、篇和文体补充相关的中国文化和西方社会文化常识，使学生能够对翻译的基本常识有一个系统的掌握。

3. 丰富的翻译教学资源

互联网强大的信息检索功能、丰富的教学资源，可以帮助大学生高效检索自己所需要的学习信息资源，获取校园网、英语教学平台、英语网站等英语翻译学习的资源。大学生可以根据自己的学习专业、自己的兴趣爱好、自己的学习需求，自主地选择不同的翻译教学资源进行练习。教师不仅能及时了解学生的训练状况，还能"手把手"地指导，能在训练过程中找出一些有代表性的问题，展示给全班同学看，这样就能确保学习和训练的效果。

总之，多媒体网络的出现，为高校英语翻译课的教学提供了一个全新的变革机会，通过现代科技的运用，培养学生的自学能力，让他们在教师的引导下，按照自己的特点、水平、时间，选择适当的翻译教材，在网络的辅助下，快速地提升英汉双语的翻译水平，以达到最好的教学结果。

（四）利用网络资源改变传统的大学英语翻译教学模式

1. 英语翻译教学内容

翻译教学内容的选择，要有一定的时效性，要符合当前社会主流意识形态的要求，与社会现实一致。教学的内容要不断拓宽学生的知识面，适应当今信息时代的发展，这样学生的学习才能紧跟时代的需要；要能激发学生的翻译学习兴趣，提高他们对翻译价值的认识。结合高校自身的专业和学生的特点进行教材的选择，每个高校应该选择适合自身情况的教学内容。对于翻译教材内容的选择，也要尽量避免那些过时的、冗长的和晦涩难懂的材料，要根据"00后"后学生的成长和个性特点，选择系统性和条理性的教学内容与翻译材料，是实现英语翻译教学目标的重要保障，也是培养学生语言综合应用能力的基本条件。

2. 英语翻译课程建设

在构建课程的过程中，要对翻译素材库进行及时补充和更新，并在丰富的翻译实践中总结出一些基本的理论，只有这样，我们才能将其提升到一个理性的认识，并以此来对翻译实践进行指导。译文材料要符合时代潮流，反映时代的方方面面，译文的难易程度要有层次。英语翻译的技能需要长时间的学习和锻炼，也需要学生在课内和课外不断学习。

3. 英语翻译教学手段

在教学手段方面，教师可以按照课堂讲练结合、课外及时辅导的策略，来提高学生的整体英语学习水平。这样不仅可以鼓励并帮助学生解决疑难问题，使他们产生积极的学习情感，而且还可以监控练习过程。教师还要根据学生的练习情况，及时调整并更新课件内容。

第六章　信息化背景下的大学英语教学方法研究

第一节　大学英语教学方法与手段

一、大学英语教学方法

(一) 大学英语教学法的基本构架

1. 大学英语教学法的 AMT 三级构架

美国的应用语言学家安东尼提出了大学英语教学方法的 AMT 三级构架，试图说明大学英语教学科学分析和科学应用两个层面之间既存在不同又相互依赖的关系。安东尼认为大学英语教学方法的框架具有层次特征，具体来说，方法体系是有关有序呈现语言教学材料的整体计划，这一计划的各个部分都必须相互和谐一致。而理论原则是有关语言教与学的一整套相关假设，理论原则具有自明性，也就是自然而然就明了的性质（它是经验论中的词汇，通常用来形容不证自明的公理）。由于教学方法具有程序性，因此在同一个理论原则的基础上，可以建立许多不同的教学方法体系。

安东尼的 AMT 三级构架的层次感和逻辑性较强。这一框架共包括三层，即 Approach（理论原则层）、Method（方法体系层）、Technique（技巧策略层）。

①Approach 的任务是阐述有关语言和语言学习本质特征的基本认识和观点。这一层是基础层，直接决定 Method 层，间接决定 Technique 层。

②Method 的任务是在对语言和语言学习本质特征的认识基础上，确立语言教学的基本内容、主要形式、操作顺序、活动特征、教学框架等。这一层是中间层，介于 Approach 层和 Technique 层之间，决定 Technique 层，同时又被 Approach 层所决定。

③Technique 的主要目的是描述课堂教学的技巧、策略、活动、任务等具体内容。这一层是表层，直接决定于 Method 层，间接决定于 Approach 层。

安东尼提出的三阶段理论框架，对 Approach、Method 和 Technique 三阶段理论的含义及其相互之间的联系进行了较为精确的定义，因此，目前该理论仍然被广泛采用。然而，

AMT 三级构架只是把教学理论原则和教学技巧策略描述为教学方法体系的外围结构，而不是教学方法体系本身的内部结构，因此，尽管整个概念构架十分合理，但其所含的教学方法体系本身显得十分单薄。

2. 大学英语教学法的 ADP 三维构架

罗杰斯和理查兹在安东尼的 AMT 三级构架的基础上，吸收其基本内容，并发现了其中的不足，于是提出了一个更为合理的 ADP 三维构架。ADP 三维构架的各个组成部分彼此独立又相互依存，共同构成教学方法的组成部分，形成了教学方法的完整构架。另外，ADP 三维构架框架不仅把语言和语言学习理论以及教学技巧纳入教学方法体系范畴中，还对方法体系的核心内容进行了具体的分类，使之更加充实和丰富。因此，无论是在内容上还是在形式上，ADP 构架都相对比较完善。

对 ADP 三维构架进行详细的描述，即完整的大学英语教学方法应该具有三维描述：Approach（基本理论）、Design（设计）和 Procedure（程序）。其中，Approach 是教学理论原则，主要是有关语言和语言学习的基本理论，包括对语言本质特征的描述，如语言能力是什么，语言结构的基本单位是什么等。另外，教学理论原则还描述了语言学习的本质特征，如语言学习的认知过程和心理语言过程是什么，有利于这些过程的条件是什么等。从这一点上看，它和 AMT 三级构架具有相似之处。Design 是教学设计，主要是对教学内容、教学形式、教学顺序、教学活动等进行分析和确定。然而，从本质上来讲，教学方法本身只是概念的组合，而不是教学实践本身，教学方法的应用才是教学实践。而 ADP 模式把教学设计停留在理论的范畴，把教学步骤推到实践的前台，这种做法使教学步骤与教学设计分离开来，导致一些内容在教学设计和教学步骤中重复出现。可见，这种框架结构虽然对 AMT 三级构架有所完善，但也存在某些不合理的成分。

3. 大学英语教学法的五层框架结构

五层框架结构是王才仁教授在综合前人教学方法构架的基础上提出的，在该框架中，各组成部分的定义及相互关系得到明确。这一框架的精髓在于通过教学策略这一层把与整个方法论相关的概念体系一分为二，Methodology 和 Approach 是教学基础理论原则，是理论部分，而 Method 和 Technique 则是实践部分，这两个部分通过 Strategy 联系，使这五个部分有机统一地出现在一个完整的框架中，形成了一个上下一体、逻辑严密的大学英语教学方法论说明体系。这一模式的提出，丰富了中国大学英语教学方法的研究理论，积累了一份属于中国大学英语教学自己的思想财富。

总的来说，该模式有值得商榷之处：第一，该模式把 Strategy 定位于 Method 之上，与一般的观点恰好相反，容易引起理解和使用上的混乱；第二，该模式把教学方法局限在狭小的课堂空间内，不利于教学方法的整体性与教学的整体性保持一致。

（二）大学英语教学法主要流派的发展历程

人们对语言和语言学习的不同看法直接导致了不同大学英语教学方法的形成和发展。另外，大学英语教学方法的形成和发展与教学实践社会需求也有着密切的关系。首先，语言学的深入发展以及人们在语言研究过程中所产生的新观点不断改变着大学英语教学所采取的实践方式。其次，人们在大学英语教学实践中积累起来的丰富经验，以及对大学英语教学所取得的新认识帮助语言教师不断发现和理解存在于教学中的一些客观规律，使其不断改进相应的教学方法，进而推动大学英语教学的发展。最后，在不同时期，社会对英语的不同需求也有力地推动了教学法的不断变革。

1. 认知派教学法

认知派是一种以"翻译法"为代表的，其突出特征是注重学生对语言规律的认识和有意识地掌握。语法翻译的主要特征是：译文的理解和对译文的阅读与写作能力的培养，智力的发展；本课程以系统化的语法知识为主，运用演绎的方法，对其语法规律进行细致的剖析；在外语教学中，以翻译为主。20世纪中叶，传统的翻译方法演变为现代的翻译方法，并逐渐转向以"听、说"为重点，但其突出的特色依然是注重语法和翻译。

2. 经验派教学法

经验派是以直接法（Direct Method，也被称为改革法、自然法）为代表的，其最重要的特征就是强调要用大量的模仿和练习来培养习惯。这一流派的教学方法，是基于口语教学，遵循幼儿习得母语的自然规律，强调用目的语与客观事物进行直接的联系，而不是依靠母语和翻译。另外，在20世纪初期，英国语言教育家韦斯特提出了一套以直接阅读为主的英语学习方法，即所谓的"阅读法"。这种方法把英语阅读作为外语学习的根本。此外，20世纪二三十年代，帕默与霍恩比在英国创立了一套基于口头表达技能，强调在有意义的情况下，对目标语言的基础结构进行训练的教学方法，它最初被称作"口语教学"，后被称为情景法（Situational Language Teaching）。该教学法提出学习语言需要有两种能力：一种是有意识的学习能力，另一种是有天赋的自然学习能力。这一点可以被看作是最早提出区分语言学习的理论。

进入20世纪四十年代，一种强调通过反复句型结构操练培养口语听说能力的教学法在美国产生，这种教学法被称为听说法（Audiolingual Method，又称句型法、结构法）。听说法的特点是强调听说领先、口语第一，教学内容以句型为中心，通过句型练习掌握目的语，并且在教学过程中排斥或限制使用母语。20世纪五十年代，在直接法、情景法以及听说法的基础上，法国产生了一种强调在一定情景中听觉感知和视觉感知相结合的教学方法，这种教学法被称为视听法。视听法的理论基础同样也是结构主义语言学和行为主义心理学，强调先口语教学后书面语教学。

3. 人本派教学法

人本派受人本主义心理学影响，特别强调以学生为中心、教为学服务，并且更多地考虑人文方面的教学因素。其中，以集体语言学习法、默示法、全身性反应法、暗示法和自然法为代表。

20 世纪六十年代早期，美国心理学家柯伦创建了"社区语文学习"，倡导以"群体研讨"的方式，将师生视为"医患"，而第二语言的学习则是以"辅导"的方式来进行的，所以它又被称作"咨询法"。加特诺开创了一种新的教学方法——"默教法"，它要求教师在课上尽可能少讲话，更多地让学生参加各种语言活动，这样才能让学生更好地掌握使用第二语言的技能。"默教法"的主要特征是：在课堂上，以学生为中心，教师尽可能地不出声，并将单词作为语言学习的中心。在此期间，还出现了"完全的 PhysicalResponse"，该方法注重对语言学习的配合，并利用肢体活动来进行第二语言的教学，主要应用于美国移民子女的英语教育中。在教学中，"全身反应"的特征表现在：以培养学生的语言表达能力作为教学的总体目标，以对身体动作的反应来进行语言的学习，提倡先了解再表达。

20 世纪六十年代中叶，罗札诺夫提出了"提示法"，主张利用提示来挖掘个体的智力潜能，激发个体的学习动力，为个体提供最优的学习环境，使个体在一种轻松、专注的精神状态下，达到高效学习的目的。

20 世纪七十年代末，斯蒂芬·克拉申等人提出了"自然法"，其主要目的是提高学生的口语与文字交流能力，将学生的语言与文字作为交流的主要手段，在此基础上，提出了"自然"的语言学习方法。

4. 功能派教学法

这一派教学法的主要代表是交际法（Communicative Approach）。这一教学法代表了世界第二语言教学法流派的最新发展潮流，也是 20 世纪后期影响最大的教学法流派。

另外，20 世纪八十年代的英国进入教学法研究的"后方法时代"，一种新型的任务型教学法（Task based Teaching）产生了，该教学法是在交际法基础上的发展，教学活动以学生为中心，教师设计具体的、带有明确目标的活动，让学生用目的语通过协商、讨论达到学习目的。

以上各种教学法流派在不同时期对我国大学英语教学都产生了比较深远的影响。最早期时，受语言和社会环境影响，我国在大学英语教学法上基本采用的是语法翻译法；到了 20 世纪五六十年代，"直接法"从被批判到被客观评价慢慢接受，并且我们自己也慢慢发展出了"相对直接法"；20 世纪六七十年代"听说法""视听法"逐渐受到重视，听说为主、读写为辅的教学理念也被广泛接受；20 世纪七十年代后期，"功能法"传入我国，并成为影响较大的教学法流派。

综上所述，以上这些教学法流派各有独到创新，但也有不足之处。作为世界第二语言教学法流派中影响较大的派别，它们的形成和出现都是建立在一定的语言学、教育学、心理学理论基础之上的，在不断地发展演变过程中，不同教学法流派也在保持自己特色的同时不断吸取其他优秀教学法的优点来完善自身。而且教学法的更迭也受整个社会时代发展的影响，从最开始的教学法探索到第二语言习得的兴起再到后方法时代，教学法在教学任务中的角色也在不断转变。

二、大学英语教学手段

高校英语教学方法的发展可分为四个时期，即：初级阶段，语言实验室辅助阶段，计算机辅助教学阶段、网络辅助教学阶段。

（一）初级阶段

1. 简单教具

自早期的大学英语教学开始，直至 20 世纪五六十年代听说法诞生前，大学英语教学与其他学科一样，教学手段都以使用黑板与粉笔为主，辅之以实物、图画、卡片等简单教具。

采用语法翻译法进行授课的教师常大量依靠黑板上的板书与图表，除了大黑板外，还时常在课前准备小黑板。不仅教师使用黑板，学生也不时被要求在黑板上默写英语。

而采用直接法进行授课的教师则常使用图画画片、实物、卡片等辅助教学。图画、实物等具有直观与静态的特点，有助于说明问题，与单调的黑板加粉笔这种教具相比，这些教具无疑是一个进步。例如，简笔画人人都能学会，而且画起来迅速，教学里使用起来更简便，学生理解更容易，在讲练单词、词组、句子和课文时都可以使用。图片也是大学英语教学中常用的教具，按题材分类配套，以便保存，长期使用。通过图片，不仅可以发现词语、句的含义，而且可以对图片中人物的行为、位置、关系、服饰、表情等进行提问与对话。但无论是黑板还是图画等，其形式都比较单一，在培养学生语言能力方面十分有限。

2. 电化教具

20 世纪三四十年代，尤其是第二次世界大战以后，电影和电视开始被引入大学英语教学中。随后，投影仪、录音机及磁带、录像机及录像带等也开始进入英语课堂。这些电化教具对大学英语教学的发展具有重要的推动作用。例如，20 世纪三十年代后，美国等西方国家开始利用广播进行远程外语教学，但是教学效果不太理想。据统计，只有 25%～30% 的学生能完成学业并参加考试。但从外语教学的角度来看，通过收听正常语速的广播，对提高学生外语听力水平十分有利，更有助于学生毅力与独立学习精神的培养。

在广播教学之后，电视开始被引入英语课堂教学中。电视教学使大学英语教学更加形象化，视听结合的大学英语教学效果更优于广播的效果，特别是学生可以直接与教师见面，增进了师生之间的互动，在讲解抽象的语法与其他语言现象时，表现出更明显的优越性。基于其突出的优点，电视大学英语教学很快被世界各国所采用。同时，电影和录像也开始被运用于大学英语教学中。

电影与录像具有人物形象与情节结构生动、背景知识与文化内涵丰富的特点，不仅可以全面提高学生的英语学习能力，发展学生的思维能力，还能增进学生对所学语言国家的文化知识的了解。但根据教学内容制作电影是很困难的一件事情，录像的制作困难略小，但费时费力。

广播、电影、电视、投影仪等电化教具的运用给大学英语教学注入了巨大的活力。但是，从整体上来看，20世纪上半期，传统大学英语教学理论与教学方法都偏陈旧，课堂上教师仍占据决定地位，电化教具并没有从根本上转变学生被动学习的状态。

（二）语言实验室辅助教学阶段

20世纪六十年代初，提倡大量句型操练的听说法开始盛行。此时，人工操作的教具已不能满足教学的需求，英语电化教具被进一步迅速推广，一种类似理科实验室的语言实验室应运而生。与之前不够系统的电化教具相比，语言实验室设有统一使用各种电教设备的装置，每个学生可在自己的座位上利用所需的设备进行学习，并得到教师的指导。

听力室是最早的语言实验室。听力室中设有录音机和录制好的各种课本的课文、会话和其他听力材料的录音磁带。现代化的语言实验室可供学生们上语言实践课用。在语言实验室里，一般设有多个隔音座位，学生在进行练习或与教师交谈时，不会影响邻座。座位前桌上装有一副供听音的耳机、一个供录音和问答用的话筒、一台双轨录音机，磁带上轨录教师的声音，下轨录学生的声音。此外，还有教师用的控制台，通过控制台教师可进行以下工作。

①给全体学生播放录音，或放不同的录音给不同程度的学生听。

②对个别学生进行提问对话、答疑、改错等工作。

③组织同组或不同组的学生互相问答。

④通过问答检查学生的学习效果。

⑤通过监听装置，监听学生的学习活动。

⑥向全体学生、个别组、个别学生发出指示。

⑦解答学生的疑难问题。

由此不难看出，语言实验室具有下列显著优势。

①语言实验室实现了电化教具的系统的管理与使用，提高了教学手段的利用率与效益，有助于大学英语教学质量的提高。

②在语音实验室里，每个学生都有安装在座位上的录音机、电视屏幕与耳机，这增加了学生学习英语的自由度。教师除了自己讲解外，还可以留出一些时间，让学生自己掌握学习进度。对一些较困难的语言材料，学生可以根据需要反复听与练习，教师也可在一旁随时指导，这对学生学习能力的提高十分有利。

（三）计算机辅助教学阶段

20世纪六十年代后期，早期的计算机辅助语言教学开始出现，而且由于其效益高且使用方便，该教学方式于20世纪七十年代后期至八十年代得以迅速发展。

在大学英语教学中，计算机的使用共经历了两个阶段：行为主义阶段——计算机充当教学辅导员以及认知法与交际法阶段——计算机担任学生的角色。与前两个阶段相比，第三阶段的网络教学阶段有了飞跃式的发展，而且仍在继续发展。

1. 行为主义阶段——计算机充当教学辅导员

20世纪七十年代前后，计算机辅助教学主要用于以行为主义心理学与结构主义语言学为理论基础的语言结构的教学中，如语法翻译法教学和听说法教学。其基本做法是将一些可以用计算机进行的练习，例如，词汇和语法的单项练习，阅读理解的测验，以及简单的书写练习，都被搬到了荧屏上。利用计算机来进行练习，对开展个性化的教学有很大帮助。此外，成绩优秀的学生还能在其中学到很多书本上学不到的东西。对于学习困难的学生来说，他们也不需要有过大的精神压力，只需要专心工作，并按照自己的实际情况来完成作业就可以了。此外，计算机含有形式多样的练习方式，如图画、游戏等，这些带有趣味性的练习方式，不仅可以激发学生学习的兴趣，还可以弥补书本上一些练习枯燥乏味的缺陷，而且在学生做完练习后就可以立即知道结果。

但是，此时的计算机辅助教学并没有脱离注重语言结构的框架，课堂教学只是一种单向性的教学活动，一种指导，没有对学生进行有效的交流，教学的优势也没有被完全发挥出来。

2. 认知法与交际法阶段——计算机担任学生的角色

20世纪八十年代后，计算机辅助教学常被用于认知法与交际法的外语教学中，目的在于体现以学生为主体的教学思想，重点发展学生的认知能力与交际能力。计算机以学生原有的知识为基础，为他们提供情境和习题，而学习和巩固新的知识，则是他们自己的事情。与前一阶段的计算机辅助教学不同，该阶段的计算机辅助教学提供了录像的情景，有了初步的人机互动，练习也从单句扩展到语篇。很显然，相较前一阶段，这一阶段的计算机辅助教学有了一定的进步，但是，它仍然存在着一些不足之处，那就是人被计算机指挥，只能做到有限的人机互动，无法做到人控制计算机进行人际交流，还忽略了师生互动的教学原则。

总体而言，相较于语言实验室，计算机辅助教学呈现出显著的优势，具体表现为以下几点。

①计算机辅助教学提供比其他教具更生动、更形象的真实情景，它能同时刺激视觉、听觉等多种感官，通过教学实践，可以让学生在实际操作中感受到自己的真实存在，从而提高他们的交流能力。

②CAI是把"以学生为本"的教育理念发挥到极致的表现。在各种语言实验室中使用的教学用具，如录音、录像、电影等，都是向学生传递知识的手段，它们的功能是取代教师进行教学，而学生则是被动地接受他们所传达的信息。而CAI则有效地加强了师生之间的交流，让学生和教师共同利用CAI技术来提高他们的语言交流能力。在此过程中，学生充分地运用现代科技为学生创造了一个良好的人文和外语环境，并进行了大量的人际沟通，从而使学生成为"以教师为主导，以学生为中心"的英语课堂教学模式得以建立。

③CAI在实施个性化教育时，有很大的弹性，适用于各种学生，它不仅可以减轻语文教育中的"极化"现象对学困生造成的负担，而且还可以促进优等生的进步，所以CAI与"因材施教"的教学理念相一致。

④还可以利用CAI进行远距离教育，极大地促进了语言教学的普及。

（四）网络辅助教学阶段

20世纪九十年代中期以来，随着计算机的普及以及互联网的广泛应用，计算机辅助教学进入了一个新的发展阶段，即网络语言教学时代。原先以语言练习见长的计算机辅助教学转变成集语言、文化、教育于一体的多功能网络教学，在性质上发生了根本变化。其中，多媒体的运用为教学提供了真实的语言环境，而且通过多媒体还可以开展人机互动，有利于学生与教师之间的相互交流。互联网与电子邮件的运用有利于教师更广泛地开展真实的思想及语言交流活动，同时，还有助于提高学生的全面英语水平。因此，本节提出了一种全新的、具有广泛应用前景的网络多媒体教学模式，它给高校英语教育带来了新的活力，将高校英语教育推向了一个新的高度。

第二节　信息化教学方法综述

一、信息化教学方法的含义

信息化是指教师和学生为了实现某种目标，运用现代教育技术手段，在教学过程中所采取的一种教学方式和过程。教学方法是指教学活动的方法和程序。信息化教学法是一种新型的教育方式，它与其他教育方式并无本质区别。而信息化的教学方式则是在"媒介"

的基础上发展起来的。

信息化的教学手段，要根据某种教学原理进行工作。这是所有教育方式的共同特点。信息化教学方法不刻意追求某一个教学理论，各种现代教学理论对信息化教学方法都具有指导意义。而且，现代教育媒体的应用并不意味着信息化教学方法与现代教学理论之间有天然的联系，先进的思想可以影响它，传统的思想也可以影响它，从某种意义上而言，信息化教学更需要现代教学理论的指导。

信息化教学方法必须指向一定的目标，解决一定的问题。教学方法的应用要在教学目标的导向下进行，如果没有目标，教学方法也就难以有成效。信息化教学方法来自两个方面：一方面是在原有的教学方法的基础上融合现代教育媒体的应用，使这些方法有了新的特点，如在传统的讲授法的基础上结合幻灯、电视等媒体的演播；另一方面是在运用现代教育媒体的基础上形成新的教学方法。

二、信息化教学方法的分类

（一）从学科性质分类

信息化教学方法按学科性质可划分为语文信息化教学法、数学信息化教学法、物理信息化教学法、化学信息化教学法、地理信息化教学法等。学科信息化教学方法是研究信息化教学媒体在不同学科中运用的方法，主要是研究信息化教学媒体对不同学科内容的表现方法。

（二）从媒体种类分类

信息化教学媒体丰富多样，在教学过程中，各种不同的媒介有着各自不同的运用方式，根据这些媒介可以将信息化教学方法划分为：幻灯投影教学法、广播录音教学法、电视教学法、电影教学法、计算机辅助教学法、语言实验室教学法等。媒体教学法的实质是研究各种不同的媒体在教学中的具体运用，包括运用的原则环境与具体方法等。

（三）从媒体的教学属性分类

综合考察各种信息化教学媒体的教学属性、主要刺激的感觉器官、依据的教育教学理论等因素，信息化教学方法可分为媒体播放教学法、程序教学法、训练教学法、微型教学法、成绩考察法等。

（四）从教学内容分类

可以分为以传授知识为主要目标的播放教学法和程序教学法、以训练学生技能为主要目标的微型教学法、以检查学生学习成绩为主要目标的成绩考核法。

三、信息化教学的基本方法

目前，在教学实践中可用的信息化教学方法多种多样。在信息化教学中教师要利用有限的几种基本教学方法，根据具体教学情况加以选择或综合运用，从而创造出适用于某一学科中某一课题的某一具体情景的具体教学方法。那么，面对可供选择的信息化教学的基本方法，究竟选用什么样的方法，如何运用恰当的教学方法来帮助教师实现有效的信息化教学？这就要求教师了解这些方法，对它们进行具体的分析，讨论这样一些问题：不同的信息化教学方法各有哪些特点？有哪些优势？由哪些具体活动组成？适用的范围和条件如何？当从这些方面对信息化教学的基本方法进行具体的分析之后，教师就能较好地认识它们，从而根据教学内容的不同、教学对象的差异、教学目标的区别、教学时间的松紧和自己的特长，选择运用一种或几种基本教学方法创造出生动活泼的具体教学方法。下面围绕信息化教学方法的特点、优势、应用步骤、适用范围和条件等问题，对信息化教学法的几种基本方式进行了介绍。

（一）讲授—演播法

"讲授—演播法"是指把教师的授课和表演媒介有机地结合起来的一种授课方法。它是一种最常用的课堂教学方式。教师的言语表达是教育中最基础的一种方式。现代传媒的兴起，使传统的教学方法更具现代性。讲授—演播法的特征是：讲授、讲解，可以将教师在语言上的优点充分地发挥出来，并将教师自己的语言特征和魅力融入其中，这样就能把知识的逻辑关系和结构体系完整地传递到同学们的耳中，用更短的时间来向同学们传递更多的知识。但是，在媒介的演播中，能够让学生看见、听见他们所学的事物和现象，从而扩大他们对客观世界的认知范围。除了口头教学之外，教师还可以借助各种媒介，将课堂教学中的难点、重点，特别是一些比较抽象的东西，或者向学生展示一些可以让他们看到的东西，或者为他们创设一些情境，让教师的课堂教学变得更加精彩，这样不仅可以提高教师对知识的表述能力，还可以让学生们获取知识的方式更加丰富。

讲授—演播法将授课的特征和媒介展示的特征相结合。在讲授—演播法教学中，现代化的教学媒介起到了辅助教师讲解的作用，表现为形象、声音、丰富情趣、渲染教学氛围、简明扼要的教学效果。讲授—演播法可以是以教师讲授为主要内容，媒体的播放围绕着讲授而展开，也可以是以媒体播放为主要内容，讲授与媒体的播放相结合。

1. 第一种典型步骤的具体活动内容

①激起回忆，介绍话题。通过媒介呈现的画面来唤起对事件的记忆，并介绍话题。

②问题的提出，目标的确定。教师通过对所学内容的导入，通过提问，引导学生进入课堂，从而确定教学内容。

③开展行动，以达到目的。通过播放媒体，让学生观看相关的视频，并引导学生阅读，通过思考、回答问题等一系列活动来达到教学目标。

④研究成果的归纳和改进。教师用幻灯片，简练的文字来做课上的总结。

2. 第二种典型步骤的具体活动内容

①引入话题。运用媒介展现实物图像，揭示问题，引起学生注意，并导入主题。

②"转换"理念。从形象化到抽象。

③师生间的互动。通过对课文内容的分析，使学生能更好地运用所学的知识。

④教师的小结。教师们将这个项目的成果做一个简单的总结。

⑤概念性的运用。在新情况下，用所学知识来解决问题。

讲授—演播法适用于教材系统性强的学科，适用于传授和学习事实、现象、过程性的知识，而且较适用于中学和较高年级。使用这种方法需要教师有较强的语言表达能力和运用现代教育媒体的能力，并且要求学生有较高的学习自觉性和听讲的能力。

（二）程序教学法

程序教学起源于美国心理学家普莱西于 1924 年设计的第一台自动教学机器，形成于 20 世纪 60 年代斯金纳小步子直线式程序教学理论的提出。程序教学的理论基础是斯金纳创立的操作性条件反射学说和强化理论。

程序教学法就是在这种理论指引下组合和提供信息的一种特殊方法，是教师根据一定的教育学、心理学和教学理论，按照评定的教学对象的状况，把预先安排的教学内容分解为按一定的严格的逻辑顺序排列的小单元，并构成程序教材，然后通过一系列专门的问题和答案，再通过教学机器由学习者操作显示的教学方法。它要求学习者及时反馈并立即决定是否进入下一个小单元的学习。实际上，程序教学法可以理解为一种自学方法，每位学生都可以自由支配自己的学习进度，每一步都建立在前一步的基础上，并能在每一步之后得到立即强化。程序教学法的特点是：在教学过程中，学生能够积极参与学习活动，思维始终处于高度积极的状态；能充分发挥学生的主观能动性，使学生创造性地学习；人机交互中信息反馈及时、强化有力、指导有方、评判公正；不同的学习者可以自定步调，以适应个人的学习进度，有利于个别化教学；对学习能力较低的学生来说是一种有效的学习方法；能有效缩短学习时间；有良好的激励功能，可增强学习信心等。其中，各个相关活动内容如下。

①课程教材（课件）设计。教师与编写者应按要求，将课程的内容与学习的进程相结合，进行相关的编程教材（课件）的制作。

②编写课程教材。编程员按照设计图编写了程序资料。

③生活中的对话式互动学习。通过使用装置（电脑），和电脑进行交流，并根据程式教材的指引，完成课程的学习。

④综合评估。教师们会对课程的学习成果做一个总结与评价。

程序教学特别适用于下列情况：帮助优等生学习一些教师因教学时间的限制而未能讲授的扩充性的学习内容，对学生进行补习性辅导；为学生提供预备性知识；要求标准化行为的教学；开设学校由于缺乏优秀教师而难以开设的课程；开展个别化训练。但运用程序教学法必须注意以下一些基本要求。

首先，选用或编制结构合理、配置适当的高质量的课件。一个好的课件应具有人工智能的特性，即在人机对话过程中，能从学生的应答中了解其掌握知识的情况，从而做出有针对性的教学决策，以提高运用程序教学进行学习的效果。

其次，教会学生使用教学机器。

再次，明确学习目的，与文字教材配合使用。在应用过程中应有明确的学习目的，注意与传统文字教材的结合，此过程要求学生有较高的自主精神和负责态度。

最后，注意与常规教学方法相结合。程序教学法虽有优点，但也存在削弱师生之间、学生之间即时信息交往等方面的不足。因此，运用程序教学法时必须与常规教学方法进行有机结合，使之相互补充、相互促进。例如，学生在使用程序教材学习之前，可在教师的引导下掌握所学内容的知识背景、基本概念与术语等，理解学习目的和思路，然后让学生通过上机练习，消化所学知识或形成技能等。

（三）问题教学法

问题教学法是指为了激发学生的思考，提高他们的解题能力，教师和学生就一个具体问题进行交流的一种教学方式。这是一种"以学生为中心"的教育方式。问题教学方法，其关键在于对学生思维活动的培养。信息技术在这种教学法中起着关键的支撑性作用，它被用来呈现问题情景，是分析、解决问题的工具。

问题教学法的特点是教学过程中更加注重师生之间的关系处理，突显教师是辅助者、引导者的作用，通常以问题情境来组织教学，以此引起学生思考，促使学生运用知识分析问题、解决问题，增强学生的自主学习能力，同时借助信息技术工具，建立沟通协作渠道，促进人际交往能力和团队合作能力的提高。也就是说，问题教学法以学生为中心开展教学，以问题为教学驱动力，以小组为教学组织形式，通过过程性评价促使学生能力的进一步发展。

问题教学法的基本步骤如下。

①创设情境，提出问题。教师充分利用各种信息技术，如借助多媒体教学系统，利用各种方法，如：让学生去看相关的影视资料、浏览相关的网站等，将他们带到问题的情境中，给他们分配任务；学生在接受作业，回顾初期经历，激发学习动力、增强学习责任感。

②分析问题、明确问题，组织分工。在教师的组织下，学生讨论解决问题的可能方

法，教师帮助学生分析问题情境，理解问题的情节和情形，进一步找到问题的本质，并对问题进行界定、阐述。同时，教师根据学生的兴趣和能力，将学生进行分组，分配学习任务，提供相关资源。

③探究发现，解决问题。教师为学生提供相关的材料、参考资料等学习资源，而学生则是在多种渠道中，借助和运用信息技术，查找、收集与问题相关的信息与资料；学生小组成员对收集到的信息进行归类、整理、分析，然后通过相互交流形成解决问题的方案。

④展示结果，进行评价。各小组以幻灯片等形式陈述、展示他们在解决问题过程中的计划和任务安排、完成任务的过程、解决问题的建议及主张，最后通过自评、生生互评、教师评价等相结合的方式，以过程评价为主、终结性评价为辅，对学习成果进行评价。即各小组对各自的问题解决方案进行自我评价，小组之间对方案进行相互评价，教师再评价每个小组的学习成果以及在整个问题解决过程中的方案方法的优劣，并向学生提出新的类似的问题，让学生尝试解决等。

问题教学法的适用范围和条件：要想运用问题教学法，就必须要有信息技术的支撑，这样，教师就可以用信息化的手段来创造一个问题情境，而学生就可以使用信息技术的手段来获得大量的信息，师生之间才能利用信息技术搭建沟通交流平台，才能保证活动有效开展。问题教学法适用于教授各学科领域的概念、规律、理论等教学内容，适用于实践性强的教学内容。

（四）探究—发现法

探究—发现法，指的是在教师的组织和引导下，让学生利用现代化的教学手段，去探索、发现问题，最终达到对知识的掌握。利用现代教学媒介，创设问题情境，启发学生思维；学生运用现代教育媒介去搜集、查询相关的信息，找到问题的答案。它是一种旨在提高学生的创造力和实践能力的教学方式，其主要思想是在教学过程中，不会给学生一个现成的答案或者是一个结论，而是通过教师的提问或者设定一些特殊的环境来进行激发，让学生能够通过自己的探究发现问题，用与科学研究相似的方式来获得和运用知识，进而对所学的知识进行充分的把握，激发学生的学习热情，提高他们发现问题、解决问题的能力。探究—发现法的特点是：在这一活动过程中学生通过亲身活动提出问题、发现答案、解决问题，在探究活动中生成知识，由此对获得的知识产生深刻的印象；可以发展学习者的分析、综合和评价等高级思维能力，培养发散性和创造性思维。

探究—发现法的应用步骤如下。

①备课。让学生对探究—发现法的基本技巧有一个清晰的认识，并对其提出一些基本的需求，同时还可以掌握一些可以展开探究与发现的工具，为学生们提供一些需要的信息检索指南、专业网站的地址等，让他们能够更好地进行探究与发现的学习。

②创设情景，使学生对作业有较深的认识。教师还可以为学生们提供一些需要探索或

发现的问题情境，将学生们的注意力集中在与其相关的话题上，并为他们提供必要的学习资料，让他们对任务有更多的了解，能够更好地进入问题情境当中。

③识别问题。在教师的要求与指导下，学生可以自己寻找问题，并根据已有的知识与经验，决定自己的探索方向。

④数据的收集与处理。学生通过各种途径、形式自行搜集资料，如实地考察、调查和采访、进行实验、查阅文献、观看影视录像、个案追踪分析等。搜集资料不是目的，而是了解事物的手段。然后学生利用现代教育媒体，如计算机网络等工具，自行搜集、加工整理资料，对搜集到的数据资源进行筛选、归类、统计、分析、比较。

⑤反馈评价。教师应对学生提出的问题进行评析、归纳。探究—发现法的适用范围和条件：探究—发现法的应用需要教师有较强的应变能力和运用现代教育媒体的能力，这样才能激发学生的学习动机，引导学生利用信息技术工具和手段，在自主学习环境中进行探究。探究—发现法适合教授和学习概括性、规律性的知识，适用于对未知领域的问题探究，或对已有知识进行个性化的再认识。而这种方法更适用于高年级的学生。

（五）微型教学法

微型教学法由美国斯坦福大学在 1963 年首创。微型教学法是一种通过摄影和录像等手段使学生掌握一项技术的教学方法。它是一种在小课堂上训练学生的某一项技术，时间短，规模小，所以被称为微型教学。微型教学是最早在教师培训中取得成效的。其后被其他学科领域的技能训练纷纷采用，成为一种卓有成效的教学方法，被广泛应用于各种职业技术训练上。它是让教学对象扮演一个职业角色来表演所要求的一系列活动，利用现代摄录设备记录这一过程，然后指导教师与角色扮演者一起观看重放的录像，进行分析评价，找出差距，再进行同样的工作直到掌握所要求的职业技能为止。

微型教学法的应用有以下几个特点：①人数少、易操作、微型化。将几名学员（5~10 名学员）构成"微型课堂"，以实际学员或学员的同窗为"模拟学生""模拟教师"，并在此基础上进行交替，确保每位学员都能获得足够的集训与个人辅导，便于实施，且能实现小班教学。②培养周期较短、技巧较多、目标较明确、侧重较强。在教学训练中，将教学内容进行拆分，将综合的教学技巧拆分成提示技巧、演示技巧、板书技巧等几个单独的技巧。每项技术都要有目标，有重点。受训者在"微型课程"中，以 5~10 分钟为一个周期，在此过程中培养出一到两种教学技巧。③在多媒体的辅助下，演示实例，并进行即时录音。在"微型课程"教学中，利用摄影、录像等设备，将一项技术的实例演示给学生看，让他们去学习、去模拟；同时，还可以在学员进行模拟练习的同时，将练习的过程进行录制。④反馈及时准确，评价方式多样。完成训练后，通过视听系统重放已记录的内容，供师生点评分析，让学生及时得到反馈信息。评价方式可以是自我评价，也可以是他人评价。

微型教学法的应用步骤如下。

①确立培训目的，明确培训技巧；在教学过程中，要让学生在学习之前，对各项技术的原理、方法、操作步骤、操作要求等有一个清晰的认识。通过不断的练习、评估、修正、完善，最终达到熟练的目的。

②科研技巧的掌握和技术演示资料的观看。在开展微观教学的实践之前，应该首先对每一种技能的相关理论、方法程序、实施要求展开学习，同时，还可以通过播放能够体现一种技能的示范性录音、录像资料，让学生能够直观地认识到教学技能的事实、观念、过程、操作程序，从而让学员能够得到一种技能模拟的模板，让培训的目标和要求更为具体。

③以声音和影像为主要内容的人物扮演。要组建一个小型教室，让同学们在里面进行角色扮演，练习一到两种技巧，并对前面所观察到的技巧进行模拟表演，用电视摄影、录像设备对角色的行为进行录制，以便能够得到及时、准确的反馈。

④观看视频，进行自评，分析比较。在教学过程中，通过播放教学视频，让学生在教学中以"第三者"的视角审视自己，发现自身存在的缺陷。在观看了自己的实践视频之后，被要求做一次自我评价，以确认实习效果是否达到预期目的。指导教师、评估者和学生都应该站在自己的角度对实践进行评价，在对实践结果进行分析比较的同时，也要对结果进行肯定，同时也要指出实践过程中存在的问题，以利于今后的发展。

⑤反复操训练，不断完善。对符合基础条件的学生进行评估后，可以继续进行下一项技术的学习；没有符合标准的学生，要按照教师的意见，做好下一步练习。

微型教育法适用范围和条件：它是一种可以用于开展技能教学的行之有效的方式。适合于对教师进行教学技能的培训，也适合于对艺术、体育等学科的技能或动作行为的教学。本节提出了一种在微机上实现该教学法的新思路。

（六）模拟训练法

模拟训练法指的是：运用现代教学媒体，对自然现象、运动状态和过程进行模拟，或是在一定的工作条件下，对其进行试验和培训，以揭示其规律的一种教学方法。其特征如下。

①打破了授课环境的局限，便于培训和授课；因为受到了多种特殊条件的制约，在教学过程中，不能使用真实的环境或物体来展开实验或培训，因此，就必须利用电脑等媒介来对这些环境或物体进行仿真，以方便师生经济、安全、省时地进行培训教学。

②各种仪器和媒介的使用，使仿真作业的场景更加丰富多彩。仿真训练方法最早是利用一些机器设备，来模拟一个工作条件，例如一个车辆的驾驶室。将微机应用于仿真培训之后，再将微机与机器设备相组合，极大地充实了仿真作业环境。

③运用信息化的方法，扩大培训的种类。随着信息化的发展，培训方式由原来的单一

化向多元化发展。模拟训练法可分为操作性训练、工作情景训练、实验情景训练和研究方法训练。

模拟训练法的适用范围和条件：运用该方法要提供可供仿效的适合学生发展的教学信息；要使学生进行仿效训练或亲自操作；要面向全体学生；教师应做好引导，及时分析、评价、明辨正误、分析原因，找出最佳思路和方法；要正确处理模拟教学法与常规的实验法、演示法、参观考察法的关系，在条件允许的情况下，要使它们有机结合，取长补短，引导学生抓住事物的本质。

第三节　信息化背景下大学英语教学方法的创新

在新的《大学英语》课程中，新的教学方式的一个显著特征就是广泛运用了现代信息技术。而在近些年大学英语教学方法与教育技术结合的发展中，多媒体技术是最令人瞩目，也是应用最广泛的。随着多媒体的发展及其在教育学中的应用，多媒体技术在大学英语教学中体现出了独特的价值，并得到广泛运用，使大学英语教学的广度、深度和灵活度都得到了增强，推动了教学方法以及教学理念的更新。多媒体教室、语言实验室、网络教室、自主学习中心、校内网络，为高校英语课堂提供了一个很好的平台。在教学实践中，通过运用多种多媒体技术及资源，提高了教学水平和学生学习的积极性。现在，很多学校的硬件条件得到了很大的提高，而多媒体技术在英语课堂上的运用也日益普遍，因此，将多媒体技术运用于英语课堂已经成为一种必然趋势。但是，毋庸置疑，在多媒体技术与高校英语课堂的融合上，还有待于进一步的深入和革新。以使大学英语教学掌握更丰富与更有效的方法和手段。

一、网络教学法的含义

网络教学是一种融合了新型信息媒体和人际互动的教育方法。它包括：计算机网络、多媒体、专门的内容网站、信息检索、电子图书馆、远程教育、网络教学等。网络教学的三个基本因素是：一是网络环境，也就是人们常说的"信息技术"的学习环境；二是网上资源，指能在多媒体和互联网上使用的、经数字化加工后的教材；三是网络类型，也就是透过资讯科技，搜集与使用各种资料，来发现、探究、展示与创作知识的一种学习类型。

在网络化所采取的教学模式是以建构主义的教育心理学理论为依据的，"建构主义"的理论为人们发展高校英语网络化课程提供了一个重要的理论依据，它提出，学生并不能从教师那里学到什么，只能是在特定的社会文化环境中，借助于别人（教师、同学）的协助，以及所需的学习资源，进行有意义的建构。与此同时，建构主义理论也将把学生放在了核心位置，它将学生看作是认识的主体，是信息处理的主要对象，是知识意义的积极构建者。因此，教师的角色应该从一个知识的传授者、灌输者，变成一个帮助者和推动者。

面对二十一世纪的知识经济，教育界人士指出，要加速国家的教育信息化进程，并针对不同区域之间的不均衡发展，采取三种不同的方式来推动信息技术的应用。这三个层面包括：一是以电脑和多媒体为主要内容的教学技术的普及和应用；第二，要积极开展校园网络建设，充分发挥网络资源的作用；第三，开展远程教学，为学生提供更多的学习资源，以更好地满足学生对终生学习的需要。随后，网络教学受到我国教育界的普遍重视，成了发展教育的一大热，一些有条件的学校纷纷开始利用网络辅助大学英语教学。

二、网络教学法的构成

在笔者看来，网络教学可以由实时传播、资源检索、课程测试、教学论坛和休息娱乐等几个模块组成，具体形式如下。

① "实时传播"为师生、学者提供了一个网络沟通的平台，营造了一种与"英语角"相似的网络学习环境，学生和教师可以就某一话题的几个方面，通过听说读写，进行课堂内外的相互联系，实现了知识的建构。

② "资源检索"：为学生提供了丰富的学习资源，其中包含了语文应用和各类测试材料，学生可以按照自己的学习目标，去查找自己想要的。

③ "课程测试"指由教师为学员而设计，以线上网络方式，自行检视有关科目之自学成效。

④ "教学论坛"为学员提供了一个沟通平台，供学员们就所学的知识和方法进行沟通，并可供教师们解答疑问。学生和教师都可以在网上留下自己的信息，并就学习中出现的问题展开讨论和交换。

⑤ "休息娱乐"指的是教师给学生们看的那些优秀的外国电影、文学作品，或者是关于外国语言的笑话和游戏，让学生们在学习的同时，也能感受到英语的文化，放松自己。

因为网络上的资源太多了，而且质量参差不齐，所以在学生进行网上学习的时候，教师应该对他们进行恰当的管理。与此同时，教师也可以根据学生的网上学习状况，对他们进行有效的监管。

三、网络教学法的创新研究

网络教学为学习者的个体化学习创造了有利条件，而网络教学软件也可以为不同层次、不同类型的学习者提供各自的需求空间，根据不同的学习者，可以选择不同的教学内容、教学手段和检测评价系统，以达到个性化学习的目的。通过网络技术，使教师能够及时地掌握和监督学生在课堂上的学习状况。而在网上进行有目标的教学，可以更好地满足学生的个人需要和学习兴趣，避开一成不变的教学方式。另外，作者还发现了如下的突出特征。

（一）网络教学提供了异常丰富的教学资源的共享

网络技术实现了世界范围内的资源共享，地球变小了，人与人的距离拉近了，交流沟通变得更迅捷了。网络教学使简便地寻找到丰富的教学资源成为可能，从天文地理到体育娱乐，从文化教育、政治历史到科学技术等，无所不包，为英语学习者提供了大量的教学资源。教学可以不再受时间和地域的限制，教育资源缺乏的地区也能借助网络享受同样的教育。

（二）激发了学生学习英语的兴趣

学习是一个积极的过程，而兴趣是最好的教师，也是最好的助推剂。在网络教学中，整合了多种媒体的作用，将枯燥无味的传统教科书转变成了信息技术的生动情境。通过图像、文字、声音、动画等，学生在网络教学提供的英语环境下主动积极地去寻找感兴趣的教学资源，提高了学习的趣味性和主动性。

（三）有利于新型师生关系的建立

教学过程是教与学的结合。自主式教学模式的建立，需要变"以教师为中心"为"以学生为中心"，同时建立新型的师生关系。学生不再是被动的接受者，而是变被动学习为主动求学。教师也不再只是知识的传授者，还应当是教学活动的组织者、管理者、促进者。师生之间通过网络这个先进技术的平台，除了可以完成知识的传承外，还可以进行学习能力的交流，教师对学生来说亦师亦友，即构建了一个更为和谐的师生关系。

第七章　信息化背景下的大学英语自主学习研究

第一节　自主学习概述

一、自主学习的内涵

然而，在这一领域，人们对自我调节的认识还存在着较大的分歧。对于"自主学习的实质"，国内外的教育家们并没有达成共识。西方各个流派的学习论家对此有自己的见解。

维列鲁学派的维果斯基等人提出，"自主性"的实质是一个语言的"自我引导"，即个人通过"内在语言"来调整自己的学习；斯金纳等行动派把自主学习看作是一种对奖励和惩罚作出的回应，是一种操作性的活动；在班杜拉的"社会性学习"理论中，自主学习的实质就是指在与实际行为相比较的基础上，通过与实际行为的比较、评估，来调整和控制自己的学习；弗拉维尔等人提出，"自我调节学习"是指在元认知的监督下，学生按照自己的学习能力和任务的需要，对学习的方法进行调节，达到自我调节的目的。

本节对自主学习的内涵进行了界定，在更广泛的意义上，"自主学习"是一种人利用各种方式和方法，进行有目的、有选择的学习，进而达到自我发展的一种社会实践活动。狭义的自主学习指的是学生在教师的科学指导下，自觉、能动、创造性地进行学习，达到自主性发展的一种教育实践活动，它主要是指在学校的教育领域中进行的自主学习，学生作为学习的主体，教师的指导、师生之间的有效交流互动都是学习的必要条件，学生能够自觉、独立、主动地参加学习，从而达到学生自主性的发展。在这本书中，"自主性"是一个狭义的概念。

庞维国认为，对学生的学习有无自主性的定义，有横向和纵向两个层面：横向层面就是对学习的各个层面进行全面的定义。只有当一个人能够在自己的生活中对自己的学习进行主动的选择与掌控时，他的学习才能达到完全的自主性。具体来说，如果学生具有的是一种自我驱动的学习动机，他们可以选择自己的学习内容，可以自主调整学习策略，自我规划并管理自己的学习时间，积极地创造出对学习有利的物质和社会条件，并可以对学习的结果进行自我判断和评估，那么他的学习就属于完全自主的。相反，在以上几个领域中，学生若完全依靠别人的引导和自己的控制，则会产生非自主性。纵向维度指的是从学习的全过程出发，对自主学习的本质进行解释。在学习之前，学生可以自己设定学习目标，制定学习计划，做好具体的学习准备工作，在学习过程中可以对学习进展、学习方法进行自我监控、自我反馈和调整，在学习结束之后，可以对学习成果展开自我检查、自我总结、自我评价和自我补救，那么他的学习就属于自主的。在大学英语教学中，如果完全依赖于教师的引导与控制，那么，大学英语教学将会失去其自主性。

自主学习指的是学生对自己的学习进行主宰，在学习过程中，学生的自主意识得到培养，推动学生积极、主动地进行学习，促进学生自我完善、自我发展。所以，自主学习不能仅仅停留在对学习技能技巧的掌握和对知识的学习上，而更应该将注意力放在学生对自身内部的了解和改进上，具体内容包括了学生的自我认识、内部动机的激发和元认知的发展。教师不仅要引导学生在知识、技能方面进行自我提升，同时要对学生进行自主学习的态度、习惯和能力进行培养，还需要对学生的实践，发现进行指导。不仅要以现在的学习为基础，还要以学生的终生学习为中心，让学生在积极主动的学习中，达到自我认识、自我教育、自我管理、自我提高的目的。

二、自主学习的价值

（一）自主学习具有时代价值

1. 当今世界科技发展迅速，知识量猛增，人们需要自主学习

在知识经济的今天，人们所掌握的知识越来越多，而更新的时间越来越短，学生所掌握的知识越来越不能适应社会发展的需要。海量的知识让各个行业的需求一天比一天高，越来越多的人感觉到在学校里学到的知识和技能已经过时了。美国的教育心理学者巴斯曾注意到，一个人在离开学校之后，在他的职业生涯中，他所学的东西中，有70%是可以在他的职业生涯中发挥作用的；50年后，这一比例将下降到2%。也就是说，现在的大学生，他们在大学里所学到的专业知识和技术，有98%的人都要到社会上去学习。人们要改变过去在学校里以教师教、学生学为主的学习模式，而更多地采取一种自我导向的学习模式，即自主学习。只有经过持续的自主学习，人们才能够满足社会发展的需要。于是，六十年代中叶，"终身教育"被提了出来，接着是"终身学习"，强调学生的主动、勤奋。终身教育这一制度，突破了过去那种将工作和学习相分离的传统方式，它强调，教育应该是一个持续不断的，伴随人们一生的过程，而要想实现终身教育，就必须要有个人的终身学习来保障。"终身学习"是指在学校中学习的一种扩展，它要求学习者能够自觉地、积极地、主动地进行学习，并具有一定的自主学习能力。

2. 时代的发展需要创新性人才，自主学习理论与实践正是时代精神的体现

在当今世界，随着生产流程的不断智能化和新技术的不断发展，人们对创新型人才的

需求越来越迫切。创新型人才，不仅要具备相关的专业知识，还要具备创新意识，竞争意识和协作精神；他不仅洞察力强，想象力丰富，而且性格独立、健全。不断地吸收和内化先进的知识，是持续地进行创新的来源，一个人如果只是会死记硬背，而没有积极地学习的话，那么他就很难成为一个有创造力的人才。"自主学习"的教育理念与方法，对学生的独立个性与优良的心理素质具有重要的影响：它可以使学生具有积极的求知欲和探索精神；有利于学生勇于竞争，承担风险，乐于合作的素质的发展；有利于学生勤于动手，乐于动手的习惯与能力的形成。自主学习是培养出创新人才的方式和保障，一个人如果拥有了自主学习、终身学习的能力，那么他就可以为社会的发展提供更多的新鲜血液。

（二）自主学习的教育价值

在素质教育中，学生的自主性是最重要的。素质教育指的是一种对国民素质进行提升的教育，它的目标是让人们学会做人、学会求知、学会健体、学会生活、学会生存，因此，在进行素质教育的过程中，最重要的工作就是培养学生的学习意识、学习习惯、学习能力和学习方法。

1. 自主学习能够提高学生的学习质量

具有较高的学习自主性的学生，对学习目标和学习活动都有很高的认识，他们可以在学习过程中对自己进行严格的控制，并使用一系列的学习策略和自我调整策略，他们的学习成绩比那些学习自主性低的要好得多。

2. 自主学习是学校教育的必然要求

随着互联网和多媒体技术的普及，学校教育在教学手段上也得到了进一步的发展，在课堂上，计算机辅助教学将会日益成为主流，而传统的以传授知识为核心的教学方式也正在进行着一场深刻的变革。在西方日益盛行的"自学、交流、评价、完善、总结"的"五程序"教学方法，将会得到进一步的推广。因此，培养学生的自主性是今后基础教育的一个主要目的。

3. 自主学习是当前学校教育中函待解决的突出问题

随着新一轮新课改的深入，部分课堂已经开始转向以促进学生的自主性学习。然而，传统的"授课"方式仍占主导地位，尤其是高校的"授课"方式。传统的讲授式教学以教师讲解、指导和各种媒介为教学的手段和方法，向学生传授知识。教师是知识的传授者，学生是知识的接收者。知识的来源包括教材、参考资料、教师的个人经历等；媒介是教师向学生传递知识的手段、方法和途径。虽然"授课"具有一定的合理性，但是它的局限性也非常明显。要想从根本上解决这一问题，就必须将提高学生的英语自主性当作一件大事来做。

4. 自主学习有利于学生个体发展

（1）在大学英语教学中，教师应充分发挥自己的作用。它的根本目的在于培养和发展学生的主体性。过去的教学注重的是知识的积累，而主体性的教学则注重的是在知识和能力发展的过程中，学生是如何主动地、积极地学习到各种知识和能力的。自主学习的终极目的就是要充分发挥学生的主观能动性，在处理自己与自然和社会之间的关系的时候，首先要做的就是对自己的环境进行主动的改善，在改善环境和改变社会的过程中，人类自身的发展和社会的发展都得到了促进。在学习中，学生的主体地位体现在他们参与到积极的学习实践活动中。学生作为学习的主体，既要学习科学文化知识，又要对自己的学习特征有充分的认识，并依据自己的能力来选择认知策略。

（2）通过自我调节，可以提高学生的主观能动性。企业主动意识的培养包括五个层面：适应型，选择型，竞争型，合作型，参与型。在这五个领域中，自主性的学习起到了推动和提升的作用。人类对社会的改造是在有目的、有计划和有理性的指引下进行的。通过开展独立学习，可以提高学生的主动性，为其创造精神打下良好的基础。

（3）培养学生的自我意识，有利于提高其自觉性。自觉性指的是学生具有强烈的学习兴趣，并掌握了学习的方法，可以进行持续的学习，做到自动、自控。在"自主学习"的过程中，学生是在自己感兴趣的基础上，主动地、积极地进行学习，并在学习中掌握各种学习的技能和方法。在这种情况下，学生既要正确、客观地评价自己，又要自觉地自我调节，使其具有良好的心理素质。

三、自主学习的特征

对于自主学习的特点，各人因其理论地位和研究起点的差异而有各自的阐述。

在国外，一些学者认为，学生的自主性具有能动性、监督性、调节性和反馈性四个方面的特点。巴里斯和艾里斯从七个角度总结了自主学习的特征：一是自主学习；二是有能力使用教室内的各种学习资源；在面临挑战时，能最大限度地发挥自己的潜力；自主性学习者与教师的协作能力强；在学习过程中，自主性学习者重视创新；自主性学习者往往具有较强的自信和较高的自觉性；自主学习者可以自己管理学习过程，并可以进行自我评价。

本节在对以上几种观点进行分析的基础上，对其进行了界定，并将其归纳为如下几个特点。

（一）自主性

每一个人都具有某种自主意识，具有独立的人格，可以主动地开展自我管理的行为。在自主学习中，学生在学习过程中具有主体性地位，可以自觉地、主动地投入到学习当中，并掌握了学习的策略和方法，从而规范自己的学习行为，并能够及时地反馈和进行自主的评估。"自主"体现在以下几个方面：①自主意识强，自我认知清晰；②对学习有清晰的认识；③在教师的引导下，能自主地研读并了解课本内容，并将课本中所学到的知识转化为自身所用；④可以充分运用自己和外部的正面条件，自觉地理解和接受教育，实现预定的学习目的。⑤可以自主地支配、调整和控制自己的学习行为，提高自己的潜能。

（二）独立性

独立是与依赖关系相对应的。依赖性学习是基于人的依赖性的一面，而自主学习是基于人的独立性的一面，也就是说，学生的学习是一个从依赖到独立的过程。自主学习要求学生不以教师的意志为转移，在各方面尽可能脱离对教师与他人的依赖，由自己独立做出选择、决策，开展学习活动。自主学习贵在独立自主，是学生学习知识和掌握技能的一个重要步骤，是学生通过动手实践来实现的。

（三）能动性

自主学习是以人的主观能动性为基础的，主观能动性与被动性是相对的。自主学习是建立在尊重、信任、发挥人的能动性的基础上的，与他主学习不同，是指学生积极主动地参与并管理自己的学习，而非在外部的种种压力下，被动地参与学习。我们可以看到，自主学习是由人的内部需要所推动的一种自主性学习。这种能力并非天生就具有，而是通过后天的培养和培训而获得的。对学习者的主观需求，如动机，责任感，自我实现，自我超越，是对学习者主观需求的最基本的要求。

（四）个别性

个体的独立性，首先是因为他们的先天品质有很大的差异。与此同时，因为每个人所处的环境都不一样，他们在社会化的过程中，做出的个人选择也不一样，所以他们慢慢地就形成了自己独特的个性特征。在学习过程中，在同样的学习内容面前，每一名学生的学习起点都存在差异，他们的知识基础、情感准备也存在差异，因此，他们对学习内容的选择、学习速度及所需要的时间也存在差异。在自主学习中，要尊重学生在学习上的差异性，要赋予他们在选择学习内容与寻求学习资源方面的自主权，让他们可以按照自己的学习方式与方法进行学习。

（五）相对性

自主学习是一种相对行为。由于，在实际中，完全的自主性和完全的非自主性是比较少见的。大部分的同学，在某些事情上，都是很有主见的，但是在某些事情上，他们并没有主见。例如，在学校里，学习的内容和时间不能完全自主，无法脱离教师的控制。所以，我们要根据学生的实际学习状况，区分他们在哪些领域属于自主，在哪些领域属于不属于自主，从而可以有针对性地培养他们的自主性。

第二节　信息技术与自主学习

一、信息技术的概念与信息技术环境

（一）信息技术的概念

人类通过信息技术对数据、语言、文字、声音、图画和图像等多种信息进行采集、处理、存储、传输和检索，这一系列的经验知识及其手段、工具的总和被称作信息技术。在现代科技不断进步的今天，信息技术已经演变成一种基于电脑多媒体网路的智能化科技。当前，中小学教育所使用的现代化信息技术，具有数字化、网络化、多媒体、智能化等特征。陈琦、刘儒德等人的《信息技术教育应用》中，将其定义为："信息技术"是指与信息的获取、传播、存储、使用等相关的技术；即以微电子技术、通信技术、计算机技术为主干，结合集成电路技术、光盘技术、机器人技术和高清晰度电视技术等的综合技术。

根据南国农的观点，当前的教育科技界对于"信息技术"的认识，大体有三种观点：一是将信息技术视为电脑技术；第二个是将电脑和互联网技术相融合；第三个方面是音像科技，计算机科技，综合科技。李克东先生则主张：信息技术是一种以信息的产生、取得、传递、处理及再生功能为目的的科技，可扩充人类资讯器官的功能。其中，数字音像技术、卫星电视广播技术、多媒体计算机技术、人工智能技术、计算机局域网技术、互联网络技术和虚拟现实仿真技术等是用于教育领域的信息技术。

（二）信息技术环境

利用现代化的信息技术，可以建立多媒体综合教室，多媒体计算机网络教室，电子阅览室，校园网，以及基于因特网的远程教育系统。多媒体技术、网络技术和虚拟现实技术可以创建并呈现出多种趋于真实的学习情景，将抽象的学习与真实的生活相结合，对激发学生的思考与探索具有重要意义。目前，学校的信息技术环境主要指的是各种设备、器材、工具（包括计算机网络、先进的数字化仪器等现代以至前沿的硬、软技术）和综合的信息资源（如文字材料、书籍、音像材料、各类软件与多媒体课件以及互联网上的信息等）。支撑教学和学习的 IT 环境可以划分为两类：一类是以多媒体教室和计算机网络教室；另一种是非课堂教学制度下的个性化远程学习环境，例如：学校或图书馆的电子阅览室、学生家庭电脑、公共网络设施（例如网吧）等。

二、信息技术环境下的自主学习

（一）信息技术环境下的课堂教学促进了传统课堂教学的创新

信息化英语教学是一种"以学生为主体，以教师为中心"的教学思想，它是一种以网络和多媒体为载体，在不与课堂分离的前提下，通过网络和多媒体等手段，实现教学目标的一种新的教学模式。它不仅使教师与学生能够进行面对面的沟通，而且能使学生在不受限于时间的情况下，自由地、多方位地沟通。在现代教育技术条件下，英语教学是一种将现代教育技术与传统教育相融合，以提高学生的自学和创造能力的有效途径。多媒体英语教学与传统英语教学的优点相结合，使教师的地位、学生的地位、教学模式和学生的学习方法等方面都有了很大的改变。

（二）信息技术为自主学习能力的形成与发展提供了有利条件

1. 提供学习工具的支撑，促使学习者"能学"

学习工具是对学习者查找、获取和处理信息有利的一种手段，它可以帮助学习者进行交流协作、建构知识，还可以以特定的方式对学习效果进行组织，并对其进行表达理解和评价。学习工具给学习者提供了一个环境和条件，它需要学习者积极地、努力地去思考，去产生自己的思想，构建自己的真实世界。

信息技术为自主学习者提供了一些学习工具，包括了 Explorer 浏览器、电子邮件、数据库软件等。学生可以通过这些工具，来实现对外部信息的理解和生成，而不只是对客观知识的被动接受，能够自主地完成学习活动。比如，在教学中可以使用汉字输入法、编译法等辅助工具，来提高学生信息的组织能力，语义的构建能力；运用"几何画板""作图""作曲"等教学手段，对学生进行艺术创造能力的训练；运用资讯"集成"的方法来训练学员的组织与表达的能力；通过网络设计，提高了学生对网络信息的认识，获取和组织的能力。开放性、探索性的学习手段对人的思维进行了补充和扩展，让学生可以参加到更高级别的、更深层的信息加工过程中，完成对信息模式的识别、判断，并对信息模式加以组织、规划、决策，以对学习展开自我调节等，进而促进学生具备自主学习的能力。

2. 提供学习资源的支撑，促使学习者"想学"

在此，我们将学习资源定义为：在学习过程中，学习者可以与其进行有意义的交流。信息技术对自主学习提供的学习资源包括课程本身的资源、音像教材、多媒体教学软件、互联网上的网络资源及现实社会的真实资源等立体化学习资源。

信息化学习资源中，高质量的教育资源库具有教学针对性强、内容科学、实用性高、π余度低、资源高度共享的特点，可以在学生自主学习中发挥重要的作用，并且不受时间、空间、地域的约束，可以通过互联网延伸到社会的每个角落，连接全世界。在互联网上，所有的学习者都能在任何时间、任何地点，自由的学习与工作；每位学生都有机会从各个科目的顶尖教师那里获得指导，从全球最具权威性的专家那里获得建议，从最有名的图书馆中借取书籍，在互联网上搜寻全世界的最新资讯和资源。其中，以互联网为基础的学习资源能够为学习者提供具有图形化、色彩丰富的交互交互接口，并且能够形成具有超文本结构的、符合人们联想和记忆特征的知识和信息数据库，使得自主学习者能够更方便地使用实物学习环境。在校园网络的环境下，通过学校内部教学资源库或著名教育资源库的镜像，学生能够在其中找到或寻找到自己需要的学习资源，最终能够解决问题。同时，还能拓宽学生的眼界，这种方式很容易将学生的学习兴趣和动机激发出来，并为实现探索式自主学习创造了有利的条件，促使学生愿意进行自主学习，从而使学生真正达到主动建构知识的意义，实现自己获取知识、自我更新甚至创造新知识的理想目的。

3. 提供交流平台的支撑，促使学习者"会学"

学生在进行英语自主学习时时，如果遇到了一定的问题，则要求学生自己去探索；如果单独探索不能得到答案，那么就必须和别人一起去寻找答案。所以，学生的自主学习要求有一个有利于学生相互沟通的学习环境，而这正是学生自主学习的本质。这就要求学生积极地进行交际。它并不意味着完全独立的、孤立的学习，更多的是通过与别人的合作和引导而实现的。交际其实就是自主性学习者在社交情境中的运用。信息技术给学生的学习带来了许多交流的平台，也带来了一系列的双向交流的手段，可以达到同步和异步的沟通，他们可以利用微信、QQ、电子邮件等互联网通讯手段，进行彼此的沟通，参与各类对话、协商、讨论等活动，从而培养独立思考、求异思维、创新能力以及团队协作的能力。

另外，由于网上沟通的平等特点，每一个人都有自己的权利发言，促使学生表达自己的心声，发挥自己的最大潜能。因为不需要"面对面"的沟通，所以学生们（特别是那些胆小的）可以提出更多的问题，这样他们就可以把自己的问题变成一个共同的问题，利用大家的智慧来解决。以共同的利益为纽带，同学们也能更轻易地寻找到相同的伙伴。这对于提高学生在社会生活中的合作意识，以及在社会生活中利用外部条件来解决问题有很大的帮助。

三、基于信息技术的自主学习环境

（一）基于多媒体教室的自主学习环境

在多媒体教学中，教师应从过去的"主讲者"转变为"引导者"；在教学情境中，要充分发挥学生的主体性；学习工具从传统的媒体向计算机多媒体元素转变，要将多媒体技术的优点充分利用起来，以学生所不知道的任务为依据，设计出与之相适应的教学软件，并用液晶投影将其显示到大屏幕上。在制作和使用教学软件的过程中，学生能够更大程度地、积极地参与到教学过程中，而教师则会对他们进行适当及时的引导和纠正，并展开合理的教学组织活动，比如组织小组讨论、竞赛游戏等，教师们不再把课堂教学软件当成一种教师授课的辅助工具，从而让学生们告别了在传统的课堂教学中，被动学习的状况。这种教学方式更加活跃，能够充分发挥学生的各种感觉器官，提高他们的学习效率和学习积极性。

（二）基于网络教室的自主学习环境

其特色在于能够实现与语音实验室相似的监控、问答、个别指导、小组讨论等功能。每个学生都有一台手机，手机和手机连接在一起，用耳机交流。教师的讲稿不再只是一个示范，更多的是保存在网上，方便同学们自己学习，可以分享。教师作为教练的作用，主要是对学生的学习状况进行监控、分析，并对学生的各项能力的发展进行调控，具体包括了操作技能、认知能力、言语交流能力以及协作学习等方面的能力的发展。在网络上，教师们可以很容易地了解每一个学生的操作过程，了解他们的学习状况，并给予他们及时的指导，而学生们还可以利用"电子举手""分组讨论"等功能，在师生之间和学生之间进行讨论，得出自己的结论，还可以作为一名教练。

（三）基于校园网及互联网资源的自主学习环境

在以校园网及网络资源为基础的自主学习环境下进行学习，这对构建多样化的学习资源起到了很大的帮助作用，对自主学习的发生和实现具有很大的促进作用，并能取得设计者期望的学习效果。教师将教材数字化后放在网络上，再辅以网络上的其他学习资源，例如图书资料信息、教学辅助相关信息（课件、学件）、教学评价系统（电子习题集）等，来进行讲解。学生们可以在校园网及因特网上，利用信息技术的工具来实现自主学习，他们的学习路径是完全由学生自己来选择的，而教师们只是构建了学习环境，并充当了学生学习的引导者和辅助者。

通过对这三类情境的比较分析，我们可以发现它们的共性是：学生是主体，能够对整个情境进行掌控，而教师则是"媒体"，在情境中扮演着主导角色。在教学过程中，教师应结合学科的特征，充分运用信息技术，以多媒体教室、网络教室、校园网和因特网为依托，建立起一种以学生为主体，以学生为中心，以网络为中心的自主学习环境。以多媒体教室和网络教室为基础，构建了一种以学生为主体的、以学生为主要对象的、以教师为主体的自主学习环境。以校园网和互联网资源为基础，构建了一个自主学习环境，主要是为了为学生们提供一些网上的学习资源和工具，这样就可以满足他们个性化的学习需求，从而有助于他们顺利地完成自己的学习任务。在各种情境的辅助下，能更好地提高学生的自主性，提高学生的自主性。

四、如何利用信息技术促进学生的自主学习

（一）信息技术运用于英语教学的几个误区

1. "灌输"方式的转变，无法真正实现有意义的主动构建

许多教师对多媒体教学有一种误解，以为它仅仅是将"黑板加粉笔"转变成了"计算机加屏幕"，在实际的教学实践中，没有能够根据教学内容的差异，对多媒体技术进行灵活的应用，还停留在传统的教学模式上。教师们仅仅是将文本和例子复制到荧屏上，并一个字一个字地解释；或者按照教学计划，将课文以一种顺序的方式进行，在课堂上，只需要按下按钮，就可以将课文按照顺序进行播放。

在这种情况下，传统的"灌输"模式转化为"电子灌输"模式，被多媒体模式所取代。在这样的情况下，学生在面对海量的教学资源时，往往会感到手足无措，很难有机会去积极地构建自己的知识体系。这种盲目和机械的使用，无法真正地解决传统的课堂教学中存在的问题，也无法使其更好地发挥出来，进而对课堂教学产生一定的影响。

2. 变"师生关系"为"人机关系"，缺乏人文关怀

目前，高校英语教学中仍存在着过度依靠多媒体技术，忽略了教师在课堂上的引导等问题。有些教师认为，多媒体技术是一种很好的辅助工具，在课堂上使用得太多。根据问卷调查显示，66%的同学认为，在计算机辅助教学中，教室里的氛围比传统的教室要差，这是由于教室里缺乏活灵活现、传情达意的眼神交流，在教室里，学生的语言能力没有得到很好的锻炼，随着时间的推移，教师们成了多媒体的操纵者和放映者。如果把"教师"的角色交给了"课件"，那么就会导致"主体"的错位，从而大大削弱了"教师"的主导地位。但不可忽略的是，使用多媒体只能将文本及语音呈现在学生面前，而不能代替英语在教师所营造的环境下所进行的交际练习，也不能代替学生创新思维的培养。所以，在课堂上，要让学生清楚地认识到"听"和"看"的意图，做好"听"和"看"的心理准备，并适时调整注意。否则，英语课堂将成为一种将教师讲授的课堂，转变为以多媒体形式呈现的课堂，学生与教师在课堂上进行的充满感情的课堂，转变为网上进行的信息交流；学生与教师、学生与学生之间充满善意的语言沟通，转变为一种冰冷的机器对话，忽略了教师与学生的积极角色，忽略了学生与学生的感情，缺少人文关怀，也是在人文教育的基础上，歪曲了多媒体英语教学的错误。

（二）对使用信息技术进行英语教学的几点建议

本节对当前高校英语教学中出现的一些认知上的偏差，以及在实际应用中出现的若干问题，提出了正确的理解，并注重在实际工作中加以解决，科学合理地使用多媒体技术，

使其在计算机辅助下更好地应用于高校英语教学。

1. 根据教学的需要决定是否使用多媒体

正如前面提到的那样，一些教师在一堂课中，为了能够体现出教学手段的现代化，，会尽量多地运用计算机多媒体，他们还错误地认为，使用的多媒体越多，学生的学习兴趣就会越强，他们所传授的语言材料就会更容易被他们掌握，学习效率也会更高。因此，在所有的教学环节中，他们都会运用多媒体，在课堂中，他们忙于在屏幕之间进行切换，将教学过程变成了电脑操作的过程。学生一整堂课都是在看、听多媒体课件中完成的，完全成为了一种被动的接受学习，误解了多媒体辅助教学的本意。这是一种违反语言规则的行为，也是一种无效的行为。实际上，多媒体只是为教师提供的一种辅助手段，它应当处于辅助的位置，不应当成为"主人"，根据英语课堂的实际情况而定。运用多媒体，旨在"活化教材"，营造更贴近生活的教学情境，培养学生运用英语思维，调动学生的思维，主动地参与教学；如果只是单纯的为了在课堂中增加一些现代的教学气氛和科技元素，而过度的利用多媒体，就会导致现代的教学效果不佳。

2. 适度取舍多媒体教学素材，注重多媒体课堂的"人文关怀"

多媒体是一种辅助教学的手段，没有任何的情感，它的设计者和操作者，也就是教师才能起到对它作用。在面对大量的信息时，教师更要重视培养学生，在多媒体课堂中，有针对性地、迅速地选择所需的素材，进行语义建构，从而提升学习的效率，真正地利用现代媒体技术，将建构主义学习理论的优势充分发挥出来。

此外，师生之间的情感沟通也是提高学生英语学习的积极性的有效途径。学生有一种与生俱来的"师欲"，他们渴望被教师注意。所以，在教学中，教师不仅要优化教学手段，利用现代化的教学手段，而且要以情打动人，创造一个愉悦、融洽的心理氛围；教师要用自己的爱心去关爱每一个学生，用自己的人格魅力去打动他们，让他们产生一种可亲、可敬、可信的感觉，从情感上去接受新的东西，才能取得更好的效果。

第三节　信息化背景下大学英语自主学习

一、信息化背景下大学英语动机培养

（一）应用信息化技术线上引导与面对面交流，降低学生的焦虑

信息社会的到来和科学技术的高速发展，使学生接触到的高科技产品越来越多，获取信息的渠道也越来越广。但是，如此多的信息获取渠道，反而会使学生不知从何下手，在浪费时间的同时也没有收获新的知识。这一负面影响最明显的表现就是，大一新生还没有

完全适应新的学习环境和方式的时候，他们的思维和意识还停留在对教师的依赖之中，希望能够得到教师的指点和引导，因此，当他们没有接受到教师及时的指导后，就会产生一定的焦虑，甚至会丧失对学习的信心，导致他们不能顺利地完成学习任务。

所以，在教学中，教师要充分利用网上的信息指导，并通过面授的反馈来指导学生，使他们更好地把握英语的发展趋势，促进英语的发展。

1. 在线信息引导

在线信息引导指的是教师通过网络对学生进行语言学习的指导和帮助，帮助学生减少花费在浏览网页上的时间，更快、更好地进行信息的选择和获取。在网络通信软件的帮助下，教师可以向学生告知每一次课程中的教学重点和难点，引导他们通过网络来掌握各种知识，并学会攻克不同的知识难点，提高其学习效率。由此，便可以在一定程度上减少学生因与教师面对面交流而产生的胆和不安，让学生在学习方面获得成就感的同时增强对英语自主学习的兴趣。

2. 课堂面授反馈

在现代教育理念和教学模式中，大学课堂教学的重点不再是教师，而应当是学生，也就是人们常说的"翻转课堂"。

例如，为实现这一教学目的，教师可以先就不同的段落为学生设置相应的问题，并对每一段落中的核心词汇和短语加以重点标注，使学生在借助网络进行英语自主学习时，可以针对教师所设置的问题进行学习，在节省时间的同时提高学习效率。学生在学习这一文章时，还应借助网络了解与文章作者、写作背景、写作目的等有关的学习资料，然后再指出其中存在的问题，帮助学生发现自主学习的不足并加以改进，增强学生自主学习的信心。

（二）采取丰富多样的教学方法，培养学生的自主学习兴趣

在信息化社会中，英语教学拥有丰富的教学资源，并可以采用较为直观、生动、形象的教学方法，帮助学生更好地进行自主学习。但是，应当注意的是，教师在为学生选择学习视频或音频时，应在结合所要学习的知识点的同时考虑学生的现有语言水平，增强学习资源的针对性和有效性。

1. 主题讨论

主题讨论借助 QQ、微信等网络通信技术得以实现。在进行主题讨论时，教师可以以单元教学内容为依据进行问题的设置，并将学生分成几个学习小组进行讨论。在进行问题讨论时，学生可以脱离内容的限制，在不考虑自己的观点正确与否、语法正确与否的情况下，将自己置于与教师平等的地位进行探讨。在这样一个较为自由、宽松的学习环境中，学生可以最大限度地激发学习兴趣，发散学习思维，通过面对面地沟通与交流，养成使用

英语进行表达的习惯。当然，在课后，教师应当安排学生对自己的语法和有待学习的英语词汇进行查找和学习，以增强学生的词汇印象和记忆。

2. 人机交互

在英语教学平台上，通过《视听说》课本上的口头和听力练习，在听的同时，将所听的东西和会话重复一遍，并在句子中学会连读、弱读、重读等语音技能。这样，既可以锻炼学生的听力，又可以提高他们的口头表达能力，还可以培养他们运用英语的交流能力，激起对英语的积极性和兴趣，能够更好地进行英语的自主性学习。

3. 课堂情境创设

传统的英语教学方式和教师的备课模式在信息化社会中出现了大的改变。在现代化的英语课堂教学中，教师不再是一个人站在讲台上溜溜不绝地讲课，更多的是欣赏学生的学习作品与成果。教师在进行备课时，也不再如传统教学那般在纸张上罗列教学过程，而是借助 PPT 等现代信息技术，在授课过程中插入相应的问题，并让学生进行预习。例如，在正式上课之前的导入部分，教师可以利用多媒体或电脑播放一首与学生将要学习的内容有关的歌曲或视频，激发学生的学习欲望和兴趣。

（三）培养合作式的学习氛围，激发学生的自主学习动机

在计算机技术的支持下，个性化是大学英语自主性学习的显著特征。但不可否认的是，信息技术也会对英语学习产生一定的负面影响。例如，有的学生会因为缺少与教师面对面的交流而产生学习焦虑，严重的甚至会放弃英语学习。在学生进行自主学习时，如果教师可以适时参与其中，就可以缓解这一问题的出现。由此，在英语自主学习过程中，可以借助以下几种方式减少学生焦虑情绪的产生。

1. 在线交流

教师可以借助网络通信软件与学生进行在线交流和讨论，如学生在借助网络进行英语自主学习时，如果遇到了自己无法解决的知识难点，可以通过 QQ 或微信等通信工具向教师进行在线咨询和提问，也可以在群里进行相关问题的讨论和问答，这期间，每个学生都可以自由表达自己的观点，也可以对个别知识点的学习进行合理性质疑。在线交流的学习形式并不限于以上所说的一种，同学们也可以利用 QQ，微信等语音功能来做自我介绍，发送电邮，并且通过讨论，提问，辩论，交流学习经验，来提高同学们的积极性。

2. 课堂合作学习

教师将课堂中的主要角色交给了学生，让他们能够主动地参加到课堂中来，这样就可以避开了枯燥无味的氛围，更容易培养出学生独立思考并敢于发表意见的能力。在大学英语课堂教学中，教师发挥的作用主要体现在两个方面：一是启发，二是引导。在课堂合作学习过程中，教师可以采用拼图法、猜词法、抢答法、编号法、分组讨论法、记分法等不

同的组织形式，根据学生的实际水平设置相应的问题和教学内容，力争让每一个学生都可以参与其中，让每一个学生都可以感觉自己受到了教师的重视和在课堂教学中的重要性。在学生讨论之后，教师可以选择几名学生阐述自己的观点，最后针对学生的观点进行点评和总结。在总结过程中，教师首先要做的是对学生的观点加以肯定，在此基础上再提出其观点的问题和不足。这一学习方法在活跃课堂气氛的同时，也会拉近学生与学生之间、教师和学生之间的关系，可以帮助学生克服焦虑情绪，强化其进行语言学习的动机。

综上所述，教师应当根据授课班级的具体情况进行具体分析，采用合适的教学方法和手段，并充分利用现代信息技术和多媒体，创造一种放松的学习环境和气氛，提高他们的学习动力和兴趣，为社会的发展培养出有用的人才。

二、大学英语网络自主学习中心及其建设

（一）大学英语网络自主学习中心的构成要素

目前，许多学校已建有网络外语自主学习中心，并以此作为实现网络外语自主学习的主要形式。网络外语学习中心作为学习平台，与传统的自主学习中心存在巨大的差异。

一个完美的网络自主学习中心应该具备下列要素。

1. 学习资料和使用指南

（1）学习资料。包括各类书籍文本资料、多媒体视听资料、课件、测试题等。

（2）使用指南。包括学习者使用平台上的学习资料。学习指南可以是文本形式，也可以是应用程序的形式。

2. 在线导师辅导和学习者档案系统

（1）在线导师辅导。它针对学习者的特点和需求，提供实时的辅导，解答学习方法和学习内容方面的问题，帮助学习者对学习的各方面做出决策。在线辅导人员必须具备全面的英语教学专业知识，一般可由大学英语教师担任。

（2）学习者档案系统。它对学习者在学习中心进行的各种学习活动和结果进行记录。

3. 测试与评估软件系统

此系统可以对学习者的英语水平、学习能力、学习风格等提供在线评估，也可以提供学习决策和建议。如果有教师在学习者需要时提供在线支持，则效果更好。

4. 在线互动平台和在线课程

（1）在线互动平台。它为学习者相互之间的交流提供平台，如 BBS、博客、论坛等。

（2）在线课程。学习中心可以提供学校正式课程以外的辅导型课程，以帮助学习者有针对性地提高相关能力。

（二）大学英语网络自主学习中心的作用

1. 优化学生的自主学习环境

当前，多数高校英语网络自主学习对英语学习平台进行的登录均是通过校园网完成的。因此在安排学习时间时，必须针对英语网络自主学习室的学习特意安排好部分学时，网络自主学习室必须配置专业的辅导教师负责解答学生提出的各种问题，同时学校公共计算机机房资源应该按照现实状况面向学生进行开放。自主学习平台应该通过学习预约系统安排机位学习时间，其目的是减少学生在学习时间方面出现的矛盾，使学生享受到更好的服务。

2. 增加趣味性的学习互动模块

教师是课堂教学中师生互动的主导者，而教学效果会在互动教学的推动下获得极大的提升。因此在设计网络学习系统时，应着重关注互动环节在网络英语自主学习平台中的实施，互动模式要与在大学生中普及的多种社交平台进行融合。为了实现及时互动与在线教学，应该将学习互动交流群、学习微信公众号、学习讨论微博平台与学习答疑平台融入学习系统中。

3. 引入移动 APP（应用程序）学习模块

在移动网络极速进步的大背景下，现在的大学生群体已经开始广泛使用智能手机，移动设备在大学生的交往生活中发挥着重要作用。大学生的手机置入大学英语自主学习平台的 APP，可以让学生的学习摆脱时空的限制，真正获得自主性，从而消除传统学习的端，同时 APP 可以按照学生的学习状况及时通知其学习进展，还可以把多数学生提到的学习难点推送给每个用户。在大数据的协助下，对引起学生关注的学习资源统计进行及时公开，引导学生通过手机 APP 在课余时间学习，如此方可大幅提升学生学习的主动性以及学习成效。

大学英语网络自主学习平台建设可以使学生摆脱时空的束缚，提升学习的个性化、自主性以及选择性。利用规模庞大的网络学习资源库，能够增强学生学习大学英语课程的兴趣，使学生的英语语言综合能力得到显著提升，使科学化、网络化、智能化成为大学英语教学未来的发展趋势，推动大学英语教学的进一步发展。

（三）大学英语网络自主学习中心建设的措施

1. 加强外语信息资源个性化建设

现在，大部分的大学自主学习中心都使用了定制的学习资源，比如《新视野大学英语》，它包含了与课本有关的词汇练习、翻译练习、听力练习、写作练习等内容。另外，许多高校在学生的听力培训中，都选择了《体验英语》和《新理念大学英语》这两种课程，尽管学生已经有了良好的学习环境，但是，这两种课程并不能满足他们的个人需求。

在此基础上，本节提出了一种新的外语教学模式。一方面，在当前信息化快速发展的时代，教师们可以根据自己的学习情况，收集和编辑来自国外的原版教学资料。并在学生自主学习过与真实的语料进行密切接触是语言学习的必由之路，鉴于学生对有趣的内容更加感兴趣，系统中心可对西方电视台的诸多节目，如新闻、娱乐、访谈等的视频进行搜集，并供学生选用。同时，虽然大部分教师在教学过程中鼓励学生在课余时间对西方国家的主流媒体、报刊上的文章进行浏览，但现实中只有极小部分的学生具有这种积极性。因此，教师应该在资料库中定期置入经过仔细挑选的素材，为学生的自主学习奠定基础。

2. 突出教师在自主学习中心的作用

教师在构建自主学习中心的过程中发挥着重要作用，为资源收集提供了很大的助力。由于教师长期从事教学活动，熟知学生在学习方面的状况与要求，因此能有针对性地对学习材料进行搜集与挑选。并且，系统中心必须及时更新视频和各种时事资源，而这与教师的认真劳动有着密切的联系。此外，由于在专业方面具有一定的限制，外语教师在对关于EAP教学的资料进行搜集时，还会接触到其他科目的专门教材，所以，在学习过程中，英语教师要与自己的专业教师紧密接触。

在学习的过程中，教师发挥着重要作用。尽管自主学习为学生学习语言提供了很大的便利，但也面临着监督乏力、指导不力的问题。在高校扩招的大背景下，高校学生人数大幅增长，教学占据了教师的大部分精力，因此自主学习中心无法安排专业的辅导教师。然而，当前很多大学生仍然同高中时期一样对教师有很强的依赖性，有的学生在挑选学习素材时仅关注相对简单的部分。在此过程中，教师应该将各种问题迅速反馈给学生，使学生慢慢体会到自主学习是课堂学习的拓展，而不是无关紧要的。教师不仅应该教授学生语言文化技能，还应该作为研究者指导学生对学习与探究的方法。

3. 提升自主学习中心的管理水平

只有全体工作人员一起努力，自主学习中心才能正常有效运转。首先，技术人员应为硬件设施提供维护工作；其次，只有全院领导和教师同心协力，中心才能正常运转。领导进行整体规划，教师则承担方案的推行和在推行时寻找问题，对有关数据进行搜集，为接下来的调整奠定基础。此外，信息交流应该有畅通的渠道，只有如此，上级领导的要求才能顺利传达，中心的运转状况也才能明确地呈现出来。

大学英语的教学和改革在信息化的推动下有了长足的进步。大学英语教学在自主学习中心的协助下变得更加生动活泼，同时也面临着更多的挑战。自主学习中心使传统的教学模式发生了很大的改变，它给学生带来了极其丰富的教学资源，促进了教学风格的个性化。但是，自主学习中心的建设并非让教师得到充分的休息，而是让他们在此过程中付出更多的努力。高校应给予更多的经费和政策上的扶持。只有充分调动教师的主动性，让所有人都积极地投入到课堂中去，才能保证课堂教学的有效性。

第八章　信息化背景下的大学英语评估体系研究

第一节　大学英语教师发展性评价

一、发展性教师评价的含义与特征

(一) 发展性教师评价的含义

发展性教师评估体系是英国公开大学教育系的纳托尔、克利夫特等人在 80 年代初提出的。20 世纪 80 年代中叶左右，英国社会对教育质量问题的重视程度不断上升，许多教师的工作能力都遭到质疑，因此，对教师的素质提出了更高的要求。在"社会典"理论的影响下，许多人将"教师评价"作为提高教师素质和提高教学质量的重要手段。1983 和 1985 两年间，英国教育和科学部门以及威尔士事务部分别发布了《教学质量》和《把学校办得更好》这两本书。这是国家第一次公开发表关于教师评估系统的意见，但是这并不能完全消除人们把教师评估作为一种管理与调控的方式。

英国皇家监察委员会于 1985 年夏季出版了一份名为《学校质量：评价与评估》的研究报告，其中阐明了"教师评价系统"与"奖励与惩罚系统"应该是彼此独立的，而这一点对于"发展性教师评价"的推行具有至关重要的意义。1986 年，咨询、调解、仲裁委员会评价工作组、教师协会、地方教育当局、教育与科学部的代表，联合发布了一份报告，其中提出了一个观点，即：教学评价的过程应该是一个连续、系统的过程，它的宗旨就是要为教师的个人职业生涯规划和专业发展提供指导和帮助。

自那时起，英国教育部和科学部资助了一项关于发展性教师评估系统的试验，该系统从 1987 年到 1989 年，持续了两年时间。国家领导人在一九八九年十月提出一份特别的试验研究报告。在这份报告中，重点论述了发展性教师评价制度实施所要实现的目的，以及它所发挥的重要作用，具体表现在两个方面：首先，它可以激发教师的斗志，鼓舞士气，让他们可以彼此信任，和谐相处。第二、发展性的教师评价，以正面的支持与激励方式，促使教师在执行国民教育课程时，更好地发挥其创造力，从而推动新课程的推进。

为此，英国教育部门从 80 年代后期开始逐渐抛弃了传统的教师评价体系，并在此基础上提出了一种新的教师评价体系——发展性教师评价。

由此可知，发展性教师评价就是在一定的发展性目标的基础上，在发展性的评价技术和方法的支持下，对教师素质发展的进程进行评价解释的一种评价制度。在这一评价活动的具体实施过程中，教师通过对自己的不断认识、发展和完善，不断地对自我素质结构进行积淀、发展和优化，促进自己在专业理念、教学技能、专业服务精神等方面得到和谐自然的发展。

（二）发展性教师评价的特征

1. 以促进教师专业发展为目的

发展性教师评价将教师工作视为一项特殊的事业，并强调每一位教师都有其自身的需要与可能，可以通过自己的教育与教学活动而得到持续的发展。在此基础上，向教师们提供有关教育方面的信息反馈和建议，使教师对自己教学中存在的优点和缺点进行反思和总结，在此基础上对个人以后的专业发展和个人发展提供指导和帮助，进而提高专业素质和教学能力，这是评价的根本目的。显然，这种理念与现行评价体系具有质的区别。它不与奖惩、得失挂钩（通过衡量结果来评判等级、明确职责、奖优罚劣或解聘不称职的教师），其目的在于促进教师的专业发展，它有利于教师在一个轻松和谐的环境中，不断地提升自身的素质，提升自己的教学能力，从而更好地激发教师的参与热情。

2. 改变了单一的以奖惩为目的的评价

长期以来，由于人们认识上的偏见，对教师的考核、评比或评估，常常将教师分成优秀、良好、合格、差四个等级，以此为依据对教师实施奖励或惩罚。这时的教师评价不再是对教师工作的简单鉴定、认可或否定，而是注重为教师工作提供多方面的信息，开展咨询和提供改进建议；不再用静态的眼光看待教师，而是用动态的眼光看待教师并帮助教师发展。

3. 注重评价的分析性，强调多种方法的综合运用

为了获得对教师奖惩的直接依据，传统的评价更多地采用了定量的方法，特别是用定量的得分来展现评价结果，便于在教师之间进行横向的对比。但是，发展性教师评价的目标是要对教师展开一次诊断，它可以发现教师存在的问题，并给出一些改善的对策，所以比较注重定性的分析，着重通过面谈、课堂观察、非正式交流等方式来收集一些信息，与此同时，还可以针对所发现的问题和缺陷，给出一些有针对性的改进意见和建议，并为教师制订相应的发展目标。发展性教师评价注重质性评价与量化评价方法的综合运用，要求将量化的评价分析统整于质性评价当中。

4. 评价内容突出综合素质，重视个体差异

在发展性教师评价中，教师的综合素质是评价的重点所在。具体来讲，就

是依据动态和发展的理念，系统、全方位、长时间、反复地评价教师教学工作中的每一个环节。因为工作中任何成绩的取得都不是一跳而就的，而是一个漫长复杂的过程。因此，仅凭一次或两次的单项评价，不能真实、客观地展现教师教学工作的全过程，相反，会造成评价的结果与教师的实际工作表现之间出现很大的偏差，影响到教学工作。唯有通过综合评估，才能全面、系统地认识到教师在教学中的工作绩效，明确教师的发展方向和需要，从而能够有效地纠正在评估中由于晕轮效应、趋同效应等造成的各类偏差。所以，在对发展性教师进行评价时，必须进行综合评估。

人与人之间存在差异，同样，教师与教师之间也存在差异，具体表现在个性心理、职业素养、教学风格、交往类型和工作背景等方面，因此在发展性教师评价过程中，应该在这种差异的基础上，使评价标准、评价重点的确立和评价方法的选择体现个性化，并且在对每一位教师提出改进意见、专业发展目标和进修计划等方面具有更强的针对性。如果忽视教师间的个体差异，就不能充分挖掘和发挥教师各自的潜能和优势。

5. 注重发挥教师自我评价的功能

在发展性教师评估中，教师是一种主动的和被评估者处于平等地位的、被评估的主体。发展性教师评价改变了在传统的评价中，教师处于被动接受的状态，在评价的过程中，对被评教师的意见和观点给予了足够的重视，这对提升所收集到的评价信息的质量起到了很大的帮助作用，使其能够作出一个更加客观、准确的判断；有利于被评价教师自己发现问题，并进行积极的改进和提高，有利于消除被评者与评定者的对抗情绪，让被评者心甘情愿地接受评价的结果。发展性教师评估注重对教师自身评估的影响，注重对教师的主体性和创造性进行评估，使教师通过自我评价认识自我、完善自我，自觉地改进问题，谋求发展。

二、发展性教师评价的原则

（一）单项评价与综合评价相结合原则

为了增强评价结果的有效性和可信性，在发展性教师评价制度的具体实施中，应遵循单项评价和综合评价的有机结合，单向评价，是指对教师工作的某个特定方面，如课外活动，师生关系，或对某个时期的一堂课，一次班会，在教师综合评价中，单项评价占据着非常重要的地位，它能够有效地避免综合评价结论的表面化和简单化。

综合评价意味着运用动态的、发展的观点，系统、全程、长期、循环反复地评价教师工作中的任何一个环节。对教师而言，其所从事的教育、教学活动具有长期性和复杂性，在工作过程中所取得的任何成绩都是其不断积累的结果，并不是一而就的。正是因为如此，单纯地依据一两次单项评价或者是一两次的数据统计，是不能真实有效地反映教师的工作情况的，这将导致评价的结果和教师的实际表现不一致。

（二）定性评价与定量评价相结合原则

现代评价理论认为，凡是客观事物，都有其量化的一面。所以，在评价的时候，我们可以对评价的数据、信息和结果进行定量的处理，然后将评价的结果用数据的形式表现出来。从而确保对评价结果的正确理解，推动了对评价结果的深入和定量分析。

因为教师的工作是一种复杂的工作，所以在对其进行评估时，应采取质的评价和量的评价。在评价教师的工作时，除了考虑到他们的工作量，课时，课外活动等方面，更重要的是他们的工作质量。如果只注重工作量，那么就会造成教师们只是把自己的工作重心集中在课时的数目、课后的活动数目等方面，而忽视了提高教学质量和进行教育科研；如果仅仅注重教师的工作质量，就会导致教师片面地追求科研成果的多少、公开课的开设等，无形中忽视了一名教师应有的工作责任。只有把定性与定量相结合，才能体现出教师工作的特色，使评估更加科学。

（三）评价信息的保密性原则

唯有做好相关资料的保密工作，才能保证教师在进行发展性评价的过程中保持积极主动，进而使评价的信度以及效度得到有效的保障。这也是获得教师信息的一个极为重要的条件。就国外而言，有机会接触到教师评价报告的只有被评价对象、评价者、学校校长、教育管理部门的领导或其指定代表；而作为学校理事会主席，仅仅能够接触到校长的评价报告，但是不具备对教师的评价报告进行查询的权利，唯有提出申请之后，才能对教师评价报告中有关教师发展目标以及行动计划方面的内容进行查看，而学校理事会当中的其他成员是没有权利查看教师评价报告当中的任何内容的。

三、大学英语教师发展性评价策略

（一）突破落后观念束缚，更新教师评价理念

观念是行动的先导，理念与行动之间的联系也是这样，观念的科学性直接影响到行动的合理性。当前，高校英语教学中的"奖罚性"评价方法已经对高校教师的职业生涯产生了一定的影响，对高校的教学工作提出了更高的要求，因此，高校的教学管理人员应从思想上改变，打破"奖罚性"评价的桎梏，树立起一种"以人为本"的教学理念，即发展性评价。重视教师的专业发展，提升学校科研和办学水平，力求共赢。此外，被评教师要主动更新自己的思想，提高参与和运用评价成果来提高自己的素质。

（二）优化科研教学权重，关注发展体现公平

一套科学的教师评价制度，应该通过合理设置教学、科研权重，来引导教师把更多的

精力放在教学上，并尽可能将科研与教学联系起来，实现对教学和科研的同时重视。发展性的教师评估强调对教师的专业成长的重视，但由于高校英语师资的质量层次分明，差异化的特点，在决定教学和科研的权重时，应根据不同的情况进行适当的调整。对于同一位教师，其权数的配置还应反映出发展的特点，并随着其专业的发展而进行动态的调整。在教学时间较短，教学经验不足，还处于科研起步阶段的教师，可以将教学权重的主要地位凸显出来，而当他们的教学经验越来越丰富，知识层次越来越高，科研能力也得到了极大的提高，可以逐步提高科研权重，这样就可以让教师在各个阶段的科研和教学的权值都处于一个比较合理的范围之内。

（三）定量定性相结合，突出质量兼顾放率

在英语教学过程中，对学生进行发展性的教学评价，必须根据英语教学特点，采取质与量化相结合的方式，以达到取长补短的目的。

在评估教师的研究水平时，要根据英语专业本身的特点，营造一种较为轻松的评估氛围。由于英语是一门社会科学，而且英语教师的课时很长，教学任务很重，所以，在对学生进行学术评估时，应该适当地减少量化的要求，同时，也应该保持一定的灵活性，让教师们能够全身心地投入到教学与科研之中，论文应该注重质量，而不是数量，应该把原创性、前沿性作为学术评估的主要内容，把高质量、高水平作为评估的主要标准。在对教师的教学评价中，应该以"质量"为本，。课时数被用来作为一个可以衡量工作量的参照指标，而对于教学质量的评价，需要通过教师自评、同行评价、学生评教、专家评估等多种途径来综合得到，并且要将评价的结果和具体内容，及时地反馈到被评价教师身上，让他们能够从评价中受益，在今后的发展中扬长避短，真正地让评价对教师的发展起到推动作用。

（四）评价渠道多元化，互动交流互证互补

教师自评是评价民主化的一种重要方式，它不仅可以让人们消除对教师评价这项工作产生抵触心理，提高他们的主人翁意识，自我管理和自我激励，促使他们不断地自我反思、自我调控、自我完善，所以，应该把它列为教师评价中的一个重要组成部分。

身为教学主体，学生不仅是教育产品的直接使用者，同时也是教育成果的直接受益者。所以，在教师的授课技巧、敬业精神等方面，他们通常会有更多的话语权，而学生的评价起到了至关重要的作用。教学效果是一种典型的后显性，所以，在学生评教时，要将评教的动态性和连续性作为重点。除了在课程的教学过程中，要安排多次的评估之外，在课程完成后的下一学期或几个学期之后，还可以让同样一批学生对该课程的任课教师进行评价，通过网上问卷、电话采访等方式，对一些毕业生的评价意见进行跟踪和收集。这些都可以在一个比较完整的评价系统中完成。由于在评价过程中存在着一些不利于实际操作

的问题，因此，应将评价过程中所使用的测量方法，当作一项重要的确认与辅助手段。

教师评价工作是一件非常专业的工作，在构建一个科学的外部教师评价体系的同时，还可以引进一家拥有独立法人资格、权威性比较高的教育评价中介机构来对教师进行评价，这样就可以很好地解决目前各个评价主体在评价方面缺乏专业能力的问题，同时还可以有效地防止外行评价内行、评价过程不透明等问题。

第二节　信息化背景下大学英语教师专业化发展路径

一、信息技术对大学英语教师专业化发展的作用

（一）信息技术对大学英语教师个体发展的促进作用

本节通过对高校英语教学现状及存在问题的分析，对高校英语教学改革提出了自己的看法。

1. 信息技术为大学英语教师专业发展创设基础性平台

信息化社会对人的基本信息素养提出了更高的要求。在信息时代的教育中，要训练学生进行快速的筛选和获取信息，对信息的真伪进行准确的鉴别，对信息进行创造性的加工和处理，并将学生对信息技术的掌握和应用作为与读、写、算一样重要的基本能力。教师在进行信息化教学时，首先要有良好的信息素养。因此，学校的教育信息化建设，为教师信息素养的塑造提供了基础性的平台，学校领导对信息化的重视程度、建设力度以及管理水平，直接影响了教师的信息素养的发展。

2. 信息技术为大学英语教师专业技能发展创设实践平台

在基础课程的改革过程中，对新课程的要求也越来越高。利用电脑网络，教师们能最大程度地吸收和借鉴成功的教育与教学经验，也能与其他教师分享自己的教学心得。利用互联网，积极参加"××论坛""教育在线""网络日志"等各种形式的教育、教学讨论，可以使教师的教育理论知识、教学科研能力得到很大的提升。

3. 信息技术为大学英语教师专业发展创设资源平台

从广义上讲，信息技术是指与信息的产生、获取、检测、识别、交换、处理、存储、显示、控制、利用和反馈等相关的，旨在提高人类信息功能的技术。但是，随着信息技术的不断发展，人们对信息的呈现、传递、接受的途径、方式也随之产生了质变。随着计算机网络技术的不断发展，知识的获取途径也得到了进一步的拓展，更多地运用了多媒体技术来展示知识。实现了集成性、交互性、可控性、实时性、非线性等特征，为教师专业知识的发展构筑起了丰富的数字化知识资源宝库。

4. 信息技术为大学英语教师专业发展创设教育反思平台

信息技术为反思性教育实践提供了技术、环境、资源等方面的支撑，从而真正实现跨时空、低成本、高效率的教学反思和研究活动，提升教师的教育科研能力和实践能力。教师对教育实践进行积极的探索与反思，将促进教师的责任心和理论水平的提高，加深对教育、学校以及自身的生存与发展的认识。与此同时，通过网络，广大教师能够及时地掌握国际、国内教育发展的趋势，以及名校、名师的教育实践，从成功的教育榜样中得到启示，确立更高的目标，激发并推动自身的发展。

（二）信息技术对大学英语教师群体发展的促进作用

每位教师都属于特定的教研室、学科组或年级组等，这些群体发展状况与教师个人的发展密切相关，教师个人的发展是建立在群体发展的基础上的。目前，教师专业发展开始出现了群体发展的模式，这也是教师实践共同体概念的核心；而教师个体发展又是教师群体发展的最终目标。因此，教师群体知识管理是在教师个体知识管理基础上实现的个体知识交互和个体协作发展。

1. 有助于建设基于信息技术的协作环境

与教师个人知识管理相比，教师群体的知识管理是一个更为复杂的系统工程，涉及技术、组织结构与文化各个方面。以知识管理作为其中的主要手段，不仅可以有效地实现教师专业知识的集中管理和应用，还可以使教师个人的知识管理与教师群体的知识管理实现衔接。目前，大量的社会性软件应用于教师专业发展过程中，教师群体的知识得到了更为有效的管理和运用，教师"实践共同体"之类的概念也变成了现实。

组织知识管理的技术环境往往是一个基于网络的系统，这使系统的进入变得更容易，同时也降低了系统的使用难度。为了方便教师的交流和讨论，也为了能够更好地进行个人知识的互相共享，应该尽可能地利用学校网络教学平台，或者利用互联网提供的博客等协作和反思工具的免费空间。

2. 有助于构建基于网络的实践共同体

所谓实践共同体，就是由有着同样的目标、同样的工作或者同样的兴趣的一群人组成的一个非正式的团体，在这种团体中，每一个成员都可以就他们共同关注的问题进行讨论，从而促进知识共享，加深对问题的看法。

实践共同体能够让许多对同一个目标感兴趣的群体进行有效的讨论和协作。事实上，教研室、学科组甚至班集体也可以说是一个实践共同体。在传统的教学中，教师们都是独自进行的，而短期的培训班和研讨会的模式，则可以帮助教师们在小组的激励下，主动地进行学习，但其后续的反馈、支持相对比较困难，因为教师很难将有关自己教育教学实践的反思与其他教师进行讨论。基于网络的教师实践共同体能够很好地解决上述问题，从而使虚拟实践共同体得到比较广泛的应用。虚拟实践共同体是虚拟社区的一种。所谓虚拟社区，是一个围绕某种兴趣或为达到某种需求而通过计算机网络交互方式进行交流和活动的共同体。虚拟社区的形成突破了原有的地域限制，以及早期社区概念所强调的血缘关系限制，那些拥有共同的兴趣爱好或共同的价值理念的人们只要依托邮件、新闻组和网络论坛等简单的交流工具，就可以形成稳定的虚拟社区。显然，虚拟社区的形成突破了原有的地域限制，它的出现从根本上改变了人们的生活方式，尤其是交流方式，网上生存成为一种与社会生存并行的重要生活方式，对人们的心理和行为产生了重大的影响。

通过网上的教师实践共同体，教师能够围绕共同的目标进行合作，交互地进行决策和行动，共同进行探究。为此，对教师来说，应该充分尊重多元化的观点，积极参与到群体的讨论和协作过程中。

3. 有助于树立知识共享观念

从组织角度来看，个人层次的学习远没有组织层次的学习重要，也就是说，人与人之间的交流学习才是组织发展关注的焦点。加强人与人之间的交流学习的实质就是知识共享，因而如何创设这样一种文化氛围，是组织知识管理所要考虑的问题。为了创设知识共享的文化，必须要重视以下问题：

（1）学校层面应该首先提供一种合作与信任的环境和组织文化。竞争的环境是很难让人有共享的意愿的，因而要推动知识共享，必须要建立一个合作的相互信任的环境。

（2）吸收外部最新知识并积极共享。每一位教师都应该努力学习和获取最新的教育教学理论，并将此共享给学校或者所在教学组织的其他成员。

（3）要以实际的行动来进行创新。一个保守的系统里面能够涌现大量的新知识，是以教师的实践和反思为基础的。因此，每一位教师都应该将自己的实践和反思与其他教师共享，并形成一个良好的习惯。

信息技术对群体专业发展的影响体现在新的组织结构与文化氛围的形成。教师实践共同体是目前教师专业发展中一种比较常见的组织形式。在网络技术的支持下，这种形式突破了传统组织结构中的不足，采用一种扁平化的组织形态，围绕明确的目标行事，能快速响应变化的环境，为教师专业发展提供了一个高效的环境。同时，在这样的组织中，也可以形成一种知识共享的文化氛围。由于有同样的目标，分享同样的兴趣，因此只有每个人尽量在共同体内分享知识，才能实现其共同的目标，进而创造出新的知识。

对教师组织来说，信息技术的导入可能会引起原有组织结构的某种不适应，因此为了更好地发挥信息技术的作用，组织结构的转变的重塑也是不可或缺的。

二、信息化环境对大学英语教师专业发展的要求

（一）全新的专业知识要求

传统的教师专业知识主要包括文化素养、专业学科知识、教育学科知识。显然，在信

息化环境下，专业知识还应该包括高度的信息素养，因为它是信息时代下所有人都必须共有的素质。但是，从教师的职业视角来看，光具备一般意义上的信息素养是不够的，还要培养能够将信息技术和自己的工作结合起来运用的素质，即信息化教学设计与实施能力、技术支持的专业实践能力等。具体而言，在信息技术环境下，大学英语教师的专业知识还要包括以下要素。

1. 基本的信息素养

大学英语教师必须掌握现代教学技术，具备信息素养，这是信息时代改革英语教学和提高英语教学质量的关键。具体而言，大学英语教师信息素养包括以下三方面内容：

（1）信息意识。信息意识是人们对各种信息的自觉心理反应，是人们对客观事物中有价值的信息的感知能力、判断能力和运用能力的综合体，即对信息科学正确的认识和对自己信息需求的自我意识。大学英语教师需要对教学信息有敏感度；能意识到信息对创设英语语境的重大作用，了解什么信息能够促进英语教学；具有获取有利于教学的信息的意识；具有将信息与英语教学整合的意识。

（2）信息知识。信息知识指的是所有与信息相关的理论、知识和方法，它是人类通过使用信息技术工具来扩大信息的传播渠道，并提升信息的交换效率过程中所累积的知识和经验的总和，它是进行信息搜集、加工、利用等信息活动的基础和手段。比如，网络信息知识就是关于网络信息的本质、特征和常识等方面的基础知识；网络信息专业知识，即对资讯科技的认识与运用。

（3）信息能力。信息素质的核心是信息能力，它是指人们能够高效地运用信息设备和信息资源来获取信息、加工处理信息以及创造信息的能力。英语教师的信息能力是信息素质的重要组成部分，它可以分为七个类别：①信息能力：使用通讯技术来取得英语信息，主要包含信息的搜寻与下载；②评估水平：利用信息技术对英语教学资源及英语学习状况进行客观评估；③信息处理能力：在英语教学中使用信息技术进行信息处理的能力；④管理能力：利用信息技术收集、整理、储存英语教育网站及当地资源；综合素质：在英语教学中应用信息技术的能力；沟通技巧：能够与国内外专家、同行及学员就英语教学经验进行沟通；科研能力：在英语教育中应用信息技术进行科研和教育的能力。

2. 丰富的信息化实践知识

当前，信息网络呈现出不断扩展的趋势，教育也要加快信息化的进程，这就要求未来的教师要将教会学生获取信息知识的本领、把学生培养成为信息化的人当作主要的任务，但要培养出"信息化的学生"，就要有"信息化的教师"，因为教师负有指导学生学习的任务。因此，在信息时代，对与技术相关的教师进行实践性知识的探讨，具有十分重要的意义。

从定义上来说，教师的信息化实践知识是由个人掌握的，即教师在面对信息技术的情况下，对"如何做"产生的一套比较固定的、战略性的认知系统，它是指教师在实际的教学活动中，通过体验和反思等多种途径，发掘出信息化教学的内涵，并与自己的人生经历相结合，逐步形成的一套对信息技术的认知，并运用到自己的学科教学中去。具体地说，教师的信息化实践性知识会受到教师工作环境、教育对象以及教育内容的影响，它是教师所独有的一组能够为在信息化环境下进行教育实践提供帮助的综合性知识，它是教师在教学实践过程中所产生并持续建构起来的教育经验体系与教育智慧素养。它不仅含有可言明性的外显知识，而且还含有缄默会的内隐知识。它在实践中被运用，并在实践中被贯彻实施，指导并规范着教师的行为，把自己的实践活动不断地推进到自己的教育理念所预设的目标境界。

教师信息化实践性知识在生成以后，并非是稳定的、长久不变的，而是根据当前遭遇的问题情境与之前的个人经验灵活组合，在复杂、动态的实践场景中表现出一种惯常性倾向，是随着信息技术的发展而发展的。它在静态上反映了教师实际上对信息技术支持的教育教学的认识，在动态上反映了教师根据自身教育信念，筛选并组织相关理论性知识，合理运用能力去开展信息化教育活动，实现预期目标的行动意识，是一种行动准则。

（二）新的角色要求

信息时代的到来不仅迅速改变着人们的生产方式、生活方式、思维方式和学习方式，同时，它也对教师的职业生涯以及其所扮演的角色提出了新的挑战与机会。在信息技术条件下，高校英语教师应充分利用现代化的教学手段与方法，改变了传统的教学理念和教学模式，在保持普通大学英语教师角色的同时，还要担当以下角色。

1. 有效主题教学模式的设计者

在信息化环境下，英语教学要求教师探讨和设计新的教学模式和方法，既要充分发挥网络的优势，又要能提高学生的学习效率。英语教学内容的主题教学模式是从现实生活中选取学生感兴趣的热点话题，进行英语语言问题探讨活动，从而自然习得英语知识与技能。整个主题模式教学围绕某个主题进行主题小组分散讨论、专题搜索阅读和集中讨论，最后以专题写作形式结束单元主题教学。教师在运用网络技术辅助参与讨论时，要合理安排课堂教学内容和网上资源的占有比例，通常阅读和写作可放在网络自主学习中，答疑解难、讨论和讲评可以在课堂上进行。

在信息化环境下，教学的每一个主题都可以在网上查到丰富的相关资料，包括有关的背景知识和最近的发展动态，学生可以对自己搜索的资料进行整理总结，得出个人的见解和结论，然后和其他同学展开交流讨论，这样才可以操弃课本对学生的束缚，拓展延伸学生的知识面，提高学生参与话题的兴趣和积极性。在这种学习模式下，为了帮助学生迅速查到相关资料，避免耗费过多时间，教师可以在学习网站上链接常用热点与新闻的网址，帮助学生接收更多的国内外新闻知识；为了帮助学生了解英语学习信息，教师还可以介绍英语国家的主要报纸杂志的网址；另外，可以下载一些具有前沿性、争议性的资料，引发学生跟踪报道的欲望和挑战意识。当然，对于一些敏感话题，教师要及时进行正确引导，特别是有关国家民族尊严的话题。

2. 交互机制实施的促进者

应用语言学家认为，语言习得的关键在于交互活动，意义协商和语言输出都包括在这一活动之中。而计算机网络为大学英语学习的交互提供了更大便利，教师作为网络交互学习实施的促进者，要组织指导和激发学生参与主题单元任务的交互活动。比如，利用网络论坛发布教学内容和布置学生任务，为学生查找资料和分析解决问题提供指导；也可利用QO、微信等现代通信方式就某个专题和学生进行交流，这样既节约了教师的时间，也满足了学生希望教师批改作业的要求。这些网络交互活动可以是即时性的，也可以是延时性的，学生可以在留言板或者论坛中提出问题和求助，其他同学可以参与讨论交流并给出问题的答案和帮助；就每个问题或者章节，教师可以给出自己的见解或总结性发言，做一个参与者和评价者，平等地参与讨论交流并适当给出指导性的建议。

3. 网络信息的搜集分析者

随着大规模在线公开课程的使用，大量的名校课程可以免费获取，学生进行学习的途径有了更多的选择，但这对大学英语教师提出了更高的要求。数字教育平台的建立使各门课程的网络学习者即时产生，网络课程库的信息海量、飞速、纷繁复杂地被捕捉储存起来，其中包括学习者的每个学习步骤，如时间的长短、测试的成绩、参与讨论的频率和方式等细节，通过搜集、挖掘、分析这些学习者的海量信息，能准确把握学习者的特征、学习效果，预测适合学习者下一步的学习内容和学习形式，真正做到因材施教，为每一位学生量身定做个性化的学习计划和模式。作为大数据的挖掘分析者，大学英语教师必须掌握大数据分析的方法，包括机器学习、模型预测、可视化、比较优化和数据挖掘等。机器学习是一门多领域交叉学科，涉及计算机、统计学和概率论等，目的是设计对已知数据进行自动分析、查找规律进而预测未知数据的方法。数据挖掘包括监测式学习和非监测式学习，监测式学习分析方法需要对大数据进行分类、评估。模型预测是建立数据变量模型，通过对照比较模型来预测学生未来行为的一种分析方法。可视化是将大数据进行标签编辑，便于查找分析预定的目标，可视化是进行大数据分析的有效手段。

4. 在线学习系统的建立者和学生学习过程的监控调节者

网络技术为学生自主学习提供了便利条件，调控、提供个别辅导和帮助学生自主学习成为教师的主要任务。

在网络辅导教学中，要想实现对学生有效的调控和个别帮助，首先要建立一个完善的在线教学系统。这个系统至少应包含教师端和学生端，学生通过学生端填写个人信息，按照班级向教师申请加入系统；教师通过教师端核查信息，确定无误后批准学生进入学习系统。学生可以根据各项指示导航在课程信息中获得相关学习资料，如在"单元测试"中进行自我测试和训练，在"家庭作业"中提交个人作业；还可以通过"师生论坛"和电子邮件与教师及其他同学联系交流。教师只要登录教学系统就可以查看学生的测试作业，并在网上进行批改回复，还可以浏览"师生论坛"和电子邮件，以了解学生的自主学习和参与网上交互的情况。

与传统的课堂教学模式相比，在线教学已成为课堂教学的延伸和补充，通过系统记录和处理，教师可以综合比较学生的记录，既可以获得单个学生的变化成长记录，也可以得出学生间、班级间的差别比较，从而迅速、直观、动态地了解学生学习状况。在网络教学系统中，建有"管理员"模块，在一个或者几个年级中开展网上教学活动，管理员负责系统中的关键性因素，如班级、课程、用户信息的添加与修改，不断地调整以保障整个学习系统的正常运行。整个学习系统通过联系网管、聊天室和网络论坛进行教、学、管理三方面的交互活动，学生对教学内容、方法和任务的见解和看法都可以在系统中做出反应和反馈。教师端成为教师的个人网站，教师可以传递授课内容、发布通知、布置作业任务、进行网上交流和信息反馈等。在网上教学实践中，网络学习的效率和网络资源的利用率取决于教师的具体操作与设计，以及如何调动学生参与网上自主学习的积极性。

进入网络时代，随着网络日益渗透到英语教学中，大学英语教师必须成为有效主题教学模式的设计者、交互机制实施的促进者、大数据的搜集挖掘和分析者以及在线学习系统的建立者和学生学习过程的监控调节者，大学英语教师的角色应更加多面、全能、高端。

（三）新颖的教育理念与高效的科研能力

1. 新颖的教育理念

在互联网的背景下，学习语言的过程就是一个师生之间交互作用的过程，师生都是主体，教师是教的主体，学生是学的主体。所以，在互动学生主体课堂理念中，并没有否认教师在其中的角色，相反，它更多地强调了教师在引导、管理、监督等方面的角色，教师发挥着愈加重要的作用。在这种教学理念下，作为教的主体，教师要发挥指导作用，课前必须搜索相关的教学材料，设计有效的语言活动主题，并布置课堂活动任务，调动和激发学生的参与热情，让学生课下做好充分的准备，包括上网搜集资料和课下交流讨论等。课堂交流活动可以是分组活动，也可以是个人展示：可以制作 PPT 课件，也可以播放视频；可以先讨论再展示，也可以个人先陈述观点然后同学之间相互讨论后教师进行点评。在网络互动平台上，实现师生、生生互动的课堂延伸活动，完成教师的监测环节，将学习活动任务在教室和网络空间搭建成互相促进、互相补充的统一整体。

2. 高效的科研能力

教学理论来源于教学科研实践，科研实践是检验科研理论和再次形成科研理论的基础，教学实践要由一定的科研理论做指导，同时新的科研理论方法产生于教学实践，二者互相补充、互相促进、共同发展。每位教师只有在对教学深入研究的基础上，才能有所提高和创新，否则只能是重复机械的劳动。因此，作为大学英语教师必须要具备高度概括和提炼教学过程而形成教育科学理论来指导未来教学实践的能力。

网络时代的大学英语教师，要具有一定的科研水平。这就要求每一位大学英语教师除要了解基本的研究方法，如问卷调查法、教学实验法、文献法、访谈法外，还需掌握教育叙事研究、个案研究和行动研究等研究方法。大学英语教师可以根据自己研究的需要，选择适合自己的研究方法。另外，大学英语教师还应具备网络信息搜集、信息分析加工和信息反馈等方面的能力，并且具备进行大数据搜集和分析的能力。

三、信息化背景下促进大学英语教师专业化发展的思考

当前，信息技术与课堂教育的结合呈现出越来越紧密的趋势，主要原因如下：一是科技的日新月异及应用的快速、普遍，二是政府对教育的关注和投入日益加大。在现代的具体教学过程中，应该从以下方面着手，使教师有效、灵活地运用新的教育技术，进而使大学英语教师的教学工作更加专业地与现代大学教育教学的特征相适应。

（一）英语教师专业化要合理协调好信息技术与传统教育之间的关系

信息技术这一概念所包含的内容较为宽泛，一方面是指随着社会生产力的发展与科学技术的发展，在教育领域的应用，另一方面是指新的教育理论，新的教育思维，新的教学手段。随着信息技术的不断深入和计算机网络技术的不断完善，多媒体网络语音室应运而生。信息化是大学教育改革的有力技术支持。教育部颁布的《大学英语课程教学要求》中明确提出，在高校英语教学中，计算机技术的运用，不再取代传统的面对面授课，而更加注重计算机网络的运用，从过去的"教师讲""学生听"的教学方式，向以计算机网络、教学软件为主导的"个体性""主动性"教学方式转化，基于网络的"多媒体"技术，将会在未来的大学英语教学中，起到更加积极的作用。

新形势下，对于大学英语教师专业发展来讲，其面临的主要问题是要正确认识传统教学方式与信息技术应用之间的区别与联系，并有效进行运用，进一步丰富和拓展教学内容及模式，进而获得最优化的教学效果。

在教学模式、教学方法和教学内容等方面，传统教学和信息化教学存在着很大的不同。传统的教学是一种以教师、黑板、课本和学生为主要内容的授课方式，强调教师在其中的主导地位，教师是主要的参与主体。在此模式中，学生基本处于被动接受的地位，无法充分发挥其个性差异。信息技术教学是以网络、电脑、教学软件和音频等多种新技术为主要手段，实现多层次、多角度的立体教学。以学生为主体的课堂活动导致教师需要担任三种任务角色，即课堂的设计者、组织者、引导者，这样不仅发挥了教师的主导作用，而且充分发挥了信息技术的功能和优势，进而充分尊重了学生的个体差异。另外，信息技术

教学创设了新的教学环境，实现了有效教学，在网络教学环境下，教师逐渐较少使用黑板和粉笔，而多采用PPT、电子邮件、视频等多种方式进行教学。同时，许多大学也建立了自己的网络学习平台。总之，现代科技突破了固定的教学地点的局限，将学生从传统的教室学习转移到了无限的学习空间，让他们的学习不再受到时间、空间和地域的限制。

（二）英语教师专业化意识的培养与信息技术能力的习得要统一

如何培养英语教师的专业素养，是当前高校英语教育中亟待解决的问题。作为一门具有较高国际化水平的课程，在我国的大学英语教学中，个别教师只是把基本的英语知识放在第一位，而对计算机技术却不够重视，学生们的年龄越大，对计算机技术也就越不感兴趣，这对于我国的大学英语教学而言，是一种严重的打击。因此，在高校英语教学中，应重视对高校英语教学信息化水平的提高，开展科研活动，以提高高校学生的职业素养。从目前的教学情况来看，一所能够适应时代发展和现代教学要求的学校，应该是一所重视英语师资队伍的专业化，教学设备的科技含量，并将在信息化方面进行持续提升的高校。

在学习信息技术的过程中，英语教师要开阔自己的眼界，拓宽自己的知识范围，从单一的英语范围扩展到其他的范围，从而成为一名专业突出，知识渊博，技能全面的教育工作者。所以，掌握一定的信息技术对大学英语教师的专业素质起着非常关键的作用，通过掌握一定的信息技术，可以使传统的教学方法发生变化，进而调动起学生的积极性，改善他们的教学质量。另外，对新进的大学英语教师而言，通过学习和运用信息化技术，可以迅速由"准职业"的大学英语教师过渡到"职业"的英语教师，这将有助于教师自身的素质和教学水平的迅速提升。

（三）信息技术的发展要有利于加速英语教师专业化进程

在信息技术的基础上，网络多媒体属于一种综合技术，具体指的是将文字、声音、音乐、图形、动画和声像技术中的音频、视频等多媒体形式与计算机相结合，并在逻辑上将这些媒体形式联系起来，方便了更加生动、复杂的信息传播。它拥有多种优点，主要表现在以下几方面：第一，信息量大，且图文并茂，内容丰富；第二，传递速度较快；第三，具有多样化的信息载体形式，如声音、视频等；第四，集开放性、交互性、自主性、生动性和个体化于一体，能使教学效果得到有效提高。当然，这也对大学英语教师专业化发展方向和提高教育技能提出了更高的要求。

第三节　信息化背景下大学英语评估体系的多元构建

随着我国高等教育的大众化、信息化和网络化发展，高校英语教育面临着新的挑战。这不仅是一种教学方式的改变，更是一种对评价理念、评价方法和评价实施过程的改变，对科学的评价体系进行不断的完善。将其运用到课堂教学中，是对课堂教学进行创新的一种新思路。在此基础上，建立一套以多元智能为核心的综合素质评估系统，有利于促进教育教学质量的提升。

一、理论基础

美国哈佛大学的心理学家霍华德·加德纳首先提出了"多元评估"的教育思想，这种观念是建立在他所提出的一种崭新的"多元智力"的理论之上的。他相信，人类的智能由语言智能、数理逻辑智能、音乐智能、空间智能、身体运动智能、人际交往智能、自我认识智能、自然观察智能等八种智能组成，它们是相互独立的，并以多种形式同时存在的。其实质是认识到人类的智慧具有多样性和多维性。这就要求教师在教学过程中，要以课程性质、教学要求、教学对象和教学内容为依据，采用一种具有灵活性和多样性的评价方法。在自由的教学环境下，充分考虑到学生之间在认知和思维上的差异，要把学生放在一个主体的位置上，充分地发挥自己的主观能动性，对学生的多元智慧进行培养，让学生对知识、能力、素质等各个方面进行多方位的评价，这样才能推动一种科学的教学改革方式的产生，为改善教学的质量提供信息，并最终确保学生全面的发展。

在此基础上，本节提出了一种新的、有针对性的、具有创造性的学习方法。在课堂教学中，教师不再扮演"知识的传授者"的角色，而应扮演"辅助者"的角色。学生应该进行自我监督、自我测试和自我反思，来对自己建构新知识的过程和效果进行检查，以便在任何时候对自己的学习策略进行改善，实现最后的学习目标。所以，在课堂上，教学评价的主体应当是学生，其中包含了他们的自评和互评，教师还应当让他们主动地参与到学习中，而不只是教师的评价。同时，教师的教学评价也不能仅仅局限于对学生的教学成果的评价，而是要对其教学过程进行全面的评价。

二、网络环境下多元评价体系的构建原则

不管是从当代的教育理念，还是从大学英语网上教学自身的特征来看，对大学英语网上教学的评价必须是一个多元的、均衡的、动态的体系。

（一）形成性评价与总结性评价相结合

当前，大部分大学在实践中采用的考核方式还是以总结为主。一些教师认为，新的评价制度应该更多地侧重于形成性评价。实际上，教学评价没有一成不变的方式，对于形成性评价与总结性评价所占的权重问题，应当在符合本校实际的基础上，按照促进教学质量提高的原则来制订。

（二）定性评价与定量评价相结合

在传统的教学评价中，经常使用的是测试和定量打分。学习成绩、情感态度、学习策略等分数难以定量，应采用质的评估方式进行评价。

（三）评价主体多元化

学生的自我评价，教师的评价，学生之间的相互评价，以及网上的评价等都是多元化的。在学生的自我评价方面，要从他们进行自我评价的态度以及评价是否及时来进行。教师对学生的评价可以分成两种类型：一种是可定量的，另一种是激励性的。其中，课堂表现、第二课堂活动表现、随堂测试、单元测试属于可定量的。而对学生的口头评价、书面评语等，主要与学生的情感态度、学习策略等有关，这些评价可以起到警醒、建议或激励的效果。在对学生进行互评时，要制定相应的评价标准，进行严格的评价，使评价过程更加规范化，不能流于形式。对网络系统的评价应该是客观有效的，教师们应该对网上教学管理平台的运作有一定的了解，并提前设置好对系统评价的内容和权重。

（四）评价内容多元化

评价内容的多样化，既有对学生的智力评估，也有对非智力评估。其中，对学生英语知识水平，英语运用技能，跨文化交流的技能等方面进行了评价；其中，情感态度，学习策略，意志品质是衡量学生智力水平的重要指标。传统的教学评价只关注学生的学习成果，尤其是英语基础知识的掌握，而忽略了英语运用能力，跨文化交际能力，以及学生的情感态度，学习策略，以及性格等方面的评价。

（五）评价形式多元化

多元的评价内容决定了评价方式的多样化。通过随堂测验，单元测验，计算机辅助的口头和听力测验，第二课堂的英语比赛，英语表演，来评价英语知识水平，英语应用能力，跨文化交际能力；对学生的情感态度、学习策略和意志品质的评价采用了电子文件式的自我评价，教师的口头和书面评语，以及教师对学生提出的阶段性意见。同时，还可以将质的方法，加入到对学生非智力因素的定量评估中。总结性评价通常会以期中和期末两次考试来展开，其中需要关注的问题是，在设计的考试内容时，要充分地反映出对学生基础知识和综合应用能力的全面考核。

（六）评价手段智能化

也就是实行计算机辅助评价。CAA（Computer Assistance）是一种将科学的评估思想和现代教育技术有机地融合在一起的产品，它是通过在网络英语教学平台中的评估函数，设定评估的内容和权重，对每次评估的成绩进行自动的统计，并将评估的成绩输出到 Excel 表中的一种。智能评价体系能够极大地提高结论性评价的可操作性，提供了一种新的途径。

三、基于信息技术的英语教学评价体系的改进机制

（一）搭建基于课堂活动的师生交流平台

本节认为，教师与学生之间的关系，应当是"主体"的关系，而非"主客"的关系；是平等的朋友关系，而非从属关系和领导关系。尤其是对教师的教学评价制度。教师应该对学生有足够的信心，让他们可以认识到自己的潜力和缺陷，尊重个人评价和对教师给定评价的反馈信息。

在信息技术的支撑下，通过构建数据库，学习网站可以对学生每一次的学习情况进行记录，从而展开师生之间关于学习情况的交流，也就是：评价—反馈，再评价——再反馈，根据需要反复进行。透过互动的评价和反馈，可以让教师更好地了解到学生的真实想法和他们的教学需要。

在课堂活动的基础上，除了具备交互的特征之外，还具备了即时的特征，并将其贯穿在每个网络教学环节中，也就是交互系统延伸至学习系统和拓展系统的每个模块，将三大系统有机融合。比如，在课堂上的讲授展示中，每一张幻灯片上，除了对知识点的介绍、解释，还包括了教师与学生之间的实时互动平台。在"即时互动"窗口中，学生能够就所学话题向教师提出问题，通过截图的形式提交自己的学习进度，接受教师的评价，对教师的评价进行反馈；利用远程监测系统，可以及时掌握学生登陆后的学习状态，指导学生，评估学生，并得到学生对评估结果的反馈。又比如，线上测验模块，除了提供习题，参考答案，答案解释，答疑留言版，还可以包括一个即时的线上答疑。在"即时通讯"视窗中，学生可与教师在线上展开讨论；对于一些具有普遍意义的问题，本系统可以预先设置相应的自动立即回复。

（二）建立学习活动的动态监控评价系统

在此基础上，本节以"档案袋"的评价思想为指导，建立了一套动态的、可持续的、有针对性的、可操作的、可跟踪的、可评估的、可执行的、可实现的、可实施的、可控制的、可维护的、可扩展的、可调整的、可管理的评价系统，是对一个程序中为实现特定目标而搜集的有关数据的系统化展示。电子学习档案袋可记录学生在线自主学习的过程，具体包括：由教师和学生共同设计的整体和阶段目标，即时交流窗口的评价及答疑聊天记录，自测成绩记录，上传的书面作业和非网络环境学习行为及获奖情况等。

电子学习档案的设立应由教师和学生两方负责，每一份记录仅供教师和学生自己使

用。电子化的学习档案可以反映出同学们在学习中的进展与成就。在此过程中，同学们会更有自信心，同时也会让教师更好地了解同学们的学习策略。比如，教师们可以针对英语这门课的特点，为学生的在线学习行为制定一份电子表格，注册自己的一个学习帐号，当他们登陆之后，计算机会按照后台设置的评价准则，把他们在这份表格上列出的各项内容都记录下来，并把他们的成长数值及时地呈现给特定的群体。此表格以登入的学生名字及登入的日期为名称，并于登入后，将其储存于学籍档案中。教师们需要以设计出的电子清单的考查项目为基础，以学习态度、交流活跃程度、提问活跃程度、进步程度、综合表现等为依据，并结合学生的表现，来设置后台的评价标准。

（三）根据实际情况设定不同的评价标准

所谓的评价准则，就是指评价人员对不同结果的评价。通过互联网、校园网络等形式，开展自主性的网络教学，不仅给学生带来了丰富的外语实习机会，而且扩大了教师的考核范围。在学习过程中，学员可以在网络上查找与本课程有关的问题，并从中挑选出与英语有关的练习。比如，在网上，我们可以根据自己所学的东西，运用自己的英语水平，来解答他人关于词汇、句子、篇章等方面的英汉互译的问题，提高自己的学习效率。对于译文的优劣，提问教师将给予评分，同学们也可以参照别人的答案来作自己的评判。同时，该课程还可以通过网络向教师提交答案，教师们可以根据自己的学习状况，来决定各项评价的权重比例。

四、网络环境下多元评价体系的具体内容

教学评价对提高教学质量的影响，这一点毋庸置疑。在此基础上，本节提出了一种新的、更全面、更高效的评价方法——网络英语课程的多层次评价系统。该评估系统的内容主要有：形成性评价，分层次评价，发展性评价。

（一）形成性评价

在评价的内容方面，教师们先用各种方法，例如：问卷调查等方法来辨别学生智力的优劣，然后针对他们目前的英语程度，把人际交流，自我认知，视觉空间等智力整合到英语的教学过程中。在设计出包含了不同智力水平的教学体验任务之后，以学生对各类任务的完成情况为依据，对学习过程展开全面的评价，将学生的课前预习情况、课堂参与情况、课后任务完成情况、网上自学记录和在各种教学活动中的表现都纳入到了评价的范围之中，记录并及时地反馈他们的学习过程。此外，在教学过程中，教师还应该注意到学生的优点，并对他们进行恰当的鼓励，让他们建立起自己的自信，激发学习动机。在评价主体方面，这种评价方式将会改变教师是评价者的主体身份，将评价的权力适当地交给了学生，以最大限度地发挥学生的主体作用，减轻学生在教学评价过程中所承受的压力，成为

评价的参与者和反思者。在评价方法上，采取学生自我评价、相互评价和教师评价三种评价方式，提高学生的热情，达到以评价促进学习的目的。

（二）分层次评价

教师们按照英语的真实程度，将他们分成几个小组，在班级里实行分层授课，并通过网络给各个级别的同学们分配不同的学习任务。在教学过程中，教师应该将学生的语言智力实际水平的高低充分地考虑进去，并采取因材施教的方式，针对不同程度的学生，给予具有不同难度的体验式教学任务。此外，在授课结束之后，还会以各组学生的智力水平为依据，设计出具有相应难度的评价试卷。

（三）发展性评价

在此基础上，我们将根据学生在英语课程中所获得的过程测验的结果，以及他们在英语四级和六级考试中所获得的分数，来评价他们在各个阶段中所取得的进展。

五、网络环境下构建多元评价体系的意义

（一）利用多元评价体系的激励机制，充分调动学生的积极性

加德纳提出，人的智力是多样的，学生的智力没有高下之分，而只是有不同的智力种类。每个人都有其发展的潜能，所以，要针对每个人的强、弱智力特点，制定多样化的评价准则。这样的评价应该让每个人都能感受到成功的喜悦，建立起他们的自信。同时，依据评价的动机，教师要用一种可以接受的、不带有防御性的口吻，运用正面的反馈，表扬和鼓励的方法，提高学生的自信心；并提出了一些建议，让同学们明白自己的不足之处，这样才能取得较好的成绩。

（二）教学评价内容更加充实，极大地发展了学生的个性

多元智力理论认为，每一种智力对人的工作、生活都有自己的影响。在教学过程中，要充分考虑学生的多种智力因素。这种评价方法是对过去的传统评价制度的一种有益补充，能够更好地对学生进行评价。仅仅以他们对基本概念、基础知识的了解和运用，这样的评估并不全面，更应该注重他们在交往、竞争与合作意识等方面所展现出来的能力、态度、情感、价值感等。

（三）重视自评、互评的作用，构成多元评价主体

它是一种以人为中心，注重评价的实效性和推动发展的理论。在多元智力理论的指导下，教师与学生之间可以建立起一种互相了解、互相信任的关系，从而形成一种以教师与

学生为主要对象的多元化评价机制。与此同时，将学生自评与小组内部成员互评相结合，可以让各类评价主体之间的互动得到加强，让评价信息来源更加丰富，评价结果更加真实，也更有利于推动学生合作能力的发展。

　　评价制度是高校英语教学不可缺少的一环，而多种评价制度作为一种新型的评价方式，在互联网上日益显示出其优越性与魅力。但是，建立一套完整的大学英语课程的评价制度并非一蹴而就，而是要随着英语教育的发展、教师的思想观念的变化而逐步改进，最终才能实现"以评促教、以评促学"的目标。

第九章　大数据驱动下的大学英语教学概述

第一节　大学英语教学的信息化诉求

一、大学英语教学信息化诉求简述

当前，世界社会形态日益显现出来，加之当今社会人们的地位是受信息资本决定的，这就要求人们不断努力获取生存的信息资本。英语作为一门国际性通用语言，是人们获取生存信息资本的一个重要手段与工具，同时对英语的掌握是人们的必要素质之一。因此，越来越多的人开始采用各种手段与方式学习英语，为了与学生的英语学习需求相符，很多共享开放的网络资源平台出现，慕课、微课、翻转课堂教学模式也应运而生。在校学生以及其他学习英语的人员不仅仅局限于固定课堂与教材上，还可以借助多元的手段来学习。也就是说，21世纪的英语教育形式正在向个性化、随时随地的层面转型，英语教学的信息化革命正在悄然来临。

从上述教学实际对外语教育规律的探讨可以看出，在大数据背景下，优质的教学资源与开放的在线课堂已经悄然向我们走来。这就导致大学英语教学的信息化诉求越来越强烈，因此传统的大学英语教学的性质在不断发生改变。

二、大学英语信息化教育的开展

（一）信息技术

当今社会已进入信息化高速发展的社会，信息和知识已成为推动社会发展的两大动力，现代信息技术已经渗透到人们生活的方方面面。

就信息技术的概念而言，目前人们多从广义和狭义两个方面来理解和解释。

从广义上说，信息技术指的是对信息加以处理与管理的各种技术的综合，其包含通信技术、感测技术、控制技术、计算机技术、智能技术等。

从狭义上说，信息技术指的是能够展现信息技术特点的一些技术，具体来说，主要可以从如下四个层面理解。

（1）信息技术可以被定义为信息与通信技术，其主要是运用计算机对信息系统与应用软件进行开发与设计，包含计算机技术、传感技术等。

（2）信息技术可以被定义为 3C 技术，即计算机技术、控制技术、通信技术三者的集合。

（3）信息技术又可以称为 C&C 技术，指的是运用计算机技术获取、传递、分配、处理信息的技术。

（4）信息技术指的是应用管理技术，并在科学、技术等层面对信息加以控制与处理，实现人机互动。

通过对上述信息进行分析不难发现，信息技术的核心在于计算机技术，并且在其他技术的共同作用之下，实现信息的获取与传递、转换与交流、检索与存储等。

（二）信息技术教育

很多学者认为，信息技术教育应该分为古代信息技术教育、近代信息技术教育、现代信息技术教育；或分为传统信息技术教育和现代信息技术教育，这实际上是不规范的，也就是说不能以明确的时代划分作为对信息技术教育的界定标准。有学者指出，信息技术教育作为一个新兴学科，其发展起来也是近几十年的事，现代教育理论和现代科技成果是信息技术教育得以发展的重要基础，所以不需要以传统和现代为标准来划分教育技术。

但随着信息时代的到来以及信息技术的高速发展，人们已经普遍接受了"信息技术教育"一词，我国信息技术教育学术界指出，现代的信息技术教育指的是以现代信息技术为核心技术、在现代教育思想和方法及学习心理学成果的指导下进行的教育技术研究与实践活动。在信息技术教育还没有大量出现之前，信息技术教育的发展主要是依赖教育理论与媒体技术，当时产生的信息技术教育与现代信息技术教育是有区别的。可见，信息技术教育的内涵与信息化、信息技术、信息时代密切相关。

1. 以信息技术为主要依托

从本质上说，教育的过程是由信息的产生、选择、存储、传输、转换以及分配等一系列环节组成的系统工程。在教育中引进这些信息技术，可使信息传播速度更快，教学效率更高。当今社会，知识迅速增长，在这个环境下，教学效率备受重视，教学质量的提高首先需要提高教学效率。

2. 强调以学习者为中心

以学习者为中心是信息技术教育学科强调的一个重要观点。具体表现为如下几个方面。

（1）在确定教育目标时，使社会的要求、学习者的需求都得到满足，鼓励学习者发展的多样化。

（2）在选择教育内容时，要以学习者需要学和适合学的内容为主。

（3）在选择教育方法时，鼓励学习者自主学习和小组合作学习，培养学习者的合作能力、团结意识、人际交往能力等非认知技能，使其更好地适应生活。

（4）在安排教育形式时，以灵活的形式为主，与学习者的学习、生活相协调，巩固终身教育的地位。

3. 使教育资源的配置更加合理

多媒体技术与计算机网络的普及使得社会成为一个密不可分的整体，学习者可从自身的学习目的、学习需求出发对学校、课程及教师进行自由选择，学校之间、学校与社会之间逐渐失去了明确的界线，社会教育资源将因学习者的需求而合理分配，人为因素的影响会越来越弱，社会人力、物力、财力等资源将会得到更加充分的运用。

（三）信息技术教育的研究范畴

信息技术教育的研究内容是控制与分析研究对象，具体包括以下几个方面。

1. 学习过程和学习资源的设计

在相关理论（教学理论、媒体传播、学习心理等）的指导下，完整而详细地设计教学系统，以达到预期的学习目标。这个过程包括多个环节，如分析学习者、学习目标、学习内容，选择教学媒体、教学策略，评价学习效果等。在教学设计中，这是一个非常重要的组成部分，也是比较独立的研究方向。

2. 学习过程和学习资源的开发

信息技术教育研究在教学过程中如何有效应用各种教学模式、媒体技术，这其实是用实践数据支持理论发展的过程。并不是仅仅采用某种媒体技术对教学产品进行制作就能完成对学习过程与资源的开发，更重要的是要从实践上改进整个教学系统。开发的范围有大有小，某个教学项目、某节课或某个系统工程规划都可以。

3. 学习过程和学习资源的利用

信息技术教育研究如何对源源不断的新技术、最新学科成果及相关信息资源进行利用与传播。

4. 学习过程和学习资源的管理

信息技术教育研究如何规划、组织及调控学习过程和优化整合学习资源。管理对象包括信息与资源、教学系统、教学研究等。优化教学效果离不开科学管理。

5. 学习过程和学习资源的评价

信息技术教育研究如何评价整个教学系统的运行状态及运行效率。既要评价单一环节或因素，又要评价整个系统，将形成性评价与总结性评价结合起来，从多角度，采用多种方式进行科学评价，完善评价体系，从而更有效地改进教学系统研究。

以上分别解释了信息技术教育各部分的内涵，各部分之间相互联系，相辅相成，而非绝对孤立与封闭。在教育实践中，各部分经常是结合在一起出现的，如设计与开发的结合、开发与利用的结合、设计与评价的结合、利用与管理的结合等。可以说，信息技术教育是为了实现最优化的教学效果而在综合运用相关理论与技术的过程中对各教学系统的研究和实践。

从学科属性来看，信息技术教育属于教育学科的范畴，但具有交叉性、综合性等鲜明特征的教育技术又不仅仅属于教育学科，正因为如此，才对学习者的综合素质提出了更高的要求。

（四）信息技术教育的巨大作用

1. 更新教育观念

信息技术教育的创新与应用可使教育者对教学过程与教学资源利用有新的思考，进而促进教育观念的更新。

在传统教育中，以教师为中心，教师作为传授知识的主体，在教育教学过程中发挥着十分重要的作用，而且这种作用被放大化，整个教学都围绕教师来进行，学生只是被动地参与学习。教师是教学技术（黑板、教学教具模型）的绝对使用者，学生只是被动观看。

在教育教学观念方面，信息技术的科学应用为教育的发展提供了新思路、新思想、新办法，促进了现代教育观、现代学校观、现代人才观的形成。

2. 提高教育质量

信息技术的应用极大地提高了教学质量。具体来说，教育教学质量的提高表现在教育教学过程中真正实现了教育教学目标，促进了学生德、智、体、美等多方面的发展。信息技术在教育教学过程中的应用对于学生的多方面素质的发展均有较高要求，学习过程中学生的各项知识与技能不断得到提高，手、眼、耳、鼻、口各个感官共同应用到学习过程中，还促进了学生大脑思维的发展，可实现学生的全面发展。

信息技术对教学质量提高的促进具体分析如下所述。

（1）信息技术为教学提供技术支持，能为现代师生的教学提供一个良好的交互环境，给学生提供更加自主学习的机会，使学生更加主动地投入到学习中去，更加积极地去收集、处理、加工、反馈各种学习信息，有助于增强学习效果，促进学生主动性发展、个性化发展，提高个体化教育品质。

（2）现代信息时代，信息技术教育无时间、空间限制的特性，有利于创建大教育的格局，能更加高效地调动各种教学资源，使得优质教育资源得到有效整合，扩大优质教育资源的受益面，进而促进教育质量的整体提高。

（3）现代化的教育教学强调高素质全面发展的人才的培养，强调学生的发展应与社会发展相适应，现代教育为提高教育质量、促进社会现代化发展服务，新的教育观念将会催生新的教育质量评估体系和评价方式，并有助于建立信息全面的大数据跟踪与检测，促进每一名学生的真正发展。

3. 提高教学效率

生产技术的改革必然会促进生产效率的提高，在教育领域，信息技术也具有相同的提高教学效率的作用。

所谓教学效率，具体是指一定时间内完成更多的教学任务，或者完成相同教学任务量使用更少的教学时间。信息技术的发展和教学应用可缩短教学时间，能更加高效地实现教师和学生在教学过程中的知识输出与输入。

在信息技术教育的应用过程中，丰富而先进的信息技术可使学生综合利用多种感官进行学习，使学生充分获取知识，有实验证实，在学习过程中，学生利用的感官越多，越有利于学生对知识的记忆、理解，越能帮助学生获得较佳的学习效果，进而提高教学效率。

4. 促进教育改革

信息化教育作为一种新的教学方式，已经成为当前教学工作中的一个重要环节。具体分析如下。

（1）教学模式的变革。从教育与教学的方式来看，传统的教学方式局限于学校里的教室、教师、黑板、课本等。现代教学媒体改变了原有教育过程的结构，形成了多种人—机—人的教育新模式。

将信息技术技运用于教学，使教师的"教"与学生的"学"均摆脱了学校、课堂、时间、地域的限制，远距离教学的模式——"网络大学""开放大学""全球学校"得以实现。

（2）教学组织形式的变革。在传统的教育中，以学校、班级和课堂为主要的教学组织方式，在教学的过程中，还注重学生的个性化发展，倡导个别答疑、小组学习；不过，由于各种原因，学生的统一化教学仍是主要教学形式，学生的个性化教学难以实现。

（3）教学手段与方法的变革。在教学实践中的运用，可以为教师进行多元化、灵活性的教学提供更多的技术支撑，同时还可以丰富学生的感官体验，帮助提升师生的教与学的积极性和主动性。

教育手段是多媒化的，教学方式也是多种多样的。在教育和教学实践的过程中，教师们对多样化的教学工具和方法的选择，能为学生的不同教学内容的学习提供最佳的教学环境与教学体验。

5. 丰富教育资源

随着现代教学手段的发展，特别是多媒体技术、通信技术、网络技术等信息技术在教学中的应用，教师不再是唯一的教学信息来源，学生通过多渠道获得信息和知识，扩展了学生的知识信息来源。

拿多媒体教学技术作为一个例子，多媒体教学能够实现文字、数据、图形、语言、视频等教学信息的统一处理，可令教学内容更加生动、形象，可调动学习者的多种感官参与学习，能在更短的时间内向学习者传递更多、更立体化的教学信息，提高教学信息的传递效率，实现教学信息资源的高效利用。

6. 扩大教育规模

信息技术能扩大教育规模，加速教育事业的发展。从当前我国的教育现状来看，国家正在实施科教兴国战略，充分利用现代教育技术，如广播电视网络（包括卫星电视、有线电视）、计算机网络、邮电通信网络等，开展各种远程教育，更多的偏远地区的学生受益，客观方面大大地节省了师资、校舍和设备，并有效促进了教学规模的扩大。

（五）大学英语信息化教育的目标

1. 激发学生的问题意识

人从出生就具有了求知欲和好奇心，这是人能够自由、理性的基础，表现在学习态度与兴趣上，就是人能够积极地去探索与解决问题，不断创新、不断超越。学生学会学习的最佳路径就是逐渐学会启发式的学习，即教师引导学生发现问题，并让学生找到合适的方式解决问题，师生之间围绕问题展开自主学习与探究学习，使学习活动向思维活动转变，这样才能让学生具备多元思维。

在信息技术教育背景下的高校英语教学中，要强调问题引领的作用，即教师要以问题作为起点，以问题解决作为主要的活动过程，从而将学生对问题的敏感性激发出来；同时，要求教师主要探讨那些与现实联系紧密的问题，对这一领域的学术前沿问题进行跟踪和了解，将学生潜在的能力挖掘出来，培养学生的研究精神与素质，形成面对困难的积极潜质与解决问题的能力，并塑造自己的人格与工作特质。此外，还要求教师为学生创设自由的学习氛围，师生之间围绕提出的问题，通过交流与对话形式解决问题，并进行分析与评价。

2. 转变学生学习的方式

学习方式是学生在展开学习任务时自主、探究的基本认知取向与行为特征，其主要包含发现学习、接受学习、合作学习等。在新时代背景下，高校选择的教学方法一般是多种多样的，具有针对性与灵活性，将极大地推动学生学习方式的转变，要求教学应该从学生的学习能力出发。具体来说，主要可以从如下四点考虑。

（1）倡导自主探究式学习，让学生自定节奏。具体来说，就是在学习中要发挥学生自身的主观能动性，教师引导学生大胆地接受挑战，挑战传统的识记性学习方式，让学生真正地学会学习，成为学习活动的主人，推动他们灵活地转换学习方式，在创造与研究中学习。

（2）推动学生走向团队合作式学习，即单打独斗的学习显然效果差，学生只有学会与其他同学合作、与教师合作，才能真正地弄懂知识，掌握技能。

（3）实施应用情境式教学，即关注学生在特定情境中的认知体验，通过新兴技术，为学生创设真实的场景，让学生主动参与其中，增强他们的认知能力。

（4）关注学生的在线学习与移动学习。由于网络技术的发展，学生的学习资源越来越丰富，这就给学生提供了学习的便利，学生可以打破时空的限制，获得教师或者其他同学甚至一些专家学者的帮助，从而在课外不断提升自身的语言能力。

3. 促进学生的深度学习

深度学习指的是，在理解的基础上，学生可以对新的知识进行批判式的学习，并把新的知识与他们原来的知识结构相结合，构建新的和旧的知识之间的关系，还可以把现有的知识转移到新的环境中去，从而独立地解决问题。采用深度学习策略的学生要更善于整合知识、迁移知识，这样才能取得好的成绩。

当前，高校应该努力为学生创设深度学习情境下的课堂环境，让课堂不仅成为学生知识深度加工的重要场所，还要把原来教师单向传授的教学过程转变为师生互动的过程，创设真实的、批判性的课堂环境，还需要围绕问题的解决探究深度学习的情境机制，让学生逐渐实现知识的吸收与内化，从而有效培养他们的理性思维与创新思维。

4. 强调学生学习的责任

当前，要想培养出具备应用型能力的人才，要求学生在具体的实践中发挥自身的主体作用。也就是说，学生成为教学活动中主动的、自觉的参与者，成为知识主动的发现者与探索者，推动教学从"教"逐渐转向"学"，让课堂上不再仅仅强调以教师的教授为主，还强调以学生的学习为主，实现师生之间协同的教与学。

这就是说，在信息技术教育背景下的高校英语教学中，不仅要将学生的积极性与主动性激发出来，还需要引导学生将精力、时间等投入到学习之中，帮助学生减少学习的盲目性与随意性，逐渐建构自主式、探究式的学习。同时，要给予学生应有的权利，赋予他们自主学习的权利，自主选择学习内容与策略，让他们不断发挥自己的主观能动性，发挥自己的学习优势。

5. 培养学生的核心素养

人应该必备的能力与品质就在于核心素养。核心素养的提出主要包含如下四个层面。

（1）未来个人发展与社会生活需要的能力与品格是无法预料的，个人在受教育阶段唯一能够选择的是对自己的必备品格与关键能力进行发展。

（2）知识是以几何级数增长的，能力以几何级数进行分化，学校教育无法对知识和能力进行穷尽。

（3）社会生活纷繁复杂，价值取向也是多元化的，学校教育无法面对社会上所有的问题。

（4）学校教育应该专注于对学生必备品格与关键能力的培养。

"核心素养"一词源自西方，英文是 Key Competencies。Key 在英语中的意思是"关键的、必不可少的"的含义。Competencies 的意思是"能力"，但是从其范畴与内容来说，可以翻译为"素养"。因此，"核心素养"也就是所谓的"关键素养"。

进入 21 世纪，欧盟国家为了应对经济全球化，在教育领域提出了"核心素养"这一概念，目的是培养学生的创新能力，这一概念的提出是为了对传统的以阅读、计算等为核心的概念进行改变，从而提升学生的综合应用能力。

教育部要求英语教学应该将社会主义核心价值观的内容引入教材与课堂，努力使学生了解中华文化，明确提出了"核心素养"的概念。在语言教学中，核心素养主要包含如下几点内容。

（1）语言能力。语言能力是指基于社会情境，通过语言来进行理解与表达的能力。从英语技能教学来说，语言能力是学生应该具备的基本能力，也是学生核心素养的体现。从语言学科来说，听、说、读、写、译这五项能力是最基本的语言能力，对这些能力的掌握才能更好地学好语言。同时，新时代条件下学生需要面临各种数据、图表等，因此他们还需要掌握好"看"的技能，这样才能对第一手资料有清楚的把握。

（2）文化品格。文化品格不仅指的是了解一种情感态度、文化现象，还指了解语篇反映的社会文化现象，通过进行归纳来构建自己的文化立场与文化态度。

语言教学的核心素养更加注重从多元文化层面来思考，通过比较，了解中西方文化的差异，这样学生才能更加自信与自强，从而对西方文化予以理解，并将中华文化更好地传播出去。

（3）思维品质。思维品质与一般的语言能力、思维能力并不同，指的是与英语技能学习相关的一些思维品质。在核心素养中，这一品质与学生更为贴近，学生思维品质的提升与优化也是"立德树人"的彰显与表现，与高校英语教学改革的目标相符合。

总之，学生的生存与发展需要多种素养，但是在 21 世纪的挑战下，这些素养并不是所有都并重的，也就是需要对这些素养的重要性进行排列。其中创新能力、合作能力、信息素养等是优先的素养，这些应该排在最前列，因为这些素养是学生应对挑战、为国做贡献的关键。这就是所谓的核心素养。其他的一些素养如身体素质对于个人来说是非常重要的，但是由于太基础，所以可以将其视作基础素养。另外，传统的读、写、算也可以算作基础素养。

在全球化背景下，各国关于学生核心素养的范畴存在着某些共性。就全球范围来说，国际组织、一些国家等在核心素养指标的选取上，都反映了该组织、该国家、该地区的经济发展情况，并强调信息素养、创新能力、社会贡献、国际视野等素养是非常关键的层面。但是受国情的影响，由于各国所面临的关键问题存在差异，因此核心素养的内容与程度也会存在着某些的不同。

6. 增强学生的学习体验

个体的发展具有特殊性，因此教学需要在尊重学生个体差异性的基础上，对学生的学习体验予以关注，努力为学生创造更多锻炼的机会，激发他们学习的内部驱动力，发挥他们对知识的探索精神。当前，很多高校的评价强调甄别与选拔，对评价的激励与促进功能予以忽视，往往对结果过分看重，对学习过程予以忽视，这样的评价就导致了个别优秀的学生得到了愉快的体验，但是那些成绩差的学生失去了学习的兴趣，很难培养出健康的情感体验。

在具体的教学过程中，高校教师应该努力让学生们用感官去实践、去体验、去解决问题，与社会实践相联系，让课堂脱离传统课堂的弊端，不被教材与大纲等约束，让学生广泛地参与到课堂之中，实现师生之间、生生之间的互动，这样才能让他们学会思考、学会辨析、学会研究，进而发现课堂的魅力。另外，教师还需要注重选择科学的评价方式，让学生能够更好地体会到成长的快乐，享受学习的快乐，帮助学生正确地认识自己，激发他们学习的动力和积极性。

第二节　大数据为大学英语教学带来的巨大变革

一、大数据为大学英语教学带来的影响

（一）与传统课堂的碰撞与对接

1. 与传统课堂的碰撞

大数据驱动下的大学英语课堂与传统课堂的碰撞主要体现在教育理念上，因为当前的教育仍旧难以摆脱"应试教育"的枷锁，并且大数据驱动下的大学英语教学要求革除传统教育理念、教学方法上的弊端。下面就对这两点做具体论述。

（1）难以摆脱"应试教育"的枷锁。众所周知，在大数据背景下，传统的教学模式已经与当今的课堂不相适应，但是面对毕业、就业压力，当前的大学英语教学仍旧未脱离"应试教育"的枷锁。当前的大学英语教学要求学生要学会自主探究、自主预习、自主总结，同时培养自身学习的习惯与思维，要在教师的指导下体验概念与规律的探究过程，并在学习中培养求知精神。但是现实是，在大学英语课堂教学中，很多教师主要侧重于讲授，对学生进行满堂灌式的教学，未能顾及每一位学生的接受与感受情况，使学生的主体

地位丧失。也就是说，当前的大学英语课堂教学中，教师的教学思想还未发生根本改变。

很多家长对于学生的考试成绩过分看重，却忽视学生整体素质的提升，教师也未考虑学生的全面发展与终身发展，一味地追求成绩，导致课堂教学主要以知识传授为主，教学过于机械化，搞题海战术，这就很容易让学生丧失探究能力与解决问题的能力。因此，如果不对传统教学观念与方式进行改变，包含信息化时代下的大学英语教学在内的任何教学形式都很难进行到底，教学大纲的要求也就很难实现了。

（2）大数据的运用要求革除传统教学理念、教学方法上的弊端。由于应试教育理念的存在，很多大学英语教师在教学理念与方法上存在着某些问题，这对于他们自身的专业发展是非常不利的，也会影响学生的全面发展。具体来说，这些问题和弊端表现如下。

首先，教师将教学视作教学目的实现的一种方式和手段。教学是传输知识的过程，因此教师只关心对教学手段的研究，而并未探究教学的目的何在。

其次，教师认为教学是教师教与学生学的拼接，教师将书本的知识教授给学生，学生被动地接受，这如同将知识灌输给学生一般，学生只是接受知识的容器。

最后，教师在教学中忽视了学生主观能动性的发挥，缺乏与学生的互动，也缺乏让学生与其他学生进行互动。

基于此，传统的教学模式下的教学阻碍了学生人格的全面发展，使得学生成为应试的机器，这样的教学与教学目的相背离。

大数据驱动下的大学英语教学要求教师对教育观念进行改变，但他们是否愿意改变，是必须要解决的首要问题。这种教学模式还需要教师具备一定的信息素养，这样才能做得更好。可见，大数据驱动下的大学英语教学要求教师具备较高的素质与能力，要不断地在知识的海洋中充实自我，要不断地发挥自身的气场对课堂的节奏与进度加以控制，要以宽广的视野来引导学生探索更大的世界。

2. 与传统课堂的对接

虽然传统课堂教学有着明显的弊端，大数据驱动下的大学英语教学的优势已凸显出来，但并不是说要完全舍弃传统课堂，而是要求二者的完美对接。具体而言，主要从如下几点着手。

（1）学校作息时间安排问题。大数据驱动下的大学英语教学需要学生花费很多的课后时间展开自主学习，要求教师在教学时间上进行合理安排。在大数据驱动下的大学英语教学中，教师不应该占用学生过多课余时间，应该让他们能够有时间展开自主学习。学生在课后的主要任务就是观看教学视频，进行针对性练习。

（2）学科适用性问题。目前，国外的很多信息技术与大学英语教学结合的实践都是针对理科来说的，且理科具有明确的知识点、概念等，教师只需要讲好一个公式、一个例题就可以，因此容易实施这一模式。但是，对于文科来说，其讲授的内容比较广泛，需要师生之间展开思想、情感上的交流与沟通，因此这对文科类教师提出了一个大的挑战。这就要求教师要不断提升教学视频的质量，通过教学视频，将所要简述的知识点进行概括，将相关的理论加以阐述，让学生在课后查阅相关的资料，并进行主动思考，然后在课堂上与教师或其他学生进行讨论，直至深化对该问题的理解。因此，对于不同的学科，教师需要采用具体的策略来实现信息技术与大学英语教学的完美结合，并从学生的反馈情况入手，对相应的教学情况加以改革。

（3）教学过程中信息技术的支持。在大数据的驱动下，要实现大学英语教学，就必须借助信息技术，从教师对教学视频的制作、学生的观看等，都需要信息技术的参与。但是当前，网络宽带、速度等问题对我国各大高校开展在线教学有了一定的限制，因此在实施信息化时代下的大学英语教学时，学校需要对这一问题加以解决。同样，在教学视频制作的质量上，教师也需要进行拍摄、剪辑等，因此需要一些专业人士的辅助，当然不同的学科有不同的风格，教师需要根据自身学科的特点来定。

（4）对教师专业能力的挑战。在大数据驱动下的大学英语教学的实施过程中，教学视频的质量、与学生展开互动指导、课前学习任务设计等都需要教师完成，因此要加强对教师进行培训。在提升教师专业理论水平的基础上，不断提升他们的科研能力，对学生的个体差异进行关注，并给予个性化指导。同时，在教师的技术素质上也需要进行培训，便于他们制作出生动活泼、丰富的视频资源。

（二）对大学英语课程资源的影响

大数据技术的发展与应用，推动了优秀学习资源的共享，学校、公益组织、个人都参与到教学资源共享的过程中来。当前，通过信息化技术的共享，大学英语教学课程资源主要有以下几类。

（1）CORE。CORE 是指中国开放式教育资源，是中国优质教育资源的世界推广。CORE 充分借鉴与吸收了美国麻省理工学院、耶鲁大学、牛津大学、剑桥大学等世界一流大学的优秀开放式课件、先进教学技术、教学手段，通过教育创新，不断提高我国的教育质量，并将我国学校优质的教育资源向全世界推广，实现优质教学资源的积极交流与共享。

（2）OOPS。即开放式课程计划，是将国外一流大学的开放课程翻译并制作成中文课程，面向我国的师生授课，使我国师生能更好地享受到优质的教学课程。

（3）OCW。OCW 是 Open Course Ware 的简写，是世界优秀学校教育资源的全球共享，这些学校将本学校所开设的全部课程的教学资料与课件在网上公布，以便于全世界范围内有需要的人下载参考学习。

（4）网易公开课。网易公开课是通过视频免费分享国内外著名学校的公开课程，如OCW 翻译成为中文的课程。

当前，信息技术在大学英语课堂教学中的应用越来越普遍，这些技术的使用对教育过程、教学过程、教学方法和手段均产生了深刻影响。课程资源的共享是新时期信息化教学带来的一个最显著的教育教学改变。

为了推广和普及信息化教学，我国开通了"校校通工程"，使全国90%左右的独立建制的中小学校能够上网，共享网上教育资源，在提高中小学学科教学质量的同时，为教师的再教育提供了条件。

在网络信息时代，个人、教育机构、学校与外界进行不同层次的信息沟通、信息获取、信息利用、信息共享，实现信息技术与教学的有效整合，既促进了教学的发展，也促进了教师与学生的发展。

（三）对大学英语教师的影响

大数据技术的广泛应用对大学英语教师有巨大的影响，具体表现如下。

（1）大数据技术对大学英语教师的最大影响在于学生获取知识途径更加多样化了，大学英语教师不再是学生的知识的唯一来源。

（2）新时期，新的媒体和技术的应用对教学观念、方式和手段也带来了极大的冲击，对大学英语教师的教学过程影响显著。

（3）大数据技术在大学英语教学中的应用对教师素质能力的提升有重要作用。将大数据技术融入课堂之中，可以优化教学方法、提高教学效率。但是，由于学生选择学习的时间、内容等具有了灵活性和自由度，很可能会导致学习的失控。就传播学的角度来说，大学英语教师不仅是教育信息的传播者，更是把关人，因此应该考虑实际情况，对信息有针对性地选择，科学调配教学过程。

（四）对大学生自身的影响

大数据技术的教学应用对大学生的影响分析如下。

（1）大学生是大数据技术发展的最大受益者。大数据技术提供的个别化、网络化的学习方式，可以使大学生根据自己的特点和水平选择合适的学习进度，在轻松的环境中学习，实现真正的"教育平等"。

（2）大数据技术的应用改变了大学生获取信息的途径，改变了大学生的基本听、说、读、写的方式，学习者具备了更加自由化、多样化的表达方式。

（3）信息社会，任何一名学习者都必须具备一定的信息素养，具备独立的终身学习能力。大数据技术不但需要教师具有更高的教学能力，还需要大学生具有更高的自主学习能力，要求大学生具有信息社会要求的观念、意识和现代教育技术能力。

此外，大数据技术发展对教学的影响不仅局限于上述几个方面，大数据技术发展推动了教育现代化发展，推动了教育教学的改革，现代化的教育教学是以培养创造型人才为目标的新型的现代教育体系。信息的发展通过信息技术影响教学，不仅体现在教学物质基础、教师与学生"教"与"学"的影响方面，还间接促进了教育思想现代化、教育内容现代化、教育管理现代化。

二、大数据为大学英语教学带来了挑战

（一）对高校英语教师的信息素质提出了更高的要求

大数据技术发展对教师对于教学信息的加工、传播、反馈与收集能力提出了一定的要求。新时期，大学英语教师要胜任大数据技术并合理应用于大学英语教学，就必须掌握一定的信息技术知识，并具备现代信息的加工、处理能力。具体分析如下。

大数据时代对整个社会有着很大的影响，对人民的生产、生活、学习等产生了较大的改变。在教育层面，也逐渐改变了大学英语教师的角色，传统教学中的教师是教学内容的唯一提供者，但是在信息化时代下，学生除了从教师那里获取知识外，还可以通过很多渠道获取知识，大学英语教师的角色也发生了改变，即成了引导者、辅导者、指导者。

大数据驱动下的大学英语教学对教师提出了更高的要求。具体来说，教师不再仅仅扮演知识的传授者与引导者的角色，其扮演的角色更加趋于多元化。因此，大学英语教学与大数据技术的融合还要求教师不断提升自己的专业化水平，促进自身的专业化发展，从而适应信息时代对大学英语教师的要求。

随着大数据技术融入大学英语课堂教学，学生的学习与大学英语教师的教学都发生了革命式的变革，新兴的课堂教学环境即互联网技术教学环境得以产生，大数据驱动下的教师角色一部分是基于传统教师角色中的"传道、授业、解惑"者，应积极汲取传统教师角色中的优点，认真履行知识的传授者角色行为，同时应看到传统教师角色不适应教育信息化的发展，如管理者、灌输者等角色的局限，应实现自我角色的转变，处理好传统角色中的教师角色延续，并重视"互联网+教育"下教师角色的转换，不断提升自身的信息素质。

（二）对学生的独立学习、全面发展提出了更高的要求

学生是教学的对象，教师的一切决策都要围绕学生开展，教师应充分考虑到学生群体和学生个体的身心特点与学习、发展需要。教师应关心和尊重学生，为引导学生积极参与教学创设良好环境与情景。

在大数据时代背景下，教学活动中学生的主体性地位发生了变化，主要表现在以下几个方面。

（1）对教育对象的自主选择权。学生对教师教学的影响并非无条件地接受，这就要求教师的教学尽量适应学生的发展需求，学生有根据主体意识，积极地或消极地进行选择的权力。

（2）参与教学活动的积极性和主动性。学生的主动性和自觉性是其最根本的表现，而

教师的教学必须以学生的自觉、主动和自我追求为前提。学生在学习过程中能积极地参与教学活动，并能以自己已有的知识经验、认知结构主动地认识、理解、吸收新知识。

（三）对信息技术下师生的有效互动提出了要求

在大数据技术出现之前，教师与学生交流沟通的场所主要是教室、操场、学校活动中心。

在教室内上课过程中，教师与学生之间首先要完成本次课的教学任务，然后才能进行课程外学习内容的交流，因此，师生在学校各教学场所的交流是十分有限的，主要是教师在讲，学生在听，一节课下来，师生之间的交流与互动往往仅仅有几个点名提问，并没有师生探索、讨论互动。很多教师在完成教学工作后忙于其他事情（如进行科研），也没有时间与学生交流。师生交流缺乏主动。

课堂之外，学校教师在学校除了日常教学还有很多其他工作，学生的校园生活也十分丰富，由于师生的教与学的任务不同，在不同的时间段，他们需要分别在不同的空间场所内开展教与学的工作，这就更加使得师生课堂关系难以在课外继续保持联系。

课上的交流有限，在课外，教师与学生之间的交流更是少之又少，调查发现，很多学生在课外时间难以接触到教师，即便是有交流机会，也是"不怎么愉快"的"被动交流"。上述情况充分表明了学校师生存在着交流障碍，这些障碍有主观和客观原因，有教学安排的局限性，也受制于教育技术所限，教师与学生在课外缺乏沟通与交流的平台。

大数据技术的发展和教学应用，为师生之间更加频繁的交流提供了技术支持，教师与学生可以通过 QQ、微信、校园网、教学 APP 等实现随时随地的线上交流，但是，由于线上网络课程教学中，师生不是面对面的，学生在教学中对教学内容的投入状态、对教师的回应在很大程度上靠自觉，因此，教师很难像在真实课堂教学中那样监督学生，也不能给每一位学生形成一种紧张、专注、融洽的课堂环境氛围，因此，很多学生在线上课程的学习中都处于沉默、"潜水"状态。

大数据驱动下的大学英语课程教学中，学生的"线上沉默"有一部分原因是课堂时空环境和氛围造成的，此外，与教学内容难易程度、教学内容呈现方式、教师的线上互动方式方法等有密切的关系。

第三节　大数据驱动下大学英语教学的优势

一、提高教师工作效率

计算机作为一种工具，可以不断提升教师的效率，如设计教案、录入成绩、查询资源等，这些都是通过计算机来辅助的，对于教师来说非常有用。

在大学英语教学中，教师可以通过服务器对自己备课的内容进行讲解，并对学生的学习状态进行实时的观察，之后可以进行测评，检验学生的学习情况。

在作业批改上，一些客观性的题目可以通过计算机来操作，主观题在学生作答之后，教师可以通过处理软件来进行批改。这样就大大地提升了教师的工作效率，将有更多精力置于讲解与研究层面。

二、发挥学生主体作用

将大数据技术应用到大学英语教学中，突出了学生的主体性，让他们能够根据自己的需求，自主选择学习的时间，采用恰当的方法调控自己的学习进度，从而借助信息技术进行掌握。当学生在学习中遇到问题时，他们也会调整自己的学习速度，随时对问题进行解决与补充，从而不断提升自己对知识的掌握情况。当学生在学习中感到非常容易时，他们也会提升自己的学习速度，这样便于掌握更多的知识，也可以进行测试与检验。

在这一过程中，学生能够正视自己的不足，巩固自己的语言知识，便于自身形成良好的学习习惯。同时，无论学生处于何处、什么时间，他们都可以运用各种教材与课件，查询、访问或者下载，这样帮助他们进行针对性的学习。当然，如果学生在学习中遇到问题时，他们可以发送邮件与教师进行沟通，让教师为他们答疑解惑。

大学英语教学本身是一门能力课，如果仅仅学习理论，这样的学习显然达不到成效，还需要通过锻炼，将理论付诸实践。在传统的大学英语教学中，很多学生因为害怕或者自信心不足，导致不愿意在公共场合开口讲英语，在课堂上也不愿意回答问题，显得非常焦虑，这样的情况是非常常见的。但是，在大数据驱动下的大学英语教学中，学生不用担心这一问题，因为他们不是面对面的，学生会不断释放自己的焦虑，从而愿意回答问题与解决问题。

另外，由于大数据技术在大学英语教学中运用，为学生提供了一种交互式的学习环境，其中实现了文字与图片、动与静的结合，因此显得更为逼真，学生的学习也具有趣味性。

三、提供丰富资源信息

在大数据驱动下的大学英语教学中，教师应该考虑学生的基本情况，对各种资源进行调用，进而制作成课件，当然要与学生学习的需求与风格相符。教师需要在网上搜索相关资料，不断丰富教学内容。

此外，由于国际信息技术的通用语言为英语，因此在网上存储着应有尽有的多媒体形式的资源，有专门的教学资源，有实时性极强的报刊资源，这些资源都为学生提供了原汁原味的资料。

第四节　大数据驱动下大学英语教学的属性

对高校英语教育的专业性质，长期以来有着不同的观点，并未形成一个统一的见解。根据新学观点，大学英语教学是从语言学、心理学等学科建构起来的一门新兴学科。

从我国的大学英语教学来说，大学英语教学在语言学研究中并不属于一门独立的学科，而是置于应用语言学科之下。

由于大学英语教学属于一门综合学科，其跨度非常大，因此这就给其属性的研究和探讨带来了难度，这也是大学英语教学这门学科地位至今未确定的主要原因。

事实上，大学英语教学除了与语言学、心理学等学科有着紧密的联系，其还涉及一些系统的领域，如教师与学生、知识与技能、德育与智育等。

现如今，在大数据驱动下，大学英语教学需要拓宽自己的范畴，探索教育与技术更为广阔的空间。换句话说，大学英语教学不仅需要对语言学进行研究，如对语言特征进行描述，对语言功能加以分析与解释等，还需要对包括本族语在内的整个社会大系统的多学科领域进行研究，这是因为语言系统对大学英语教学的作用仅仅限制在语言形式与内容上，而英语的运用则需要语言符号与文化的双重转换。可见，在大数据背景下，也是如此。

根据上述分析可知，大学英语教育不仅是一门应用语言学科，语言学也不是大学英语教学的唯一归属学科。在大数据驱动下，大学英语教学的目标不仅是将语言视作一种符号来教授词汇、语法、语义等；还应该将语言视作一种交际工具，从功能、意念等多个层面实现人与人的交互；或者将语言视作一种生理机制，将语言认知与习惯视作教学目标，教学采取英汉语对比的形式展开；或者将语言视作思维工具与文化载体，通过英语这门语言的学习，对另外一种文化进行观察与分析，掌握另外一种文化中人们的思维方式与价值观，从而更好地融入这种文化之中，顺利完成交际。

第十章　大数据驱动下高校英语教学的内容

第一节　大数据驱动下的高校英语基础知识教学

一、大数据驱动下的大学英语词汇教学

（一）充分利用语料库，让学生学会检索

1. 使学生在语境中掌握词汇具体用法

把它置于特定的情境中进行，可以取得事半功倍的效果。英语语料中有许多与上下文有关的事例，但这些事例多以资料形式提供给学习者。在情境中，可以有效地引起学生的注意，加强所学的词汇知识，并归纳出有关的运用规则。在语料库中，学生可以了解到使用频率较高的词汇，加深对词汇具体结构的了解和对语言现象的认识，完成对出现频率较高的词语的巩固和理解。对于 outline 一词，在教科书上只有它的基本意思是概要、轮廓、外形，而在实际的教学中，教师则可以通过语料库来查找。通过搜索，我们不但可以知道它的具体用途，而且可以知道它的使用频率。然后，学生意识到该单词不但可以作为名词，还可以作为动词。

2. 对近义词以及同义词进行检索

因为英语是一种非本族语言，所以，对学生来说，他们很难掌握与之相对应的词汇。语料库是一种很好的辅助手段，它可以帮助学生在英语中找到相关的资料，并根据这些资料，对所学词汇进行详细的、海量的分析。

3. 在检索过程中了解不同词汇搭配

词汇搭配的理念被提出已经有很长一段时间了，而且伴随着社会的持续发展，它的重要性也在逐渐提高，词语搭配不仅考查了词项目的贡献，还考查了与之相对应的语法结构和框架。有关学者认为词的搭配、语义选择、语义韵以及类连接之间有着密切的关系，实现了对词汇组合和词义的表达，而较为常见的则是动词与名词之间的搭配。

4. 进行词汇的复习与巩固

将英语语料库应用于英语词汇的教学，不仅可以给学生提供一个情景，让他们学习有

关近义词和同义词的知识，熟悉单词的组合，而且还可以让他们对词汇有一个更深层次的理解。在巩固阶段，可以采用填空题，多项选择题。而在具体的教学过程中，教师可以将所检索到的内容隐藏起来，再让学生结合情境去推测和分析，在教师所挡住的地方，把相应的内容填充进去，而教师在选择语料库的时候，则要根据所学的知识的不同来选择。

（二）借助网络多媒体技术，扩大词汇输入渠道

词汇的运用离不开词汇的学习和积累，因此，在教学过程中，教师应该对学生进行词汇输入的渠道进行拓宽，让学生能够利用多种途径来获得词汇知识，扩大词汇量。网络多媒体的发展与运用正好为扩大词汇输入渠道提供了可能。基于网络多媒体技术，教师在英语词汇教学中应该让学生输入足量的语言信息，使学生能够使用这些语言信息进行自然的交流。也就是说，要求教师给予学生提供更多真实的语言环境。根据"语义场"的理论，学生可以通过扩大语义网来扩充词汇量。同时，有很多的网站可供学生学习和练习词汇，也有对词汇进行测试和阅读理解的内容，这都是扩充学生词汇量的渠道。

此外，有很多的学习材料都附有音频资料，学生可以根据需要下载听取，对自己的词汇知识进行巩固。在线字典可以帮助学生解决遇到的生词，网络搜索引擎可以扩充学生的词汇输入和词汇学习渠道，解决词汇学习中遇到的语言障碍和文化障碍。

（三）通过建立共享学习资源圈，实行分层教学

教师们可以向学生们推荐一些和教科书相匹配的网络课程，这样既能弥补课堂上的不足，又能丰富学生们的学习资源。因为学生内在的知识水平不一样，学习接受程度也不一样，所以，在实施教学时，教师应尽量采取分层教学，根据学生的不同层次，设置符合其实际能力的任务，以满足不同学生的学习需要。

（四）建立评价机制，实时反馈学习效果

通过网络学生可以自己进行测试，这有助于教师进行数据的整合，找出学生容易出错的地方，然后在课堂上对一些重点、难点进行讲解，并及时反馈学生的学习效果。显而易见，建立评价机制，对学生的学习是一种鼓励，也是促进学生前进的动力。

二、大数据驱动下大学英语语法教学

（一）利用网络多媒体呈现知识，并进行课后拓展

利用网络多媒体等先进的教育技术有利于在语法教学中创造轻松、愉快的气氛，降低学生的学习焦虑，并有效调动他们的学习积极性，使他们积极进行思考，提高思辨能力与学习效果。具体来说，在语法教学中采取网络多媒体教学法可以从以下几个方面入手。

1. 利用课件呈现语法知识点

现在，网络多媒体已广泛运用于英语教学中，教师可以充分利用网络多媒体课件，将语法知识点、语法句型等呈现给学生，从而通过生动、形象的输入来帮助学生进行理解与记忆。例如，教师在讲授 listen、watch 等词的一般过去式、正在进行时的时候，就可以将-ed 与-ing 形式运用下画线、不同颜色标注出来，或者可以设置为有声导入，这可以集中学生的注意力，引导学生对规律进行总结，达到举一反三的效果。

2 采用课后自主拓展模式

网络媒体教学对于激发学生的能动性、提高学生的自主学习能力十分有利。课堂教学时间是有限的，学生很难通过课堂时间掌握所有的语法知识，但网络环境下的语法教学要求学生在课后进行自主学习，这就有效弥补了课堂教学的不足。借助网络，教师可以创建一个讨论组，促使资源进行共享。在讨论组中，教师将预先设计好的指导性问题和相关内容上传到网络平台，学生可以自行下载提前进行预习，如果有问题可以提出问题，大家也可以参与讨论。此外，教师可以通过 E-mail 形式进行辅导和交流。这不但可以打破时空的限制，还可以缓解课堂的紧张气氛，让学生更轻松，也是将课堂内容延伸到课堂外。

（二）利用翻转课堂，完善课前与课堂教学

翻转课堂也是随着信息技术的发展而产生的一种新型教学模式，将该教学模式运用于大学英语语法教学，能够有效地激发学生对语法的兴趣，提升他们的自主性，扩展他们的独立思维能力，对他们的语法能力进行培养。。翻转课堂这种教学模式不再以教师为中心，而是以学生为中心，教师只是起到辅助作用，学生是教学环节的重点，师生之间处于相互互动的状态。

1. 提升微课制作水平，借鉴网络教育资源

与传统的文法教学相比，用"微课"取代"黑板+粉笔"，是一种全新的文法教学模式。但是，由于英语教师一直以来都是以"微"为主要内容的，因此，要想真正地融入到"微"的课堂中去，还需要一段很长的路要走。为此，一是要对微课程的制作方法有较强的了解，并能灵活地使用各类制作软件；其次，要注重对视频中的内容进行整理和处理，以特定的语法知识为中心，利用网上的优秀教学资源，开发出内容丰富、简短的数字教学资源。

2. 拓宽师生互动渠道，确保语法教学效果

在翻转课堂语法教学中，视频微课的制作是先决条件，而后期的检查、实施和监督则更为关键，所以，教师与学生应该多维互动，首先，在教学中，教师应引导学生观看微课程，制定好学习内容、时间安排，以掌握学生的学习进程；其次，教师们可以通过一些社交工具，比如 QQ 群、微信群，在网上都可以跟同学们交流，帮助同学们解决他们在自学

过程中的问题，能够更好地交流，更好地理解、吸收语法的内容。

3. 关注语法难点，提升教师答疑解惑的能力

以翻转课堂为基础，教师可以将制作好的视频微课上传到网络平台上，让学生自己去下载，并在一定的时间内，完成自主学习。但是，如果他们遇到的语法知识难点，除了课堂学习小组讨论之外，更多的是由教师在课堂上进行统一解答或个别辅导。因此，作为一名英语教师，必须加强自己的语法知识，提高自己的语法水平，才能更好地为学生解惑。

（三）构建基于 TPACK 的混合式教学模式

1. 多个方面深度混合

以 TPACK 为基础的混合式英语法教学，必须从多个角度进行深度融合，只有这样，才能充分利用传统的课堂教学和互联网在线教学的优点，形成一种符合教学要求的新型教学模式。

从整体上看，整合课程资源、教学模式和教学环境的重要性不言而喻。综合课程资源是指将网络课程、教材内容和题库等有关的资源进行综合，使之更容易为学生所利用。混合教学方式就是建立体化的教学方式，从学前的准备到学后的评价，形成一个完整的整体，使教师的教与学生的学达到真正的协调。混合是指把传统教室里的真实交际环境和网络上的虚拟交际环境相融合，为学生的学习创造条件。

2. 学前准备阶段

在学前准备阶段，除了要做好教案外，还要为学生提供慕课视频、微课视频等辅导课程。通过这些课程，可以使学生对所教的内容有一个基本的认识，并可以进行自主学习和讨论，从而使他们逐步提高自己对语法知识的掌握。在网上教学过程中，要对相关问题进行适当的提问，以方便学生在教学过程中进行思维活动。比如，在与 set up 有关的课程资源中，应该包括与之对应的习题，这样可以让学生逐步了解 set up 的各种用途，并可以进行深入的思考。

3. 课堂教学阶段

在以 TPACK 为基础的复合式英语文法教学模式中，因为在课前预习中，学生们对文法有了一定的认识，所以，在课堂上，我们要做的就是帮助他们解决预习中出现的一些问题，并加强他们的学习效果。

在教学过程中，教师能够针对一些比较突出的问题给予解答。同时，教师还应对其中的重点和难点进行归纳，以便让学生加深对这一部分的理解。除此之外，最主要的就是在教室里进行的集约培训。许多学生在英语语法方面存在着较大的困难，其主要原因就是缺乏足够的练习，所以，教师们要充分利用课本与网络，将各种教学方法相结合，从听力、口语、阅读、写作、翻译等方面进行，给学生们提供一个练习语法的好时机。

4. 评价考核阶段

在"TPACK"的"复合型英语语法"的教学中，传统的评价方法已不能满足实际的要求，必须建立一套全新的、合理的评价方法。所以，教师可以充分利用网络教学平台，结合教学内容，制定出相应的任务清单，加强评价考核对学生主动性、积极性的调动作用。目前，复合式教学已成为英语课堂上普遍采用的一种教学方式，但这种方式的实施效果并不理想，特别是对英语语法的教学更是如此。为此，有必要对英语复合式语法教学进行深入的探讨。

第二节　大数据驱动下的高校英语听说技能教学

一、大数据驱动下大学英语听力教学

(一) 充分利用 TED 资源

TED（技术、创意）是一个在美国成立的非赢利的私人组织，它的目标是"用思维的能力去改变这个世界"。TED 的主题已经从科技，娱乐，设计三大类，延伸至各个行业，包括科学家，哲学家，艺术家，探险家，心理学家，语言学家，宗教领袖，慈善家等等。每年三月，TED 会议都会在美国举行，邀请众多科技，教育，商业，环境，设计，文学，音乐等领域的专家学者，共同探讨他们对科技，对社会，对人类的思考与发现。

（1）可获得与常规语音完全不同的丰富的实际语料。学生们在课堂上所使用的大部分都是他们的母语者在录音室中录音，虽然可以确保发音的正确性，却没有真正意义上的交流环境。

（2）讲座内容广泛，符合"学外语就是一本百科全书"的理念，保证了所教授的外语知识的广泛程度。

（3）演讲嘉宾都是本学科中的杰出人物，他们所表达的信息及思维方式处于最前沿，对英语专业的学生思维能力的培养大有裨益。

（4）TED 官方网站上公布的发言时间，通常为 15 分钟，10 分钟不到，20 分钟不到。这个时候，正好是翻转课堂的时候。

（5）演讲人是由不同国家和地区的人组成，通过不同的口音和实际的场景交流，能使学员真正了解到眼神，手势，面部表情，语速，语音，重音，停顿等所传递出的副语言和文化讯息。

（二）加入多样化教学工具

1. 英语歌曲欣赏

在课后，听一首英语歌，可以让你的身体和精神都得到放松，从而创造出一种轻松的学习环境；其次，他们还能学会英语歌里的一些词语，以及英语的发音，这对他们来说是一种很好的激励。英语音乐在平台上播放时，要体现出一定的地域文化特色，还可以选择一些有深意的歌词；教师可以让学生对歌曲的内容和旋律有一个大概的认识，然后在平台上以填空、听写、提问、判断、排序等形式出题。

2. 影视作品欣赏

在影片中，充满了丰富的故事情节，对学生产生了强烈的吸引力，让他们能够积极地进入到影片当中，去认识到当地的风俗习惯，消除他们心中的紧张感，可以有效地帮助他们吸收知识，提高他们的听力能力。从全神贯注地看到完全投入。在英语课上的讨论与沟通时，一些平时害怕沟通的同学，也会因为看了影片而表达出自己的看法。

3. 英语竞赛视频

本网站提供了多个高质量的比赛演讲录像，让同学们能更好地体会到选手在比赛中所表现出来的声音、语调、以及他们在比赛中所表现出来的各种表现方式。当你加强听力训练时，你还可以学习一些表达的技巧。在英语教学中，通过多倾听、多观察，可以使学生的听力水平得到很大的提升。

4. 访谈视频

多看一些名人的访谈录像，也有助于英语的听力。学生们会被明星们的故事所吸引，会好奇地去听他们的故事，这对英语口语能力的提升有很大的帮助。在访谈的内容中，会包含许多方面的信息，其中包括了在情感上的交流，还包括了在日常生活中，那些感人的或者是有意义的事例，这些都可以帮助学生对访谈的内容产生共鸣。除了听觉之外，还可以从主持人的语速、表情、姿势等一些细节中学习到主持技巧，以及如何应对突发事件等。

（三）建立多元化考核机制

在课程评价系统的层面上，"翻转课堂"的教学方式强调学生的职业能力与整体素养的提高，强调独立与合作，这就要求在评价教学成效时，在评价教学成效时，要突破以期末终评为中心，以教师对学生的评价为主的评价方式。构建出由教师评学生、学生自评、小组成员互评、小组自评和组间互评等方式组成的多元评价考核机制，并将形成性评价与总结性评价相结合，使学生从被评价的对象变成了评价的主人，而教师从过去的唯一评价者变成了评价者之一和评价活动的组织者。

二、大数据驱动下大学英语口语教学

（一）注重网络测试与实施人机对话训练

基于信息技术，大学英语口语教学可以让学生充分发挥自主学习能力，教师可以让学生利用信息技术进行自我口语水平的测试与评估、人机交互口语练习。另外，教师还可以利用信息技术批改学生的英语口语作业。教师还可以为学生布置英语口语方面的练习作业，让学生利用网络下载相关资料，展开自主练习。

（二）注重过程评价与教师科研相结合

众所周知，科研的进行主要是为了给教学提供更好的服务与指导，充分促进教学成果的提升。简单而言，教学与科研之间的关系是紧密的。在教学的具体过程中，教师可以根据评价结果以及教学过程中自己所发现的问题记录工作日志，在反思过程中改进教学方法，这不仅可以改善教学的效果，还可以大大提升教师自身的科研能力。

（三）课中线下交流+信息技术

在教学过程中，教师对学生进行语言学习进行监督，使其从"控制者"转变为"指导者"。在课堂上，除教师直接进行口头沟通之外，也可透过 QQ 群内的口头沟通，让全班同学都能有机会参加，提高课堂的参与性。教师对口头表达展开了反馈，并以雅思口语评价标准为依据，从流利性和连贯性、语音、词汇多样性、语法多样性和准确性四个方面，指出了口语表达中存在的问题，帮助学生诊断口语水平，更有效地学习。同时，在课堂上，我们将充分利用慕课资源来帮助我们的大学英语口语课，使我们的课堂教学和互联网技术相结合，提升我们的大学英语口语课的质量。

（四）课后"线上+线下"拓展学习

课外拓展研究主要以线上教学和线下教学为基础，以线上教学为主要内容。使用学校的听说在线课程，对课堂的教学进行强化，同时运用网络信息技术，对一些课堂的口语学习活动进行重复训练，并将其上传到学习通，提升学生的口语表达的流利性、准确性和自信心。与课堂教学相结合，来布置新的互动活动，具体内容有：角色表演、看图说话、讨论、单元项目等。学生们在线下做好了充分的准备，之后再用手机录像将其上传到学习通，从中随机选出一名学生，在下一节口语课中进行课堂展示。通过教师提供的网络教学资源，让学生在课外通过网络等方式进行自学。教师们通过各种方式，如微信、视频、视频等来解答问题。本课程的设计将英语口语教学从教室内拓展到了教室外。在课余时间，鼓励同学们积极参与到第二课堂，如：英语角、戏剧演出、诗歌朗读、辩论、英语演说、英语配音等，通过线下的学习，拓宽英语表达方式，充分利用英语的工具作用，增强英语交流的技能。

第三节 大数据驱动下的高校英语读写技能教学

一、大数据驱动下大学英语阅读教学

将信息技术与大学英语阅读教学相融合，大学生可以利用信息技术搜索与学习自己喜欢的英语知识。但是，这并不意味着学生的网络搜索是漫无目的的，其中离不开教师的指导与引导。如果教师对学生的阅读学习不管不问，那么即便信息技术再发达，学生自身的阅读兴趣以及阅读能力也是很难有效提升的。因此，大学英语阅读教学中融入信息技术离不开教师的充分参与。具体而言，教师可以采用如下几种方式。

（一）发挥网络互动优势，激发学生的学习兴趣

教师可以利用信息技术为学生的英语阅读创建一个平台，让学生充分参与其中，利用这一平台来扩展自己的阅读能力。利用信息技术，教师可以为学生准备阅读的丰富资料，实现阅读资源共享。在教学过程中，教师可以依据教材中的内容为学生建立一个网络阅读资料库，将教材中阅读的重点、难点都上传到网络上，同时为学生补充适当的课外知识，以拓展学生的阅读视野。此外，为了避免学生在阅读学习中出现乏味情绪，教师还可以在学生阅读的资料中添加一些图片、视频、漫画、音乐等，在材料的格式、设计上也可以体现自己的特点，让学生爱上英语阅读。

（二）科学合理地选择阅读材料

显然，学生阅读能力的提高离不开大量的练习，换言之，英语阅读是一门技巧训练的课程，需要花费大量的时间进行阅读训练。因此，这就要求教师为学生准备科学的阅读材料。在信息技术的帮助下，教师可以为学生找到一些贴近课堂教学内容的阅读材料。在开始上课之前，教师可以为学生布置一些阅读要点，让学生自己上网搜索浏览，这可以在一定程度上培养大学生的查询以及获取信息的能力。随后，教师将自己所准备的阅读材料发给学生，让学生通过小组的形式阅读与交流，并分享心得。等到课堂结束的时候，教师可以安排学生对这次阅读活动进行总结，每一位学生都要写出总结报告，然后教师对学生的报告给予口头评价。

（三）科学地进行评估与分类指导

教师除了利用信息技术在课堂上授课之外，还可以利用信息技术对学生的学习成果进

行评估。在设计一套合理教学评估方案之前，教师可以利用网络技术搜索与阅读相关的评价理论或内容，进而结合自身所教授的阅读材料中的生词、语法、词汇量、句法等知识来设计评估内容，与此同时，教师还能在网上对学生的评价结果进行统计，对学生阅读的时间、阅读的效率也有充分的了解。

（四）实施英语阅读混合式教学

1. 教学内容方面

怎样才能设计出有趣又能引起学生兴趣的阅读课呢？背离正统的课程内容常常在学生心中占有重要地位，并对其产生较深的影响。许多教师在调查中发现，百分之八十以上的同学对自己所学的课本内容不满意，许多教师也有同样的感受。若能让学生接触到课本之外的东西，他们的兴趣与把握将会有很大的提升。首先应该以学生所身处的环境与生活为基础，换言之，学生所学到的课程知识应该具备一定的实用性。英语阅读教学中呈现的知识也必须具有其校园价值和生活价值。因此，教师有必要为学生创设一些灵活的变式内容，真正做到学生"愿意学、有所学"。

从一定意义上讲，对当前教学内容的优化可通过在线学习平台，在培养学生人文素养的同时，大幅度加入学术和专业英语内容，探索以培养"专业型英语人才"为目标的教学创新改革方案。高校英语专业相关的阅读教学，不仅是一种语言教学，更是一种把专业理论和语言运用有机地融合在一起的学科。专业英语既包含了普通的技术英语的特点，也包含了特定的专门知识和信息传递，两者相互补充，相互促进。职业英语与基本英语最大的区别在于较多的长句和较多的专业词汇。为此，在教学实践中，要根据职业交际的实际需求，对职业英语进行词汇、语言特征的学习，并在此基础上，提高其应用英语及职业技能的能力。

首先，教师根据自己所任教的班级专业，从国内外权威英文报刊选取合适的专业阅读文本，作为课堂教学的延伸和拓展。例如，美国的《科学杂志》《经济学家》等报刊涵盖了最前沿的科技文章，综述和分析基于报刊阅读的学科动态使学生能够及时掌握所学学科的最新动态，拓展专业知识的范围，并激发其对英语学习的兴趣。有学者从三个维度剖析了新闻报刊的价值，并将三个维度运用到阅读文本的价值衡量中，可做以下尝试。

参照第一维度，专业性的学术报道可让学生了解本专业的学术领军人物；参照第二维度，可设计诸如评析或质疑报道中某项内容或某个观点之类的任务，要求学生从各个层面对已有的内容或作者的观点进行佐证；参照第三维度，可让学生进一步搜索报道的相关材料，拓宽信息源，进一步挖掘主题内容。

当然，除了时效性很强的报刊材料，学生课后还可以从海量的在线资源中，随时进行英语阅读学习。例如，对于医学专业的学生，最后在撰写学术小论文时学会囊括以下方面：什么是医学、医学界的成就、医学基本原则、疾病的因与果、基本医学学科、公共卫生健康、医学界当前存在的问题、医学的未来发展趋势和前景等。

教师在设计具体的阅读教学内容时，可先训练学生的基础词汇解读能力，再逐渐过渡到话语分析、语法形式、体裁分析等较高要求的操练。其中，词汇层面的目标是让学生通过大量的文献阅读收集广泛出现于各个学科的学术性书面文字中、构成较高比例行文文字、在篇章的结构或修辞等方面起重要作用的学术词汇。对教学素材的深度分析，教师可考虑向学生展示专业阅读中的几种主要语言功能：下定义、解释、举例说明、描述、对照等。翻译层面的目标是让学生翻译国外新鲜出炉的与学生专业有关的科普文章或学术报道（以短篇为主），同时要会翻译学术文章的摘要。写作层面的目标是让学生撰写本专业领域内的学术文章，并能质疑已读文章中的作者观点。

当前的英语教师仍不可能也无法做到完全脱离教材进行教学。以教科书为基础的通用英语课程，是目前混合式教学中最重要的一部分。有必要进行某种程度的改进。很多学生认为，当前的教学视频中缺乏创新和趣味性，基本以词汇和语法讲解为主。

因此，教师在制作视频时，不妨以单元文章的语篇分析为切入点，分析教材文本中的语言偏离现象，增强学生对语言的敏感度和兴趣度。在视频制作时，可引入时事热点解析、报刊解读、名人名言的赏析等。

关于在线作业，教师可忽略阅读等应试性强的板块，增加字谜题、闯关题等多样化的作业形式。教师也可以考虑从学生出发，让学生制作基于教材的学习视频，再上传至网络教学平台，通过与同学、教师的互动，创建各种形式的教学内容。

2. 教学平台方面

混合式教学资源与平台建设可有效促进线上与线下学习的融合。然而，目前很多院校没有专门的混合式学习平台，很多只是在数字化资源的基础上改造而成，这使得线上课程与线下课程资源的整合缺乏全方位的技术支撑，导致教学效果不佳。当然，很多学校会使用适用性较强的专门网络课程平台。

随着科技的更新与发展，学习平台的搭建与应用也逐渐呈现多样化。学生对当前的学习管理系统仍有很多的质疑。因此，为保证混合式阅读教学的质量，有必要为学生提供一个多元的混合式学习平台，克服已有学习平台的不足。多元化的混合式学习平台应根据学生的学习进度和特点，实现灵活的同步和异步学习。教师和学生也可自主开发异步学习的方式，如自建在线平台、微信、微博等互动性较强的在线辅助教学手段。

通过自建网平台，可实现"按需选择"的自主学习方式，克服了已有学习管理系统的一些不足和不便之处。针对英语阅读教学中专业英语与文化传授的缺乏而设计出的自主学习系列课件，将专业英语素养与文化素养培养相结合的方式，做到让不同专业的学生可以各取所需，点击自己喜欢的专业文章进行自主学习，克服了已有教学网络平台未从学生实际需要出发的弊端。

目前，学生在使用已有网络教学平台进行学习时，仍有不少问题，也就是说，学生对平台并未留下深刻印象。创建符合学生需求和特点的平台可加强学生对平台的信任度和使用度。

使用《中国英语能力等级量表》中的阅读理解能力自我评价量表对 109 名高职英语专业大—新生进行前测，并以其高考英语成绩作为辅助参考，结果显示大多数学生（78%）的阅读自测水平为 4 级。阅读自测水平为 5 级和 3 级的学生比例分别为 10% 和 12%。根据以上前测结果，选取牛津书虫英汉双语读物系列中的四、五、六级构成阅读书单，如《小妇人》《理智与情感》《呼啸山庄》《远大前程》《纯真年代》《远离尘嚣》《简·爱》《傲慢与偏见》《雾都孤儿》《名利场》《苔丝》等世界经典名著，其标注难点从高中一、二年级至大学低年级不等。作为世界上著名的经典文学略缩读本，经牛津语言学专家改写后的原著其词汇和语法难度符合不同英语学习者的特性和能力；且大多数读物为小说体裁，复杂有趣的人物关系、鲜明突出的人物性格、跌宕起伏的故事情节使该系列读物具有很强的可读性和可理解性。由后台工作人员为学生录入每学期的个性化阅读图书，其中必读书 1本，选读书 5 本，同时开启班级阅读圈，并根据授课教师的要求设置阅读平台的形成性评价构架。

总之，对教学平台的优化需要混合式教学的教师结合所教课程的具体特点以及学生的学习风格、学习需求等，努力开发简单、易操作并能真正提高学生学习的多元化在线学习方式。同时，对于平台使用问题，校方、技术方和教师等应共同努力解决。

二、大数据驱动下大学英语写作教学

利用当前的信息技术，教师可以充分激发学生学习写作的欲望，让学生积极掌握写作技能，规范自己的写作语言，进而提升自身的写作能力。可见，信息技术是当前大学英语写作教学的重要拓展手段。下面就针对大学英语写作教学融合信息技术的路径展开分析。

（一）倡导学生运用信息技术支持英文写作

教师利用信息技术进行英语写作教学可以打破时空限制，实现写作资源的合理共享，并且充分补充英语教学资源。教师在英语写作教学中融合信息技术，可以让学生在网上搜索相关写作内容，并且对所搜索的内容进行整理与分析，把得出的结论最终应用到自己的写作内容中，顺利完成写作任务。

现代高校大学生都熟悉网络，每天都利用手机上网，对此，教师可以利用网络资源为学生增加写作的机会，充分激发学生对英语写作的兴趣，并在学生进行写作的过程中给予充分指导，形成—种和谐、融洽的交流氛围。

（二）利用计算机文字处理程序辅助大学英语写作

在写作练习的过程中，学生也可以利用计算机的快捷、方便特点来完成写作任务，很多计算机中都带有对写作中的标点、大写、小写、拼写等进行检测的功能，那么学生就可以利用这些工具来检测自己所完成作文中的错误并进行改正。

其中，拼写、语法功能可以有效减少学生作文中的拼写、语法错误，编辑功能还可以帮助学生完善段落之间的连接、组织、转移等要求。另外，学生还可以利用添加、剪切、复制等来修改自己的作文。此外，很多计算机还带有词典，学生可以利用这一功能迅速找到自己想要使用的词，或者检查自己所使用词语的正确与否。

计算机文字处理程序的功能一定程度上减少了写作的重复劳动，省下了很多时间，因此学生能够花费更多精力在写作上，增强了他们对写作的兴趣和积极性。

第四节 大数据驱动下的高校英语翻译技能与文化技能教学

一、大数据驱动下大学英语翻译教学

在翻译教学中，教师可以利用与教材配套的多媒体光盘辅助教学，不过，由于各个学校的多媒体设备资源配置不同，而且教材所配套的光盘往往在内容上缺乏系统性，所以教师需要酌情使用。对此，最好的方法就是教师可以根据教材内容自己动手制作课件，然后利用多媒体播放。多媒体课件的制作过程相对烦琐，需要依据具体的教学过程、教学内容、教学目标、教学媒体等，只有将这众多条件融合在一起，并体现互动性原则，方能制作出优良的多媒体课件。当然，这样的课件对于学生翻译能力的提升也是大有裨益的，可以促进不同层次的学生其自身的翻译能力都能得到不同程度的提升。

为此，在进行翻译教学活动之前，教师可以利用声音、图片、动画等教学辅助手段来刺激学生的学习兴趣，使学生在学习过程中始终保持较好的兴趣，将枯燥的翻译理论变得生动、有趣。针对具体的教学过程，教师在其中不仅要教授学生英汉互译的技巧，还需要补充中西方文化背景知识，让学生对翻译理论形成一定的系统。虽然教师在翻译教学过程中所使用的教学模式相对陈旧，但在内容与形式上与传统的翻译教学已经大不相同。这种不同主要体现在如下方面。

（1）形式上不再是单调的板书形式，而是以媒体形式呈现，节约了大量时间。

（2）内容上是针对不同层次的学生展开的，在课堂上由教师指导和学生自主选择，这有利于改善课堂教学的氛围。

三、大数据驱动下大学英语文化教学的方法

在这种混合式的教学方式下，通过线上的慕课学习，再加上线下的翻转课堂，尽量多

地把跨文化思考的教学内容进行输入和输出，这样才能对学生的文化创新和正确的文化价值观进行培养，让他们拥有了跨文化思考的能力。

在网络环境下，慕课教学就是在网络环境下，根据学生的实际情况，选择适当的网络环境，加强对跨文化知识的学习。现在，慕课的发展已经进入到了一个新的阶段，许多优秀的慕课平台已经出现，慕课的课程资源也非常丰富。例如，中国高校"慕课"网站上开设了《文化差异与跨文化交际》、《跨文化交流》、《英语漫话中国文化》等多个关于跨文化的课程。这些教程都是经过精心设计的，有很好的系统性和连续性，可以作为跨文化教学的素材。在教学过程中，应挑选与教学层次相适应、有浓厚兴趣的科目，这样才能更好地进行输入。网络慕课是指在下课后进行的一门独立的课程。通过这种方式，既可以培养学生的自学能力，又可以克服课堂上有限的课时，不能大规模地进行跨文化教学的不足。

在线下的教学中，教师们以慕课课程为基础，展开了线下的翻转课堂，向学生们提出疑问，并组织学生们在课堂上进行一些关于跨文化知识的展示、评价等思考。此环节在减少上课时间的同时，也为学生提供了更多的跨文化思考的机会。例如，对每个文化话题，都有集中的一次翻转的课堂。教师必须对所选择的慕课的内容有一定的了解，这样才能更好的回答问题。为了更好地培养学生的思考能力，探讨在课堂上怎样安排分组活动来进行演示。在具体操作中，教师应注意下列几点。

（一）为学生制作学习单

为了让学生逐渐采用自主学习的方式，教师可以以特定的教学内容为基础，为学生设计一套学习单，根据课程目标，指导学生进行有意义的自主性学习。在所设计的学习单中，教师应该详细列出本单元涉及的教学内容、学生要事先完成的自主学习内容、相关的语言学习材料目录、相关的文化积累材料目录。学生可以在完成学习单中的这些内容的过程中，逐渐了解自己要知道什么，想学什么，发现了什么，实现自主学习过程的建构，为英语文化教学的课堂活动奠定基础。

（二）要求学生进行课外自主学习活动

教师应首先将整个教学内容分解为若干个阶段性、模块性的学习目标，将制作好的、简短的、不到十分钟的微课资料上传到网上，同时，也会帮助他们制定出一套完整的学习方案。学生——方面可以使用网上的自学平台，另一方面也可以在家里自学。在学习内容的选择上，学生应结合自己的文化知识掌握情况、语言水平等进行适当的选择，既要保证其符合自身实际需要，又要保证其能够满足对新知识的吸收，也要实现对新知识的吸收和内化，把新的知识变成已有的知识，最后，在某些情况下，开始与别人沟通和共享，并且可以用目的语进行有效的交际。

第十一章　高校英语线上线下教学研究

第一节　线上教学概述

一、线上教学的概念

目前，线上教学通常被界定为：以班级为单元，对其进行组织，并进行双向互动，采用的是录播课和"录播+线上答疑"的形式。按照课程大纲和教师的教学目的，将互联网技术作为媒体，实现了教师、学生、媒体之间的多向互动，同时利用多媒体和网络平台，收集、处理、传输和共享多媒体教学中所涉及的信息，这样才能达到教师的教学目的。与传统的课堂教学方式相比，在线教学方式突破了时空的局限。

二、线上教学的原则

教师在线下授课时，能够与学生进行面对面的沟通，可以随时观察到学生的听课状况，并根据学生对课程的理解情况，及时地调整授课的速度和内容，以确保知识的有效传达。但是，在网络教学中，如果不能及时得到学生的反馈，教师会感到无所适从。随着对线上教学的不断实践和探索，我们不难发现，线上教学有着固定的生存土壤和适用范围，也有需要遵循的基本原则。

（一）技术简易方便操作原则

面对线上教学，掌握信息技术是首要的，目前，大部分教师对信息技术能力较为欠缺，所以我们应选择自己能够掌握且容易操作的技术开展教学，这一点对于信息技术能力较为薄弱的教师尤为重要。

（二）课堂以生为本原则

无论线下教学，还是线上教学，课堂都要始终坚持以学生为本。学习的主体是学生，教师在课堂上要充分体现学生的主体地位，持续为学生提供一个讨论，交流，互动的平台。教师们可以使用问题驱动的教学方法，让学生们在问题的周围寻找答案，这样就可以充分地调动他们的学习积极性，提升教学参与程度，激发他们的求知欲，活跃其思维。这样能有效避免出现教师滔滔不绝地讲解，而学生不能全身心投入，或根本不听课、思想开小差，甚至做其他事情的情况。教师应引导学生在问题的驱动下持续学习。实践证明，线上教学中学生更愿意回答教师提出的问题，更愿意与教师互动，这就是网络教育的好处。在教室里，教师应该给学生一个"指南针"，让他们寻找自己的"北斗星"，成为唯一的自己。

（三）追求课堂高效率原则

不管线下教学，还是线上教学，教师应始终把提升教学效率作为开展教学工作的重要目的。所以在线上教学过程中，教师要对自己的时间进行合理的安排，一定要把授课的时间限制在 20 分钟以内，授课的内容要尽可能地简洁，增加有趣的程度，最好是一堂课对一个知识点进行讲解，避免一节课从头讲到尾，完全忽视学生的存在。教师可设计具有挑战性的任务来调动学生的积极性，引领学生从知识与训练的浅层学习转向思维建构的深度学习。教师应在每节课预留一定的练习时间，防止学生长时间观看屏幕产生疲惫感，以致注意力分散。

（四）授课方式多样化原则

网络教育与传统的教育有着很大的区别，它给学生带来了一个崭新的学习环境，同时也给教师带来了新的挑战。面对线上教学这种全新的教学模式时，教师要灵活教学，一切以课堂的实际状况为主，同时也要大胆创新，探索适合线上教学的新方法、新思路。

三、线上教学的优缺点

（一）优点

1. 线上教学资源丰富、形式多样

在 MOOC 的学习平台方面，目前有很多著名的 MOOC，比如学堂在线，中国大学MOOC，好大学，超星尔雅，智慧树，提供的线上学习资源丰富多彩、各有特色。以中国大学 MOOC 平台为例，有 141856 门优质课程资源，815 门国家级在线精品开放课。就每门课程来讲，重点突出的微视频可以吸引学生眼球，提高听课效率；少量高效的精准测验可以检验学生是否掌握了知识点；另外，学习过程有记录，能够提供基于大数据的学习分析。

2. 以学生为主导，强化了学习的自主性

学生可以根据自己的情况选择合适的学习时间，不受时空的限制。学生根据需要可以

回看视频，复习相应的知识点，也可以调节视频的播放进度，适合个性化学习。这种线上教学体现了以学为主，学生是主导，教师是辅助，可以激发学生的学习潜能和学习兴趣，由被动学习变为主动学习。

（二）缺点

1. 师生间互动的效果不好

尽管 MOOC 平台有讨论区，也可以随时在线上向教师提出问题，但有些学生是为了完成学习任务而敷衍了事地参与，真正问问题的学生不多。而传统的课堂教学，面对面的沟通更容易表达情感，更能反映学生的真实情况。另外，线上教学缺少学生之间的团队合作和交流。

2. 线上学习效果难以把控

对于学习主动性、自觉性不高的学生，作业不认真做，甚至相互抄袭，教师对学生的真实学习状况较难掌握，对线上学习效果较难把控。

第二节　现代线上大学课程教学模式

一、线上教学模式的特点

线上教学，顾名思义，就是以网络为基础，依托的是强大的现代信息软件技术，如：大家熟知的中国慕课、学习通、钉钉等平台，本人所在学校使用的是超星尔雅的"学习通"平台，这种模式的特点在于学生和教师可以不受时空限制地开展教学活动，形式更灵活，而且线上教学资源更加丰富多样，大量的音频视频使得英语教学更容易被学生接受。目前许多高校建立了线上大学英语教学平台。当然，互联网下的线上大学英语教学并不能取代传统的课堂教学，如何高效地利用线上教学平台为课堂教学服务值得每位教师去思考。

二、线上课程教学模式的具体方式

（一）提高自主学习能力

1. 学生现状

英语作为一门应用学科，其实很大意义上来讲，真正的学习方式不应该只局限于高中以前的应试教学模式，而应该是应用为主理论知识为辅，学生为主，教师为辅的大学英语观念，两种英语学习模式出现了较大落差。因此就出现了，教师期待值和学生期待值之间，以及学生对大学英语的学习目标设定与自身行为习惯之间的差距。某种意义来说，很多大学生学习英语有共同的内在心理和在外行动误区。而这一误区的核心就在于主动。大学英语的学习模式应该是以学生为主体的主动学习，而非教师授课为主的被动接受。

2. 自主学习的可行性

然而，从被动到主动的过程并非想象中那么容易。人的选择与行动并非随意而无规律的，它一方面是客观必然约束下的结果；另一方面也是社会规范制约下的产物。同时还会受到每个人内在的、成长环境及自身条件的规制。而这些因素又会与个体差异以及环境产生更多的不同。这些复杂而并不相同的约束，却共同制约了学生自主学习的条件，而现在大学课程教学模式的许多环节设置包括听说读写译这些每一个线下课堂必备的环节结束之后，都会要求学生提交一一对应的课后反馈。每一个学生都是一个完全自主的个体，而不像课堂上一样可以滥竽充数，听着大众的发言来做自己的回答，或者甚至缺乏主动的环节，而单纯的只是听教师的授课，它们受到客观条件的束缚甚至社会规范的制约，而如果没有了这些约束的同时，学生面对电脑的时候，没有了课堂上面对教师的紧张感和站起来当众发言一旦出错容易引起哄堂大笑的拘束感，也没有了个体情绪管控等自身因素的制约且能够更好地发挥自己真实的学科水平，学生的主动意识大大提高。

3. 自主学习的体现

与此同时，英语作为一门语言学科与其他科目较为不同的一点是它很大程度上需要靠练习进行提高，而线下课堂，多人同时上课的外在条件注定了学生个体的练习没办法较为理想的进行，而在线课堂则为学生提供了这样的空间，同时也由于现代网络通信工具的大大发展使得 QQ 群、微信群之类的通信工具广受欢迎，但同时也使得学生上课玩手机的频率大大提高，而教师对于这一现象与其阻止，不如加以引导使其变为学习的助力，比方说，同学们可以在这些群里进行全英语交流，而在英语交流的过程中就达到了学习的目的，甚至还可以进行一些学习资源的交流，这样，线下课堂的毒瘤手机就成了线上课堂的学习神器。

（二）打破班级授课制的局限

而当我们提到线上课程教学模式的优越性，必须要将它与传统的班级授课制度进行对比，而在对比的同时，我们就能发现传统的班级授课制度是具有一定的局限性的，而它的局限性则体现在如下几个方面。

1. 时空的限制

首先传统的班级授课制度具有时空的限制，它的教学过程，大部分都是在教室中进行的，以教师的授课为主要内容。与此同时，还需要与 ppt、板书、教师提问等多种教学方式相结合，才能最终实现对学生的知识的传授。在这一过程当中学生很可能由于环境，课堂人数较多等外在条件，以及学生的心理压力，或当天的身体状况等内在条件，使得学生的学习状况较容易受到影响，而线上教学则打破了时空的局限，使得教学活动不再仅仅局限于课堂，学生在时间以及各种情况的安排上来讲相对更为自由，并且拥有更多的时间和空间进行知识的交流，甚至互相之间的讨论，以及更加深入内容的学习。

2. 信息处理的限制

其次，传统的课堂信息来源及信息处理手段受到局限，同时还存在信息失真，信息传递不畅，以及信息反馈不及时等问题，在传统的班级授课过程中，教学信息大部分都来自学生课堂的出勤情况，课堂上教师的提问，以及布置的一些课后作业等，信息相对来讲较为杂乱以及碎片化，较难形成整体，有规律的信息流。传统的班级授课制度，很大程度并未太过看重学生作为整个教学进程的最终接收端，在教学过程中的主观体验、对知识的吸收能力及学习过程中出现的大量的情境数据，反而以教师作为学习过程的主体。而教师的判断较为主观，缺乏科学以及深层次的分析，难以真正的反映每名学生的学习水平及能力。与此同时，在授课过程中教师也较为专注，而难以对学生听课的状态进行信息收集，甚至处理分析。在传统的班级授课制度当中，学习信息的反馈主要来自课程结束以后的考试，而考试之后学生与教师之间往往难以及时交流沟通，进行信息的反馈，学生在学习上出现的状况，没有及时得到纠正。

线上大学教学课程模式之所以备受关注，除了形式的新颖，另一个较为重要的原因就是运用互联网和计算机授课过程中，计算机对信息数据的挖掘和分析能力得到充分的利用，而这些技术的运用使得整个学习的过程更加的科学，也使得其系统的信息流更加的流畅及完整。主要体现在互联网授课时信息的来源渠道较多，信息处理具有实时性，并且在学习结果的分析及评估上计算机也能达到比人为分析更加深入以及全面的地步。

3. 教师的能力及资源局限

在传统的班级授课教学模式中，虽然教师的职业注定了教师终身都是学习者，然而有时由于各种外界因素及内在因素的影响，比如身体状况，课程的紧张，出差及会议等工作事务的安排等。教师个体的学术信息没有办法及时地更新及扩充。因此，在某种意义上来讲，教师的能力是存在一定局限的。

而借助互联网的线上教学模式，则可以较好地避免这一系列的问题，除了教师上传的课程视频之外，各个互联网的教学平台同时也拥有非常强大的课外资源区，且这些资源区能够不断地更新。甚至同时能够通过算法，以及大数据统计等方式根据学生自身的兴趣及学习情况，向学生进行课外资源的推送，让学生在知识的广度及深度上达到课堂教学难以达到的水平。

（三）学生成为学习的主体

由美国缅因州国立培训实验室建议的"学习金字塔"：

听讲——聆听是我们最为熟悉和经常使用的一种授课方法，教师站在台上讲述，而学生则认真聆听。但是，经过两个星期的修炼，效率是最差的。研究对象的保留率只有 5%；

阅读——读书的效率也不高，两个星期以后，所学的东西只剩下百分之十。

音像——相比较而言，声音和图像的比例较高，在两个星期后，所学的东西有 20% 的存留率；

展示/展览---经过两个星期的学习，你所学的东西会被保留到百分之三十；

在两个星期的时间里，你所学到的东西，会被保留到百分之五十以上。

练习/从做中学，将原本的被动学习转变成了主动学习，这样可以极大地提升自己的学习效率，两个星期后，所学的东西保留了 75%；

立即运用/传授他人——经过两个星期的练习，所学的东西能记住 90%。

从上面的分析中我们可以发现，在学习了两周之后，对学习内容的保留比例低于 50% 的几种学习方式，都属于被动学习方式。但是，在两周后，学习内容的保留率达到或超过 50% 的几种学习方式，都属于学习者主动学习或参与式学习。

（四）沉浸式教学

科技的发展将计算机与课堂紧密连接，而网络的出现则使各种各样的线上课程出现在大众的眼中，通过众多的研究以及实际操作，人们对网络英语课程的认识已经达到了较为全面的地步，它不仅仅改变了传统的课堂英语教学模式，也对学生产生了多方面并且较为深刻的影响。比如，作为英语学习当中最重要的一环，也就是应用，线上教学能够为学生提供一种浸入式学习的环境，这是由网络英语教学的以下特点带来的：

1. 网络信息资源的丰富

众所周知，网络最大的特点就是覆盖面广，信息资源丰富，运用网络既能够接轨最新的信息资源，也能够获得一些较为经典的教学材料，而如果将这一特点运用到教学当中，可以为学生创造一个良好的英语学习环境，并且这些信息覆盖面较广，资源较为全面，还可以根据学生的兴趣进行筛选和推送。

2. 交互的便捷性

网络在具有强大的资源覆盖面的同时，也拥有着另一项特性，交流的便捷性。在线上课程的设置当中教师可以引入移动新媒体对相关的教学方法进行改革设置，以此来突出对学生交际能力的培养，并且由于网络交流不受距离的限制，学生可以有更多的机会，和一些英语母语者进行在线的交流。比如外国的学生，甚至课堂可以专门设置和聘请一些相对较为有经验的外教，而在此过程中学校聘请外教，所需的成本大大地降低，学生也能够获得较为纯正的英语交流体验，以此来达到沉浸式教学，多方面的提高学生对英语的应用能力，而与此同时学生的课堂参与度大大提高，不过，这一切需要在线课程的研究团队对不同学生的不同教育方式进行研究，需要注重课程的设置方法，教育理念以及形式，更需要注意的是加强教师与学生，学生与学生，甚至外教，外国学生与学生之间语言相关交流平台的建立，要重视对学生学习的激励作用。

第三节　线上线下混合式教学模式

一、混合式教学模式的概念

Blending Learning，翻译为混合式学习，它的意思是将各种类型的学习方法进行组合，比如采用传统的媒介（黑板、粉笔等）的和采用多媒体的学习方法进行组合。将独立学习和合作学习有机地结合起来，等等。

伴随着网络技术的发展，混合式学习被赋予了新的内涵：它将传统学习方式与网络化学习方式的优点相结合，在发挥教师引导、启发、监控教学过程的主导作用的同时，更好地将学生作为学习的主体性、积极性、创造性发挥出来。混合式学习的新含义是在原来的含义基础上，提出了新的融合，也就是将传统的学习方式与网络的学习方式融合起来，将学生的主体性与教师的主导性融合起来。

"混合式"是一种将"在线"和"线下"相结合起来的教学模式。混合式教学将传统教学与线上教学的优点结合起来，它不仅确保了在传统教学中，教师与学生之间进行面对面的教学与交流，还可以让学生在网络上进行自主学习及实时在线教学反馈与交流，提升教学的效率。美国教育部门的一份调查显示，相对于单一的线下授课和单一的线上授课，这种"两种方式"的混合式教学方式，效果要好得多。

在大规模在线课程建设中，"线上"教育（如 MOOC、SPOC 等）越来越受广大学员的欢迎，对传统的线下教育方式提出了严峻的挑战。仅有的"线上"教学模式，由于缺少师生间的情感交流、教师面对面的个性化指导、师生间的实时交流，无法彻底替代传统的课堂教学，因此，本项目提出了一种基于网络的在线教学新方法。把 O2O 的商务方式引进到课堂，把"线上"与"线下"相结合，是目前课堂教学的发展趋势。

O2O 既是一种经营模式，又是一种思想方法，把它应用于教育教学改革，可以为师生提供一种崭新的学习体验。"O2O 教学模式"是一种新的教育方式，它把在线教育和线下教育有机地融合在一起。其中，线上教学一般包含了大规模开放在线课程 MOOC、小规模私有在线课程 SPOC、线上讨论以及其他线上活动等多种形式。线下教学包括课堂教学、实习教学、线下研讨和其他线下的各种交流。

在传统的教学过程中，由教师进行支配和主导，只依靠教师讲授，学生听的单一教学方式。而O2O课程，可以雇佣有一定教学管理经验的教师，来构建一个线上的虚拟班级，将授课的内容扩展到了课外（线上）。在这个过程中，学生可以借助网络平台上的微课、在线视频等新媒体，来自主地学习一些重要的知识。同时，还可以在上课的时候（线下），组织一些互动的学习小组，展开讨论、交流，以此来完成对知识的消化和吸收，这样就可以强化学生的自主学习能力，更好地提高学生的合作沟通能力和创新能力。大学建立的O2O课程系统，可以突破传统课程的时空限制，实现"教""学"的翻转，颠覆教师和学生的主体性，从而实现O2O课程的开放性、经验性和前瞻性的目标。O2O课程体系的设计包含了完备的因素，围绕着课程目标、课程内容、课程要求这三个方面，对原来的课程体系展开了解构，跳出了学科体系的桎梏，对知识点进行了模块化的设计，对教学内容和其他环节进行了精心的选择、凝练和组织，并将各个知识点进行了重组和衔接，从而组成了该课程的一个完整的知识体系，让学习从储存知识的过程转移到应用知识、创造知识的过程。"以学生发展为核心"的课程目标强调了对学生自主学习能力、创新能力和合作交流能力的培养。在培养学生的自主学习能力方面，教师可以将课程中的知识点记录下来，制作成微视频。学生可以通过使用互联网的多媒体设备或移动通讯终端等，来展开自己的自主学习。在学习的过程中，如果遇到了一些重要的、困难的问题，学生可以通过暂停、多次回放和反复观看视频等方式来解决，从而提高学生的自我学习能力。要想提高学生的创造力，教师在拍摄微片的时候，要营造出适合于课程的教学环境，让学生从客观环境中得到真实的感觉，同时，教师在制作微片的时候，也要巧妙地提出一些问题，让学习的过程变成一个发现问题、分析问题和解决问题的过程，这样，就可以调动学生的创造力，突破"满堂灌"的传统教育方式，从而提高他们的创造力。要培养学生的合作沟通能力，教师在制作视频教学内容的时候，可以在知识点讲解之后，添加一些测试题，这样可以针对学生的学习效果展开检测，并及时得到反馈。除此之外，学生们还可以组建一个互动学习小组，展开讨论与交流，对在测试中出现的问题展开解答，并在一个良好的互动过程中，将自己的学习经验和成果分享出来，这对提高学生的协作沟通能力有很大帮助。

O2O教学的关键是要提高学生的学习积极性，O2O教学中的一个重要环节就是线上教学：要求学生用在线自主学习视频、动画等方式，来掌握基础的知识，或完成一些习题。而要实现这一过程，最关键的一点就是要充分调动学生的积极性。只有学生能很好地控制自己，才能在线学习（当然，这与线上教学视频的质量、趣味性等因素也有关系）。在教学过程中，既要重视网络教学，又要重视线下教学。首先，在网络课堂上，要提高视频的质量和趣味性，激发学生的学习兴趣；其次，在教学过程中，我们要采取一系列的激励、引导等措施，激发他们的求知欲。

二、混合式教学的内容

（一）混合教学模式与传统教学模式的区别

混合教学模式并非将网络技术和教育行业的这两个方面简单地结合起来，它是通过信息通信技术和网络平台，将网络与教育行业进行深度融合，从而形成新的发展生态。混合式教育是一种全新的教育方式，它与传统的教育方式有着显著的区别。

1. 时空的转换

以"互联网+"为基础的教育模式，突破了教育的时空局限，通过多媒体、网络等技术，它将学习从时空的局限中解放出来，使得教学活动可以在任何地方、任何时间、任何地点进行。传统的教学模式是在课堂上进行，以教师的讲解为主要内容，并结合板书、PPT等多种形式来进行知识的传递。"互联网+"的教学模式，彻底突破了时间和空间的限制，让学生和教师可以在任何时候、任何地点进行沟通，也可以在网络上扩大教学空间，实现了课内和课外的融合。

2. 角色的转变

在传统的教育方式中，教师才是主体，授课的内容主要是以教材与讲义相结合的方式进行，教师在课堂中起到了绝对的主导性作用，而学生则处于被动的状态，缺乏积极的参与精神。在传统的课堂中，教师们把大部分的时间和精力都花在了授课和传授知识上，而学生们则只专注于对知识的记忆和基本的理解，没有充分的时间和精力去与教师们展开互动，因此，很难达到更深入的理解和运用、新知识的创造等教学目的。以"互联网+"为基础，以学生为中心，运用多种信息化手段，指导学生进行自主学习，充分调动了学习热情，增强了他们的参与性。

3. 教学组织管理的改善和网络平台的应用

随着信息技术的快速发展，特别是随着智能手机和无线网络的广泛应用，大学里的学生对手机的使用已经达到了史无前例的地步，不管是在上课的时候，还是在课后，他们都把手机作为接受信息的主要手段，所以与其在课堂上禁止学生们使用手机，还不如让手机为他们的教学提供更多的帮助。同时，随着无线网路的广泛使用，手提电脑也可以随时连接网路，为新的教育方式提供方便。在这一过程中，教师可以通过多种形式的在线教育，实现对学生的"一对一""一对多"和"多对多"的在线教育。简而言之，"互联网+"的新教学模式，就是要改变传统的教学模式，通过信息化、网络化等多种途径，来变革传统的教学方式。

（二）基于"互联网+"的教学组织与管理

1. 开发 O2O 教学模式

以"互联网+"为基础的教学模式的变革，并不意味着要彻底摒弃传统的教学管理与组织方法，在教学过程中，我们所使用的教学资源，如：人才培养方案，教学大纲，课程标准，教学进度计划，多媒体课件，教学案例，实习任务书，教学资料，自学资料等，都是经过了几年的教学实践而发展起来的。O2O 模式的运用，是要在线下资源十分完善的情况下，对线上资源进行开发，并实现线下、线上一体化，即是对课内外一体化教学模式的扩展。"互联网+"教学模式的变革，最基本的是要充分发挥网络的技术优势，让同学们随时都可以学习到知识，所以，变革的第一步就是要对在线教学资源进行优化，比如：微视频、微课、网络直播等；至于教学资源的分享，则要充分发挥课堂教学平台、网络平台、微信群、QQ 群等的作用，并建立一个微信公众号，把课堂重点和拓展学习内容以文字、图片和短视频的形式发到每位同学的微信上，以促进同学们的课外复习和拓展学习。O2O 的最大优势在于：可以根据自己的课时，对课程进行有针对性的编排，并为其量身定做一套完整的课程；同时，通过微信，QQ，微信公众号，和教师们进行实时交流，得到最全面的教学指导和协助。

2. 创建新型的考核和评价机制

"互联网+"教育模式的变革，必将使学生在课下进行更多的自主学习，因此，如何把握学生的学习进度，检验学生的学习成效，如何实施课程评价，是这一变革所要面临的问题。针对该课程的特点，采取了课堂教学、个人作业和小组研究等方式，分别对学生进行了测验。在理论课上，仍沿用原来的考卷方式；个人作业的综合体现，每一次的创新，延续性，以及最后的课程总结，都会给出分数；以团体为单位的专题，由同学们的自我评估，互评，并由他们所做的口头陈述和书面陈述来获得最后的分数。与传统的教学等考核评价机制相比，新的考评机制更加注重对学生自身学习的结果进行考察，不管是个人作业，还是小组项目，在最后的成绩中所占的比例都大大提升，与此相对应的，也加大了对网络测试的次数和难度，将平时的成绩分为几个阶段来进行，这就要求学生在学习的过程中，必须要保证自己的连续性，不能有一丝的松懈。以"互联网+"为基础的新一轮教育改革，使学生的考核与评估从单一学科的学分与分数，转向将整个学习过程融入到考核与评估中，即由以成果为主导走向以过程为主导。对学生的学习动机、学习过程和学习效果三个方面进行了分析，主要分析的内容包括：学生的查找信息、获取知识的能力，是否培养了团队学习的能力，是否可以将理论与实际相结合，是否已具备了知识创造的能力等。唯有在此基础上，才能实现高质量的、实用性的人才培养。

（三）新型教学模式构建原则

1. 一个中心，从原有教学模式以教师为中心转变为以学生为中心

过分强调教师的作用，忽视了学生的感受，进而影响到教学的成效。而以学生为本，以学生的需要为出发点，真正把学生置于学习的主体位置，以学生的学习习惯、学习兴趣、学习接收程度等为依据，通过边学边考、通关考核、互相答疑等方式，提升学生的学习主动性和参与度，进而提升教学效果。

2. 两条主线，实体课堂和网络授课同步进行、各取所长

把课堂教学的内容制作成"微课"，并在网上发布，让学生在网上进行学习。将课程设置在微型课堂中，可以提取要点，强调要点。将一些小问题与微课视频之间的衔接部分，还可以自动判定题目，就像是一种游戏的通关设置，这样就可以将学生的参与程度和积极性都调动起来。建立一个交互式的社群，学员们问一些难以解答的问题，很快就会得到答案，或是由系统给出一个标准的答案；设置了网上考题库，从基础到深奥的题目，系统会自动评分，并给出进一步的学习意见。使学生能够进行个体化、自主化的学习，并通过系统的反馈来提高学习的质量。实体课堂以辅导、答疑和现场讨论等方式进行，改变了以前仅靠教师授课的固定模式。着重对学生的课堂活跃度、提问的次数和难度进行监控，并对学生的学习状况进行分析，从而对网络教学的内容进行调整，使两种教学方式相互促进。

（四）实现方式

1. 稳固教学重心

教师教学改革的重点是要明确教师教学的中心，实现教师教学与网络教学的互补性和效用的最大化。对中国高校来说，要正确认识二者之间的关系，对目前的高校来说，传统的教学仍然是其主要的组成部分，网络教学只能起到辅助作用，不能将二者混为一谈，更不能将二者对立起来，更不能将其逆转。确定了教育的位置，才能确定下一步教学改革的重点。同时，也不能忽略线上教学，仅仅是确定了线上教学要为传统课堂提供服务，并充分发挥其辅助作用。而线上教学的主要任务就是对核心知识体系进行传授，而传统的教学就是要帮助学生树立并践行核心价值观，让他们能够达到知行合一的目的。面对网络课程教学这一现代技术下的产品，我们要清楚地认识到它所蕴含的许多风险，并主动寻求应对措施，正确处理好名校名师的线上教学与本校普通教师的教学关系，在不断进行教学内容更新的同时，也要充分利用现代网络技术为自己的教学服务，理清慕课虚拟课堂与传统现实课堂的关系。不管是在传统的物理课堂中，还是在虚拟的网络上，创新的教学内容，都是提高教学效率的重要因素。传统教学成效的好坏在于产生而不在于既成。同样的课程，

如果由不同的教师授课，将会带来不同的结果。同一位教师，在不同的学生身上，会有不同的结果。所以，在传统的课堂中，应该将教师和学生之间的直接的沟通和交流作为重点，将教师的魅力和学生的莫逆之心融合在一起，让学生能够在这种入心、入脑、入灵魂的教学环境中进行亲身感受。

2. 落实教学保障

其核心在于构建一套行之有效的保障机制，而在线教学则只是补充。目前，在线教学越来越依赖于学生的自主意识。因此，在课堂教学中，要充分调动学生的积极性，使他们积极地投入到课堂中去。可以创建情景教学模式，利用叙事、活动、模拟等环境，让学生能够身临其境，在一个轻松愉快的环境中，对教学进行体验，将自己的情感融入到学习之中，引发学生的心灵共鸣，提高教学魅力，自主学习能力得到激发，让他们在线上平台的学习中变得更加自律。其次，对网络技术进行了深入的研究，实现了对学生在线学习的全过程的监督；要重视对慕课技术的开发，确保网络开放的程序，对线上课程保障手段进行改进，比如，对学生的身份信息进行确认，通过短信、微信提示学习任务等，来保证慕课的教学效果。综合而言，"自律性"与"他律性"共同构成了"混合教学"的保证机制。

3. 提升知识素养——理性编排教学内容

在全科教育中，教学内容是最基本、最重要的部分，它的设置是否合理，将会对教学质量产生很大的影响。根据知识点的全面性和时长等特征，对视频内容进行了合理的剪裁。根据学科的逻辑思考特征，对录像序列进行合理安排。将理论与实际相结合，扩大了分析的范围。将线上教学引入到课堂教学中，对教师来说，有必要持续提高自己的学术素养，拓宽自己的视野，充实自己的教学素养。要对学生进行深入的研究，对他们的思维特征、兴趣爱好有更多的认识，并且要与他们的知识相结合，这样才能更好地融入到课堂中，增加教学魅力。其次，要熟练运用计算机技术，英语教师要积极地认识计算机技术中的重点，并熟练地运用，使其辅助课堂的作用最大化。第四，加强科研队伍建设。光凭几个人是无法完成一门课的教学任务的，教学视频的编排和切割，以及对视频的拍摄和剪辑，都需要一支完整的队伍来配合。因此，教师要有强烈的整体协作意识，要充分利用教师的整体思维，加强教师的影响力，使教师在混合式教学中实现根本的变革。

第四节　线上线下混合教学模式的环节设计

一、教学方式

（一）教学原则

教学方式应遵循的原则，是指教师在设计线上和线下教学活动时应当遵循的准则，

"OBE"教学模式是基于学习成果，主动的"active"和系统的"systematic"，简单化思想的原则和学习成果的教学模式。

1. "RISC"原则

RISC 是一种简约的设计理念，它代表了教师们在进行网络教学内容的设计时应该遵守的一些原则。为便于学生观看和自学，线上课程一般都是以微课的方式进行，时长一般不会超过 15 分钟，所以，每次微课的内容应该是高度集中的，而且可以在一定的时间内说得很明白。在划分传统课程内容时，应尽可能地将其分解为相对独立的内容，进行线上教学。

2. "OBE"原则

"OBE"是一种以学生为中心的教学方式，它体现了教师在制定教学目标和评价方式时所要遵守的基本原则。由于教学活动往往是一个漫长的过程，因此，选择适当的、可操作性强的评价手段，对整个教学过程进行有效的评价，就成为了一个重要的课题。O2O 教学模式不仅包括了线上，还包括了线下，因此，要对线上与线下的教学效果进行评价，有一定的可操作性，明确了学生所学到的知识、具备的能力以及职业素养等一系列可以被评价的学习产出，并以此作为目的，来反向推断教学活动中应该采取什么样的考核方式、什么样的教学方式、怎样制定教学计划等。

3. "active"原则

"主动式"与"被动式"学习给学生带来了截然不同的感受：主动是高效的，被动是低效的。"主体性"是在"调动学生积极性"的基础上，运用各种教学方法。传统的英语课堂过分重视教师的系统、权威，忽视了对学生自主性的培养。在进行线下课堂教学时，应借鉴"对分课堂""翻转课堂"等模式，以线上教学为牵引，在课堂中实现知识内化，引领、指导学生积极思考、积极探讨，并利用比赛等形式促进学生的自主性。

4. "systematic"原则

此处的系统性包括了两个层次的意思：第一，线上教学与线下教学共同组成了一种完整的教学体系，线上与线下的内容之间可以形成一种相互补充的关系，也可以是递进的关系，但对于一门课程来说，线上的教学内容和线下的教学内容要具有一定的完整性。

一门特定的课程，并不是所有的内容都适合做线上教学，有些较容易理解的内容可以放在线上，让学生自主学习，而一些较为复杂、较难理解的部分则适合采用线上和线下相结合的教学方式。

（二）教学体系

1. "以多维化教学资源为中心"的课程内容

在教学内容的设计中，主要考虑了课程资源的选择。随着网络技术的不断发展，其对教育界的冲击已是不可阻挡，"以多维教学资源为核心"这一理念在教学过程中得到了充分的体现。这就要求大学重新配置课程资源，一方面要对其进行细粒度的细分，以满足在线和线下的需求；另一方面，还需要具有高内聚、低耦合的能力，可以以线上的教学效果为依据，对线下的教学内容进行灵活的调整。在教学模式中，需要对传统的课程内容进行颠覆，它的课程资源由传统课程与网络虚拟课程共同组成，在线上的教学资源异常丰富，比如视频公开课、资源共享课、MOOC、SPOC 等更是如雨后春笋般破土而出。线下教学资源指的是教师在参加了各类学术会议、报告会、研讨会之后，将自己所掌握的知识展开整理和总结，并将其传递给学生，针对线上课程内容中所存在的重难点问题展开探究和解决。

2. "以学生个性化学习为中心"的课程要求

课程要求在某种程度上是对课程体系的支持。个体化学习是指为每一个学生量身定做一套适合自己的学习策略与方式。以多维化的教学内容为基础，再结合自己的学习能力、兴趣爱好等，挑选出与自己的学习能力、兴趣爱好等相适应的学习内容。经过一段时间的学习，将自己的薄弱的知识点完全掌握之后，再选择与之相对应的知识点进行检测，通过做题、查看检测结果、针对性训练、个性化学习等方式，进行循环训练。另外，还可以针对自己的实际情况，采用 4A 学习方法，让自己随时随地，采用任何方法，向任何人学习。"以个性化学习为核心"的课程要求，既可以给学生提供个性化的、完整的、深度的学习体验，又可以激发学生的学习积极性，让教师对学生的学习状况有一个全面的了解，进而更好地实现个性化的教学目标，提高学生的学习成效和学校的整体教学质量。

（三）教学过程

1. 教学前的准备活动

（1）安排线上线下教学活动。据调查，93.1% 的人喜欢面授辅导与线上学习相结合的混合学习模式，并且要以面授辅导为主、线上学习为辅。无论是线下教学还是线上教学，都已不再是单纯的传授知识、技能，而是要以学习者为主体，培养学生的综合素质，包括信息处理能力，问题解决能力和创造力，学习能力，批判性思维能力，社交和合作能力。在此目标指导下，对知识进行划分，不同的知识与信息技术有不同的整合方法。

（2）建设线上平台学习资源。据调查，教学资源的受欢迎程度依次为：导学 79.31%，案例故事视频 62.07%，在线自测 55.17%，辅导课内容 PPT 48.28%。因此，应从这几方面建立相对应的教学资源。导学主要介绍该课程的主要内容、教学方法、学习方法、考试形式等；案例故事视频是利用信息技术，利用网络教学平台的优质资源，挑选其中与考试相关、重要的、新颖的案例，通过录屏、录播等编辑方式将其转化成可供灵活下载的视频；在线测试则是将重点、难点、考点转换成问题加以强调；辅导课内容主要是上课的课件，供没来的同学或没有听懂的同学反复观看。

2. 教学中的组织活动

（1）指导使用学习资源。基于信息技术的教学，改变了学习者的学习方式，还要把对信息技术及资源的学习和应用考虑其中。对于开放大学学习者而言，学习资源包括教科书和网上资源。对各类学习资源的使用，仍应充分发挥线下教学与线上教学的作用。教科书的指导和使用一般主要通过面授课完成，班级自建资源中的导学资源给予辅助。网上资源的使用虽以网上学习为主，但仍离不开面授课的指导，告知学习者各类资源的分布设计，梳理出相关的重点资源。如讲解一个知识点，可以借助网上资源，在指导学习者使用资源的同时，帮助学习者加深对知识点的理解。

（2）恰当选择教学策略。教学策略有多种，没有一种适应任何情况的教学策略，要根据实际情况灵活应用。如在课程的教学策略选择上，首先采用导入策略，在每一章都通过创设情境，提出问题，激发学习者的参与。其次采用组织策略，因为仅仅呈现情境很难达到让学员互动的目的，要采用随机点名、分组的方式鼓励学习者积极发言。第三是强调策略，尤其对比较枯燥的基础知识、基本原理的讲解，要一再强调在考试过程中可能会出现的考法，通过现场出题，让学习者作答。第四是提问策略，尤其是在案例呈现过程中，每到一个故事发展的高潮点，就鼓励学习者设想故事的发展，设想自己是主人公如何处理案例中碰到的问题，通过步步提问，由易到难，逐步吸引学习者的参与。第五是及时反馈的策略，每次学习者回答完问题，都要给予及时的肯定。

（3）组织开展小组讨论。建构主义强调有组织的协作会话，对于线上教学，组织性尤为重要，是信息技术与课程教学互动性双向整合向更高层面发展的关键。首先小组分组有讲究。要事先与班主任和班长沟通，对学习者的已有知识、经验和能力有所了解，然后强弱搭配，挑选组织能力强的学生作为组长。其次小组讨论要有组织性。该课程的学习者是新生，彼此之间不太熟悉，对网上平台系统也不熟悉，不容易产生互动交流，因此可在机房组织一次小组讨论，让学生之间彼此熟悉，方便教师的统一指导。再次小组讨论主题要有独创性。小组讨论在机房进行，以往很多学习者会将讨论的主题直接通过百度等搜索引擎寻找答案，进行复制、粘贴，为避免这一情况的再度发生，在确定讨论主题之前要事先查看网上关于这一主题的资料，确保该问题尚没有"标准"答案。最后小组讨论形式有待改进，随着信息技术的发展，可以通过微信、直播课堂、BBS 等多种形式开展小组讨论，既紧跟信息技术发展步伐，又能方便学习者的学习。

3. 教学后的评价活动

（1）巧妙设计在线测试。在线测试是非常重要的一种学习资源。随着信息技术的发展，在线测试已经成为教学过程中实施形成性评价的有力工具，是信息技术与教学深度融合的又一举措。它可以让师生得到及时反馈，让学习者了解自己对知识的掌握程度，让教师看到学习者的学习情况，以及时调整教学。

（2）注意收集评价数据。教学活动要尽量做到形成性评价与终结性评价相结合。形成性评价主要通过统计出勤率、访谈、座谈、活动小结等方式进行；终结性评价主要通过总校数据的统计结果、出勤率趋势、学习心得、满意度测评、考试合格率等数据来反映。评价数据的收集和分析，一方面离不开学校的学习支持服务；另一方面，88.66%的学习者常用QQ和微信交流，这些网聊工具已成为收集相关评价数据的重要渠道，而且更能真实地反应学习者的情况，是教学交互和教学评价的有效补充。

（四）具体领域的实施

1. 语言知识的优化

在英语课堂上采用了混合式的教学方式，教师可以在任何时间、任何地点对学生进行授课，学生也可以随时随地进行学习，突破了时空限制，让学生可以进行碎片化的学习，符合英语这一学科的学习需要。顺应学生的个人情况进行个性化教学，有助于提高学生的学习效率和学习积极性。在混合教学模式之下，教师可以将教学内容用先进的、新颖的方式呈现出来，学生的学习环境得到极大地改善。英语作为一门语言类的学科，有一个好的语境对于学生学习来说是非常重要的，运用混合教学模式进行教学，能够为学生学习英语语言创造一个真实的语境，在真实的语境中，学生更加容易理解所学知识，也能够将所学知识运用到实际中来。

除此之外，混合教学模式的线上教育功能提供在线教育论坛，在线教育论坛为师生之间的交流提供了互动功能，学生通过这一社交功能不仅可以在线上同教师和同学展开讨论，而且教师也可以在线对学生进行课业的考察，教师与学生、学生与学生之间可以进行学习心得的交流，学生在教师的引导下逐步构建起语言知识架构，建立起对英语学习的敏感性，提高自身的英语素养，获得质的进步。运用混合教学模式进行教学，其所构建的教学小课堂内容丰富多彩，在这里，学生可以提出疑难问题并获得解决，还可以利用多种教学方式进行学习，学生对于英语学习的学习积极性不断提升，为学生不断进行深入的英语学习创建了一个有效的平台。

2. 学习实践方面的优化

在学习实践过程中，运用混合教学能够进行英语语言知识的获取和在线学习社区的构建，混合教学模式将学习过程中的课文导入、句子讲解等学习内容都融入教学视频中，学生可以根据自身的时间安排随时随地进行学习，学生还可以凭借自身的喜好或不足之处进行视频的选择，使学习过程变得更加灵活，为学生的个性化学习提供可能。混合教学模式实际上是对传统课堂教学模式的一种改革和补充，线上教学将与学生现阶段相适应的教学内容和教学资源进行整合，作为课堂教学的一种补充，线上教育与线下教育相辅相成，共同为提高学生的英语素养做出贡献。教师可以在线上为学生进行解答，学生也可以同其他学生一起进行学习经验的分享和总结，实现共同进步。

3. 小课堂实践方面的优化

在传统的课堂教学中，所传授给学生的知识是有限的，并且脱离实际生活，教学缺乏趣味性，但是在混合教学模式下，线上小课堂对线下课堂的知识进行了扩展和延伸，许多课堂上难以接触到的知识，学生可以进行线下自主学习，不仅节省了教师教学时间，减轻了教师的负担，而且拓宽了学生的知识面。线上小课堂的教学也更具趣味性，运用科学技术可以实现许多线下课堂不能实现的特殊教学方式。混合教学模式下小课堂的构建能够系统性、针对性地将教学内容分为多个小课堂进行教学，每个小课堂的内容较少，它能满足学生们对零碎学习的需要。大学英语的教学本就是基于英语课堂为学生提供探索知识的场地，而不仅仅是单纯的知识输出，因此小课堂正好适应了大学英语教学的这一需求，成为学生知识探索的场地。教师能够合理地利用小班级教学模式，对学生的学习成果展开检验，同时学生也可以对教师的教学效果进行打分和反馈，以便于教师进行教学方式的改进，在这样的模式下，教学水平可以不断提升、不断进步。

4. 综合运用实践方面的优化

要从根本上提高学生的英语学习能力，就要从多方面入手，不断提高其对于知识的综合运用能力。学生在传统的课堂学习中往往无法学习到如何进行知识的运用，做不到知识的融会贯通，此时教师借助混合教学模式对学生进行多方面的培养，使学生在学习过程中能够更多地接触实践知识，将理论同实践结合起来，也有更多的机会进行口语练习的模拟，让学生真正能够将所学习到的知识转化为能力并熟练运用。线上教学作为线下教学的一个补充，可以更加丰富课堂内容，加深课堂内容的深度，在这样的教学方式之下，学生能够全面提升英语学习和运用能力，为社会培养出高素质的英语人才，为社会做出贡献。

二、课时分配

"翻转课堂"是一种以课堂前、课堂中、课后为主的三个阶段的三种课堂教学方式，它把教师互动与学生互动相结合，形成了一套完整的课堂教学体系。在课前课后的学习时间方面，对学生而言，因为混合式教学中的课前在线学习及课后任务时间比传统教学占据了更多的课后时间。对教师而言，因为线下学习的时间具有一定的碎片化，以及学生的学习互动及反馈有一定的随机性，这就需要教师在课余时间中进行指导，并积极地参与到互动及反馈当中去。所以无论对同学或教师来说，在课余环节上都会有更多的时间与精力。在混合教育中，是否应将课前和课后的课时也包括在内，以及在此基础上，应以何种方式来确定。

（一）线上：课前

在上课之前，教师最重要的工作就是选择教学视频，可以选择需要讲解知识点的相关实际项目案例，或者是名师授课视频。如果找不到，教师就需要自己进行录音，用理论讲解和操作演示的方式，录制与课程知识点——对应的 5~15 分钟的授课视频，让学生在视频中进行学习，从而在理论层次上对知识点有了一定的了解，并对实际操作过程进行了解。接下来，教师针对该视频，设置了与之相对应的课前自主学习案例，帮助学生在对案例中的习题进行解答的过程中，提高了他们的学习兴趣。在教学视频和阅读资料的帮助下，学生可以完成课前的自主学习案例，还可以在线上进行交流讨论，从而对知识点进行强化，或提出新的问题。

（二）线下：课堂上

课堂教学是师生进行面对面沟通的最好的平台，在课前，教师要从 MOOC 平台上，对学生的课前预习情况以及问题所在进行全面的了解，在课堂上，就可以展开对重点问题的分析、讲解和解答，还可以通过课堂问答、主题演讲等方式，将学生的学习热情调动起来，深化他们对知识点的理解和运用。

每节课的主题发言时间为 5-10 分钟，发言结束后，同学们可以提出问题，教师会对这些问题进行归纳。不管是主题发言，还是在课堂讨论中，教师的任务是对讨论的主题进行掌控，在进行自主讨论的过程中，可以积极地引导学生遵循既定的方向展开，与此同时，还要对时间进行控制，提升课堂教学的效果。

在讨论过程中，要以学生为中心，在教师的点评过程中，要注重对他们的肯定，鼓励创新精神。在课程实施阶段，也可以设置一些主题，让学生们进行小组讨论。学生讨论的分组，完全遵循自愿的原则，在完成了分组之后，再推选一个组长。组长要负责制定主题、组织交流、记录心得等工作，教师们要对小组讨论的过程进行掌控，并在适当的时候对其进行指导。

（三）线上 & 线下：课后

在慕课教学中，由教师对慕课中出现的未回答的问题进行解答，并对该知识点进行评价。学生们可以在线下完成教师布置的作业，然后在线上通过 MOOC 平台对所学知识进行回顾和巩固，并通过作品交流分享、学习测试评价以及总结分析，来深化对知识点的理解。

三、教学效果

（一）激发学习兴趣

无论是在线上学习还是线下学习过程中，做到及时反馈激励，进一步激发学生学习兴趣。尤其在线下课堂面授时，先反馈线上学习情况，每个人学习任务完成没有，完成了多少，作业或测试成绩如何。同时也反馈线下作业完成情况，及时点评并指导他们进行修改，要求学生及时查漏补缺，巩固本节内容学习等。及时的反馈能激励学生认真学习，并进一步激发学习兴趣。

（二）学习效率提高

线上线下混合式教学，提高了学生学习的效率。在传统课堂教学中，由于学习时间地点固定，学习资源单一匮乏，教学效率不高，教师和学生都感觉比较累。线上线下混合式教学模式下，学生学习的时间与地点可以自由选择，学习资源与形式也十分丰富；这种状况一方面正好满足了90后学生信息技术应用较强，表现欲高的需求，提升他们的学习兴趣，为提高学生的学习效果奠定了坚实的基础；另一方面，即使教师们不能在现场授课，他们也可以利用资源库平台和云课堂，远程控制学生们进行实时的学习，并为他们解答问题，指导学生完成相关学习任务。以英语书写作课为例，在该混合教学模式下，学生学习的英语作文的种类和数量都提高了，相应地，学生会写的英语作文种类和数量也相应地提高了。

（三）学习成效显著

线上线下混合式教学模式，让学生在课前学习，课堂上提出问题，课后进行回顾和学习，这样他们就会一直处于一种学习、询问、消化、学习的状态。积极的学习能使人记住更多的东西，对于完成相关工作任务后能得到及时指导与修改，巩固学生的学习技能。

第五节　线上线下混合教学模式的实践要求

一、课堂内容要求

教学内容是一门学科的重要组成部分，它的优劣将直接关系到一门学科的质量。在教学过程中，要从教学内容的整体性、课时的有序性和知识点的整体性等方面进行合理的知识分割。本节认为，"微课程"应按照"课程"之间的逻辑关系来安排，这样才能让学生在"放松"的状态下学习。

二、教师团队要求

同时，还应该对教案和课件进行及时的更新，把课堂上的内容与实际情况进行密切的结合，以达到最大限度地满足学生的学习需要。但是，由于每个学生的个性特点及兴趣爱好等都会有一定的不同，因此，在整合教育资源方面，教师的作用尤为关键，要尽量让大部分的学生都满意，回答同学们的疑问，使课堂的趣味和理论性得到很好的融合。所以，一名教师应该具有很高的职业素养，可以用科学的方法把高质量的教学内容教给学生，从而提高他们的理解能力和学习效果。

在网络教育中，教师是实施者、承担者和受益者。这就要求教师具备一定的专业知识和一定的职业素质。教师必须在自己的领域中拥有丰富的理论知识，其次，要加强对慕课技术的学习，再次，第三，要提高自身的团队协作意识和能力。只有教师自己的专业素养不断提升，英语课堂的教学效果与质量就会有保证，在寓教于乐中，让学生获得更多的人文知识。在网络课程中，教师承担的任务大致可分为线上教材的编写和线上教学的指导。线上教学仅仅是网上授课的一个环节它是指与其他的网络和非网络的课程活动配合，在课程教师的组织和管理下，一起实现课程的教学目的。

在教师引导学生在线上进行网络教学互动时，其形式多种多样，此时线上教师的主要任务，并不是在有限的时间里，对在线的学生进行单方面的讲解，而是这种线上活动的时间，更多地用于指导、协助、解答疑惑、激励反思，让学生能提出问题、思考、辩护、建构、巩固线上教学所抛出的问题，线上教师也要对学习者的学习进度及效果进行持续的评价和反馈，达到教学的目的。

三、学生群体要求

线上教学，在教学中的运用，让学生在学习的时间和空间的选择上，都具有非常大的自由度，教师无法对学生实施有效的监督，而只有依赖于学生在学习的过程中的自主性。但是，大多数的学生在在线学习中没有很好的自我控制和自律性，经常出现代课、缺勤、开小差等现象。如果是这样的话，那么就很难保证线上教学的实际效果，这给教师对学生学习的监督提出了挑战。因此，如何增强网络教学的有效性，是当前网络环境下的一个重要课题。

四、技术要求

（1）提供一个能够支持教师和学生使用计算机网络开展教学活动的有效环境，具体包括了备课、授课、自学、讨论、答疑、作业、测验与考试等内容。

（2）为本课程的教学提供大量的数字教育资源，使教师和学生能够在网络上分享相关的课程资料，包括课程大纲，教材，讲稿，课件，作业，试题，参考资料，以及其他网络资源。

（3）为本课程的教学提供多种管理，例如：本课程的教师介绍，学生的名册和简介，课程和作业安排，考试和评分方法，课程通知，学生的注册和登录，考试管理等等。

（4）与传统的文字版教科书相比，网络课程的根本不同之处是它的媒体表达方式更加多样化，媒体之间具有互补性，而且在教学活动中具有互动性，因此，在编写和使用时，要注重利用多媒体的优势，收集、创造和使用各种图像、视频、声音、动画等材料，运用超媒体的架构，增强互动能力。

（5）在构建网上教学的过程中，应重视著作权的保护。如果您在网上的教学过程中，使用其他作品的文稿，图片，动画，视频等素材时，请您尤其小心，因为这些素材所造成的侵权后果，将由作者自己承担。

（6）为了促进网上课程的建设和网上教学的顺利进行，要在2-3年时间里，建立起网上课程的长效机制。

（7）为了方便管理与评价，根据网络课程的构建与使用情况，将其分为"合格"与"优质"两个级别。

（8）在互联网平台上进行课程登记，包括课程简介，教学大纲，教师资料，课程进度安排，考核办法，学习方法指导，以及教学课件，实践教学指导（适合需要进行实验教学的课程）。

（9）"资源+平台+服务"的发展思路，以课程为先导，将名师课程、学校自建课程、公共资源、各类备课资源等进行深度整合，使整个过程的每一个环节都得到高效的支撑，并利用"学习空间"进行交流、互动、共享，努力实现IT与教育的深度结合，使教师在网络教学平台上进行教学，学生在网上教学平台上进行学习，并利用IT对教学工作进行统计，促进IT在教育界的广泛、深入的运用。

第十二章 线上线下融合式高校英语教学理论研究

第一节 高校英语混合式教学线上线下衔接问题

混合式教学是一种新型教学模式，它能够有效将线上与线下进行充分地结合，从而有利于拓展学生学习的方式与学习的深度。目前，在大学英语教学活动中，混合式教学可以说是备受青睐，它以创新性、合理性的特点使得大学英语的课堂效率以及学生的学习成果都有着巨大的提升，但是没有什么是绝对完美的，在目前的大学英语教学中，混合式教学模式的普及以及实施过程仍然还有着很多的不足，因此加强相关方面的研究是很有必要的。对此，本节就大学英语混合式教学线上线下衔接问题进行探讨与研究。

一、加强混合式教学线上线下衔接的意义

对混合教学模式进行探讨。强化线上与线下的联系，对于混合教学的研究具有重要的现实意义。通过对混合式教学中存在的缺陷进行改善，可以让混合式教学的探索变得更好，也可以让混合式教学在英语课堂上得到更好的运用，这将有助于推进混合式教学的初衷，为教育界的发展做出贡献。

站在学生的立场上。如果混合式教学线上线下结合的过程不够完美，那么在英语教学中，就会出现许多的问题，比如线上和线下两个知识点的表述不一样，知识的范围也不一样，线上和线下两个教学的侧重点也不一样，这就会让学生感到困惑，不知道自己应该把注意力集中在哪里，影响到自己的学习方向。同时，线上与线下之间的衔接不统一，也不利于学生开展对应的拓展学习等。所以，为了使英语的学习更加完整和合理，有必要在线上和线下两种形式的结合上强化这种复合型教学。

站在教师的立场上。要强化混合式教学在线上和线下之间的衔接，对混合式教学的实施方式和实施过程进行持续的改进，让它变得更加完美和合理，这不仅是其所应做的本职工作，也是其所肩负的时代任务。此外，通过强化线上与线下之间的联系，可以有效地提高教学的效率，这对教师自身而言，也是非常重要的。为此，我们要在实践中不断完善"混和式"的教育模式，使其在实践中更好地发挥自身的作用。

二、线上线下教学模式的优势

这对于改革课堂教学方式，提高课堂教学质量具有重要意义。混合式教学是一种"双线性"的教育模式，也就是在线上和线下同时进行教学，它是一种将线上和线下有机结合起来，使教学质量和层次得到极大提升的新型教学模式。与传统的双线型教学方式相比，双线型教学方式融入了探究性、自主性和时尚性的教育思想和教育目的，使学生在英语学习中有更多的机会去体验和加深对时尚感的理解，使英语课堂与外界的沟通更加紧密，更能激发学生的学习热情。与此同时，混合式教学是一种新型的教学模式，它还对教师的教学方法产生了有利影响。比如，将原本单纯的讲解变成了线上线下共同教学的方式，这对提高学生的知识接受效率有很大帮助。除此之外，混合式教学模式还具有完善的自主纠正功能，因此可以避免过去因为传统教学模式的局限性而造成的学生遗留较多的难题，能够更好地帮助学生进行自我完善式的学习。

三、基于上述问题所提出的改进策略

在因特网的视野下，实现对资源的理性选择。在互联网时代下，虽然伴随着人们思想觉悟的提高，出现了越来越多的优质的网络资源，但与此相对应的，一些滥竽充数或者没有价值的资源也在相应的增加，甚至超过了优质的资源。所以，教师们在挑选有关的资源时，必须要有敏锐的洞察力，对优质的教学资源进行筛选，并进行理性的总结，这样才能更好地保证学生的英语学习；同时，在制作线上教学资源的过程中，教师们还应当积极地探讨和学习其他优秀的教学作品，重视资源的教学质量，不能将自己封闭起来，要有兼容性和包容性；此外，线上与线下的资源融合，不能重叠太多，如果线上与线下的资源都是优质的，可以互补的，那么这种混合型的教学方式，就可以更好地提升英语的学习效果，也可以更好地保证教师的教学质量。

适当地将工作的重点放在线上和线下。混合式教学模式将线上和线下的优势发挥到了极致，实现了两者的互补，对英语的学习起到了很大的推动作用。所以，如何在线上和线下两个方面合理地配置工作的重点是十分重要的。在布置教学中心的时候，教师要针对学生的具体情况，做出适当的调整。比如，学生们一般都不太喜欢在课上练习，那就应该在线上的教学重点放在对他们的指导和培训上，而线下的教学重点是对课后的巩固和练习等。如果学生的自主学习能力比较弱，那就应该增加课上的练习时间，而线下的教学重点是对相关的知识拓展等等。只有在线上和线下的工作重点清晰，工作目标之间的衔接和流动，才能使混合式教学的重要性和效果发挥到最大，对学生的英语学习也会有很大的帮助。

混合式教学是一种创新的教学方式，它的发展潜力巨大，所以，我们应该对它在实践中存在的线上与线下之间的衔接不够顺畅的问题，进行理性的探讨和改善，以使它变得更合理、更完美，提高它对大学英语学习的影响，这是每个教育工作者义不容辞的责任。

第二节 基于教学翻译的线上线下高校英语教学设计

教学翻译一直都是促进英语教学的重要手段。但是随着信息技术的不断发展，传统教学翻译越来越无法满足新时代学生的学习需求。矛盾突出表现在教师不能及时详尽地反馈每一份翻译作业，偏重笔译练习忽视口译训练、学生机械背诵翻译内容，应付教师抽查等方面。本节认为线上笔译、线下口译或许可以成为教学翻译融入线上线下结合教学的可行途径。利用阿里钉钉等自动评阅平台，学生可以瞬时获得翻译的语法检查，教师也可以人工给予评阅。课堂上，可以组织学生视译、听译，完成课文词汇短语的检查、重要句子的讲解，有助于学生锻炼口语、提高公开演讲的能力。

运用翻译来促进英语教学，一直是大学英语教学的重要研究内容。突如其来的疫情让网课流行起来，信息技术对大学英语教学形式的革命性影响不断突显。一方面，学生对传统课堂教学的兴趣在不断衰减；另一方面，线上教学还远未成熟，作为线下教学补充形式的地位未得到根本改变。如何将翻译更好地融入线上线下结合教学，是亟需探索的重要课题。

一、教学翻译

教学翻译与翻译教学是一对非常相似的概念，穆雷明确提出了它们的区别。他认为前者的定位是外语教学，目的是检验并巩固外语知识、提高语言应用的能力，侧重语言结构的训练。而后者是翻译学的范畴，面向的是职业译员。面对非英语专业的学生，教师应该侧重选择教学翻译，提高学生语言应用能力。

从内容上看，教学翻译主要包含两大块：①课文翻译；②围绕课文编写的翻译练习。课文翻译最常见的就是从课文中挑选出一些句子，让学生在课堂上练习。而编写的练习题常常用作课后作业，算入平时成绩。显然，这种训练的主要目的就是为了反复训练学生对语言点的掌握。翻译内容多出自课文，较少涉及时事。从形式上看，教师在日常大学外语教学中更仰赖笔译，如课后习题、四六级试卷的段落翻译等，较少涉及口译。从方法上看，主要是教师布置作业，下次课检查或者上交教师批改，学生往往反复酝酿，把翻译作业做成了背诵作业。

传统教学翻译多在线下进行，暴露出了许多问题。首先，巨大的人工批阅成本让学生从教师处获得的反馈有限，教师不充分或不情愿批改的现象比较普遍。其次，传统的课堂检验方法很容易促使学生背诵翻译，将词汇语法练习变成了记忆练习。其次，学生的视听说技能往往无法得到锻炼，无法弥合与市场需求的差距。面对这些问题，本节认为教学翻译应当同时包括口笔译。笔译可以锻炼学生反复锤炼译文的能力，而口译则可以锻炼学生的口语能力、提升自信等交际能力。本节提出线上笔译、线下口译的教学设计，将教学翻译充分融入线上线下结合教学来弥补上述不足。

二、线上笔译

线上笔译可以依托具备自动测试功能的平台，比如 itest，iwrite。这类由出版社提供技术和内容支持的平台和教材结合紧密，方便教师使用教材资源布置笔译练习。缺点是必须购买服务，而且没有移动客户端。一些移动办公软件恰好可以弥补这些不足，比如阿里钉钉。钉钉新上线的学习圈功能，配备了可以自动批改作业的"英语作业"小程序，主要功能就是以句子为单位批改语法错误，这恰好契合教学翻译的主要目的。通过多次模拟测试，作者发现"英语作业"的批阅结果主要分成三种类型，红色的语言错误，绿色的好词好句，和黄色的警告、提示性内容。阿里钉钉使用的自动评分算法能精准识别绝大部分错误，并给出具体错误类型，比如动词错误，词性错误等。这可以极大程度缓解教师需要批阅大量作业而反馈不细致或干脆不反馈的现实矛盾。

线上笔译的训练内容也应超出课文或配套练习。一方面经过多年循环使用，学生很容易获得参考答案而降低训练效果，另一方面广泛涉猎各类题材是大学外语教学的本质要求。因此，教师可适当增加课外内容。

三、线下口译

线下口译利用课堂时间完成。口译的形式多种多样。为了更好达到大学外语教学的目的，可以采用难度较低的形式，如视译、单句口译等。线下口译的内容可以是教材的句子，或者课后习题，教师也可以添加一些口译中常用的句型作为补充，满足市场对学生基础口译能力的需求。大学英语学生的记忆能力无法和英语专业或翻译专业学生相比，也无需达到这个要求，因此线下口译可以更加注重视译。学生可以边看材料边输出翻译，既达到了训练的目的，又可以锻炼学生的口语表达、公开演讲的能力。视译的内容也可以更加丰富。比如将传统的单词听写变成视译练习，教师将重点单词和短语投屏，学生进行即时的口译，也可以设置时间限制，比如利用 PPT 等软件的定时换页功能，规定学生必须在一定时间内完成视译。当然也可以挑选学生进行单句听译，或者组织学生在课堂互相进行听译，教师分组进行监督。

线上线下结合教学方兴未艾，有线上教学不断加强、两者不断融合的趋势。本节提出了线上笔译、线下口译的线上线下结合教学设计。依托自动评阅平台，教师可以开展线上笔译，过去无法照顾每一位学生的困难迎刃而解。课堂开展线下口译，帮助教师充分引导学生参与课堂教学、引导学生注重口语表达。

第三节　高校英语线上线下翻转式教学实施路径探索

互联网技术与教育的深度融合，催生了"互联网+"背景下线上线下翻转式教学模式。这种新教学模式促进了教育资源均衡化、教学方法科学化、学习个性化。线上线下翻转式教学是大学英语教学改革的一项重要的探索和尝试，能较好地发挥在线教育和传统教育的优势，增强学生的学习主动性，形成"教学相长"的良性循环。

一、大学英语线上线下翻转式教学的现实需求

随着我国高校英语教学的不断缩减，英语教学人员面临着许多新的问题：怎样把课堂教学和课余教学有机地融合在一起；英语教学由课内向外、由线上向线下扩展；怎样建设一个立体的网上学习空间与学习平台。如何有效地提高学生的英语水平，是目前高校英语教育改革中亟待解决的问题。

随着"互联网+"的发展，现代科技在高校英语教学中得到了越来越多的运用，不仅带来了教学手段的现代化和多样化，而且也带来了教学观念和教学形式的深刻变化。将"线上"与"线下"相结合的课堂教学方式应用于高校英语课堂，既能有效地提高课堂质量，又能有效地拓展课堂教学的空间，还能促进学生的学习方式向新的方向发展。

以网络为基础的英语课堂，可以灵活地向学生提供清晰的指导与学习任务，并在线上组织他们自己学习，探索他们的认知，在线下提出问题，讨论结果。与传统的教学相比较，线上线下的"翻转式"教学颠覆并重新设置了原有的教学顺序，能够更好地调整学生的个体差异和学习进程，使学生的"碎片"学习时间最大化，学生能够更好地进行自我感知、自我认知和自我内化。

二、大学英语线上线下翻转式教学的路径构建

了解如何建立用户群。用户群是指在学习活动中，人们通过相互合作、相互沟通、相互利用等方式形成的一种在线的、或社交的用户群。研究的使用者基础是建立在"虚拟社区"的理念之上。"虚拟社区"是一种以网络为纽带，打破空间、时间的限制，在网络中，人们可以进行交流、沟通，并将信息与知识进行共享，从而建立起拥有共同利益和共同爱好的特定关系网络，最后，这些网络就会成为一个拥有团体意识和团体情感的社群。

建立在线教学平台。因特网的迅速发展，使网络教学成为可能。加拿大拉瓦勒大学的教育技术系主任迈克尔·鲍尔认为，网上教学平台为学习人群提供了一种获取资源、进行交流、个性化学习和发表自己意见的方式。该情境具有开放性，可为学生的学习及教师的授课提供情境支援。教师们可以利用这个平台来推送学习资源，构建学习模式，开发学习

终端，这样才能最大限度地满足学生的学习需要，特别是对非正式学习和微学习或碎片化学习的需要。建立生成性、开放性、联通性、智能化、微型化的在线教学平台，可以有效地解决传统教学中线下教学资源匮乏、互动情境缺失等问题。

建立线上和线下的教学资源库。在教学过程中，不管是在网络环境下，还是在线下课堂，学习资源都是一个重要的因素。除了传统的学习资源之外，线上学习资源还包括了可以在网上随时获得的学习信息，以及数字化资源、移动学习资源、微型学习资源等，这些资源以文字、视频、音频、动漫、图表、数据等形式出现，其中微型化或碎片化学习资源得到了广泛的应用。网络教学资源是网络教学的主要载体，网络教学资源内容丰富，形式多样，具有情境性，互动性，即时性，动态性等特征，是英语网络教学的主要形式。在教学资源的构建上，要遵循"学生为本""实用为主、够用"的原则，能够达到在网络环境下，对碎片化学习和非正式学习的要求，让学习者在较短的时间内，就能轻松愉快地掌握一个知识点。

"互联网+"条件下，高校英语在线教学应充分发挥其自身的特点，以课题任务为导向，将语言知识、语境描述、语言技能等有机融合，将所学的语言知识、情境描述、语言技巧等有机地结合起来，通过微课、短视频、文字、图片、主题音频、PPT课件、画外音讲解、练习题库等方式向学生展现。

采用线上、线下相结合的方式，利用网上教学平台，注重英语综合运用能力的提高，以提高英语综合运用能力为目的，把"听"和"说"作为重点提高，用视觉、听力来促进阅读，用阅读来促进写作，强调教学的规范性和创新性。在翻转式教学中，学生应该培养自己的自学能力，学生在选题、发现材料、提出问题、探究学习、完成任务的全过程中，都是学生自主、自觉、自我约束的。在对教师进行教学评估时，也表现出了多样化的特点，要将学生的在线参与程度，学习的积极性，完成线上和线下作业的正确性，并根据期末考试的结果，进行最终的综合学习评价。

第四节　线上线下协同教育模式下英语课堂学习焦虑

关注互联网+时代背景下线上线下协同教育模式中英语课堂教学中学生们出现的焦虑现状，分析了导致英语课堂学习焦虑的原因，并提出了降低英语课堂学习焦虑的若干策略，为英语教学提供可操作性的建议。

一、线上线下协同教育模式下的英语课堂学习焦虑现状

以互联网、云计算和大数据等为代表的现代信息技术，它使教学方法、学习方法、学习资源、学习环境和师生关系发生了巨大的变化。在技术发展的今天，学校里到处都是互

联网，教室里到处都是智能终端。在此基础上，通过多种方式获取新的信息，实现了"线上"与"线下"的互动教学。但是，在英语课堂上，学生仍然存在着学习焦虑。在教室里，常常会有尴尬的沉默与"低头族"的现象。在课堂上，教师与学生之间的交流更多，受到教师重视的位置就变成了"边缘位置"，比如最前面的几排，以及靠近讲台的走道两侧的位置，一般情况下，这类位置就会变成"空座"。因为距离和设置而造成的沟通障碍，并且注意力不强的边缘座位，却变成了热门的位置，比如，在教室的后排座位和靠墙的座位，还有在教室中间，因为课桌联排，是教师不能进入的位置。除此之外，在班级提问的过程中，学生们会因为羞涩、紧张、害怕而做出低头或者挠头的行为，在回答问题时声音颤抖或者声音很小，有的学生还会手心出汗，心跳加快。在联通论中，学生在主题性与话题性之间的联系受六个方面的影响，其中一个就是焦虑。它和美国语言学家克拉申的"情绪过滤"理论是一致的。他的二语习得理论对各级英语综合教育的发展有着深远的意义。克雷申也同意，如果学生能在无忧虑的情况下，充分利用目标语词，那么第二语言习得效果最佳。以上种种现象，都反映出了学生在英语教学中所表现出来的焦虑感，必将给他们的英语教学带来消极的影响。

二、协同教育模式下降低英语课堂学习焦虑的策略

学校管理层次。在学校的管理层次上，要构建一个完整、科学的课程评价体系，这样才能起到很好的反馈效果，促进学生的学习。在评估的过程中，既要考虑到课程的知识特征，又要考虑到"互联网+"时代下，线上、线下的协作教学，并对线上、线下两种教学方式进行评价，从而确定评价的权重。尽管我们学校对学生综合评价结果进行了一定的调整，并将网络开放课程纳入了考试内容。但是，考核的对象比较简单。评价的主要内容可以分为四部分：教师评价、学生评价、学生群评价、学生个体评价。通过对学生群体的评价，可以更好地了解学生在日常小组活动中所做的贡献，更好地发挥学生组的作用。通过学生的自我评价，提高了学生的自我反思能力。现有的数据只会在课程完成后回馈到教师。由于平台数据的滞后反馈，导致教师对学生线上课程学习的情况并不十分了解，也没有重视并解决学生产生的倦怠情绪和在学习中存在的问题。所以要充分利用互联网的即时性，把所得到的资料及时地反馈到教学中去。

此外，在建立考核与评估制度时，要以专业的教育与人才培养方式为基础，同时要注意区域与个体之间的差异，特别要注意新生的适应情况。新生在参加"江苏省普通高校第三届英语综合素质测试"时，可以选择A、B两个等级。对于申请难度比较大的A类考生，可以采取单独奖励，在奖学金评价中给予单独的加分，也可以采取免除一门公共选修课的方式来激励考生。同时，二级学院要定期、阶段性地举办师生教学研讨促进会，保持教师与学生之间的教学反馈通道畅通，以便能够及时发现和解决问题。

教师层次。首先，要确立"主体"和"主导"结合的教育观，吸收"传递"和"接

受"的优势，这就是奥苏贝尔（Orthography）教育观、建构主义（Organization）等先进教育观。在教师布置的任务中，有的学生能主动地参与，有的则会被动地拒绝。对此，教师应注意对自己的情绪进行有效的调控，而不是机械的、武断的、一成不变的的要求学生。每一位同学都是一个独立的个体，他们之间人格上的差别也是一个客观的事实。这是不可避免的，没必要强迫每个人都去做。在教学中，教师应该尊重学生的人格，注重保护他们的自尊心。在教学过程中，教师要有能力转换自己的角色，以学生为主体，及时发现学生的"隐性情感"，要多注意男性。教师纠错要有情境，要有方式，要有可能顾及到学生的主观能动性。适时地，不断地更新自己的教育理念，多反省教学环节，在课堂上采用更为灵活的教学方法，减轻学生的学习负担，调动学生的学习热情，促进师生交流，增进师生关系。

其次，在教育手段上，教师媒介的改变最为显著，而教学手段则较为平缓，网络教学不可能只是简单地复制教学内容，这只会让事情变得更糟。以互联网为基础的联通方式为协同探究和分布式认知提供了可能，而联通式学习正是" 从关系中学"、" 协同探究中学"、" 分布式认知" 等崭新理念的具体表现。在这样的教学氛围中，学生的协作精神和协作能力得到了很好的培养和发展。教师应该对在线课程的教学内容进行精心设计，为学生搭建脚手架，为他们的合作学习与知识体系建构奠定良好的基础。

要使教师在提高自己的信息素质的前提下，更好地发挥自身优势，使自己能够更好地融入到"线上"与"线下"的互动教学中去。在教学中，教师们不仅仅要关注结果，更要重视对过程的引导。可以将智慧教室中的投屏功能充分利用起来，它既可以向学生显示教学课件，也可以投放教师的手机屏幕。这样教师就能演示和引导学生使用移动学习软件，查找有关的资料。教师教的不只是语言，也不只是一个知识点，更重要的是，教师给学生演示如何获得知识。通过这种方式，学生们所学到的就不再局限于某一门课程中的知识，还可以逐步地学会在面对类似的问题时，在网络上找到解决问题的办法，逐步地对学生筛选信息，获得优质资源的能力进行培养。

学生的个体层次。首先，要逐步学习如何建立和调整自己的心理。可以把大的目标细分成小的目标。虽然这一学期没有通过英语三级等较大的目标，但是，完成这些较小的目标，同样也是自己成长的一种迹象。她没有得到任何的奖学金，但是她的成绩却是非常的好。也有可能是考试不及格，但没有作弊，通过了人品测试，表现得很淡定。挂科不代表你就是个失败者，你还可以补考、再学。在人生中遇到不顺心的事情时，要学习自我激励，调整心态，不要给自己或别人添麻烦。要有一颗豁达的心，要以一种平和、乐观的态度去对待人生的种种难题。

其次，培养学生的批判思维和自我控制力；在这个信息爆炸的时代，各种各样的信息都在不断的涌现。因特网是一把"双刃剑"，它能为我们带来许多有用的信息，但也有大量的低级资源。然而，要想将信息去伪存真，去粗取精，获得优质信息，就要靠自己的批判性思维，多问自己问题，多与同学探讨，多向教师请教。"学问"只有在请教、探讨和比较中才能获得。同样，在教室里，也有不少"低头族"因为自我控制不好，无法抗拒手机的诱惑，所以，他们很难专心听课，控制自己。

同时，要增强学生的信息素质，以提升其独立的学习能力。网络+时代对学生的信息素质提出了更高的要求。许多同学的依赖性心理还没有转变过来。

家长支持。在高等职业技术学院，学生们从四面八方而来，教师与学生家长的联系很少。可以利用导师和家长之间建立的交流通道，将问题及时反馈给家长。这既能让父母更多地了解和关心孩子们的生活，也能对孩子们战胜班级里的焦虑起到积极的影响。

伴随着人本主义心理学的不断发展，我们的英语教学的重心也逐渐从教师和教材转移到了学生身上。因此，二语习得的焦虑也日益引起了研究者们的高度重视，关于这一领域的研究也呈现出了一个动态的增长趋势。但是，目前我国关于英语课堂学习焦虑的研究，主要是针对大学英语本科生和研究生，或者是非英语专业的大学生。职业院校的学生大约占据了全国高校总人数的半数，但职业院校的学生英语基础较差，且存在着严重的学习焦虑。英语作为一门专业的基础课，在高等职业教育中占有重要的地位。而且，英语水平的高低，关系到高职院校毕业生未来是否能够顺利地完成"专转本""专升本"，进入大学继续学习。所以，通过对高职高专生在"线上"与"线下"两种教学方式下英语学习焦虑状况的调查，能够为广大教师在实际工作中的实际操作提供一定的理论基础与借鉴，有助于缓解当前大学生在英语课堂上遇到的各种问题，进而更好地提升英语教学质量。

第五节 基于 MOOC 的高校英语 "线上线下" 混合式教学

在信息化的大环境中，出现了一种"线上线下"的混合教学模式。当前，我国大学英语混合教学还处于"以教师为主、以教材为核心、以课堂为指导"的"混合教学"的状态，而"互联网+"时代，这种"混合教学"必须以高质量的网上教学平台为基础，才能实现其创新发展。本节以 MOOC 为平台，通过对当前大学英语"线上线下"融合教学的现状进行分析，提出了一种适合大学英语课堂的新型"线上线下"融合教学模式，并提出了实现这种融合的内部和外部保证条件，希望能为大学英语"线上线下"融合教学探索一条新的途径。

一、基于 MOOC 的大学英语 "线上线下" 混合式教学构建的原则

（一）全面发展性原则

《《国家中长期教育改革和发展规划纲要（2010—2020 年）》指出，要培育一批具有

国际视野、英语创新思维、英语综合运用能力、适应社会行业发展需要的国际化人才。在MOOC框架下，构建以学生为中心的复合型大学英语教学模式，既要关注学生的全面发展，又要关注学生英语的"听、说、读、写、译"能力，培养学生的自主学习习惯，英语应用能力，以及小组协作能力。

（二）互动参与性原则

要建立混合式教学模式，必须要实现各主体之间的互动，即学生与教学资源、学生与学生、学生与教师之间的交互。在MOOC平台上开展在线复合式教学，既要满足学生的人机交互，也要满足平台上的教学资源，还要将师生间的互动融入到课程体系的设计之中。在"线下"的混合课堂上，教师要根据实际情况，采取"合作式""探究式""情景式"等多种形式，使学生在积极地参加英语的课堂活动。

（三）学生主体性原则

在高校英语教学中，教师占据着绝对的优势，而学生的主体性却被忽略。在建立以MOOC为基础的复合型大学英语教学模式时，教师需要对教学内容做全面的预判，比如：对学习者的特点，教学目标，教学内容，教学策略，教学环境等进行全面的预判，并根据实际情况，设计出一套适用于学生的MOOC教学录像，采用最能体现学生主观能动性的教学方式，来激发学生对英语的学习热情。

（四）实用媒体性原则

教育心理学的研究表明：感官在人的学习过程中，听觉和视觉所占的比例分别为11%和83%。因此，在设计MOOC英语教学视频的时候，教师们要抓住学习者的多个感觉，让他们的学习效率得到最大程度的提高，在演示的过程中，对知识点的描述要简洁明快，过于冗余的内容对学习者的知识结构是不利的。在课堂上使用媒体的时候，还要注意到媒体使用的适度，教师应该与这一节课所教授的内容相联系，并将学生的接受能力相结合，来对其进行组合优化。

二、基于 MOOC 的大学英语"线上线下"混合式教学模式的构建

混合式教学模式是将学生在线上的自主学习和线下的教师在课堂上讲授相结合，此外，在整个教学过程中，也需要网络技术环境与课堂授课环境的支撑，在这种情况下，学生、教师、网络技术和学习环境以及线上与线下的资源整合是实现"混合式"教学的关键。因此，这一节结合了混合式教学的五个核心元素，对这些元素进行了初步的分析，在此基础上，从线上教学、线下教学和教学评估三个层面，建立了以MOOC为基础的英语混合教学模式。

（一）大学英语线上教学阶段

首先，在教学之前，教师要做好 MOOC 的教学录像，在进行教学录像的设计时，要做好对学生的学情、教学目标、教学策略等方面的研究工作，并在此基础上，进行《大学英语教学录像》的编写，以使学生能够在网上自主学习的过程中，形成一个完整的、全面的认识。MOOC 教学视频与传统线下授课时长有差异，MOOC 教学视频应该将每周授课时长控制在 2~4 小时之间，将每周的教学视频分成若干小单元，每个小单元的时间长度在 6~10 分钟为适宜。其次，在搭建 MOOC 在线教学模组时，教师可以将一些简单的随堂测验插入到 MOOC 视频中，这类测验主要是考察学生对 MOOC 的理解，并提示他们要集中精力，这类测验应该是非常简洁的。在前期的慕课线上教学的筹备工作结束之后，教师可以在慕课平台上向各个班的同学发送学习通知。第三，建立讨论区，让学生在讨论区中对视频提问，评价教师的慕课教学，解答班级里的问题。在讨论中，辅导员会参考这些资料，以协助教师们挑选出有用的反馈讯息，教师们会依据这些讯息，适时地修正自己的讲授方式，以达到掌握重点与难点的目的。最后，要布置出单元作业和考试，在进行一个阶段性的单元线上授课之后，要以该单元的视频课程为基础，来设置一个单元作业或单元考试，并设定一个最后提交的日期。如果超出了这个期限，那么作业或考试就不能被提交，学生也就不能得到相应的分数。

（二）大学英语线下教学阶段

学生动态的、个性化的学习需求对课堂教学产生了很大的影响，因此，在课堂授课之前，教师应该对学生在线上的自主学习情况展开诊断和分析，这样才能为后续的教学工作提供更多的帮助。在课堂中，以 MOOC 的线下教学阶段为基础，首先，师生对课前 MOOC 线上自主学习进行了深度的讨论，然后，教师采用集体讲授的方式，对学生在 MOOC 平台上的问题进行了对应的回答。然后，根据课堂上的分组情况，对他们进行了不同的教育，比如：英语单词打卡，英语模拟演示，英语主题辩论，英语电影配音，英语头脑风暴，教师们在课堂上采取了合作、探究和项目等方式，让学生在课堂上发挥出自己的作用，从而提高他们的英语创造力和合作精神。最后，教师要以学生的活动表现为依据，进行指导和评估，并将这一节课的知识总结做好，布置课后知识点的复习巩固作业，并将下一个单元的课前预习任务单发给他们。

（三）大学英语教学评价阶段

"线上线下"混合教学的评估体系，取决于线上教学平台、教师、学习者和他们的评估，其中，线上教学平台的辅助支持系统，线下学生的自主学习，教师的及时解答和优质教学设计，以及在学习全过程中的评价系统，都是混合教学的重要内容，因此，构建完备的多元评价体系，才能保证混合教学的高效、高质量地进行。"线上线下"两种模式的高校英语教学评价，分别为：MOOC 在线教学成绩（50%），上课出勤（10%），上课表现和评价（25%），作业、练习和考试（15%）。把形成性评价、过程性评价和终结性评价贯穿在混合英语教学的整个过程中，在课程评价中，终结性评价已经不在以最终评价为主，而是以学生自我评价、生生评价和教师评价相结合的方式对课堂表现进行评价，使评价更加科学和高效。

第六节　基于在线直播课的高校英语"线上线下"混合式教学

随着计算机网络技术的飞速发展，英语教育的方式和手段也随之发生了变化，而传统的"实地调查"教学模式已经无法适应新时期对外语教学的要求。本节以网络直播课程为研究对象，通过对目前网络直播课程的分析，对网络直播在高校英语中应用的可能性进行了探讨，依据自主学习、远程学习圈、个性化学习、现代学习等理论，探讨了一种英语课堂气氛浓厚、能够高效地进行实时交互、为学生提供多模态表现、拓展学习领域的网络直播课程的"线上线下"混合教学模式，并对该模式的实施提出了相应的对策。

一、在线直播教育发展现状

在线直播课是利用网络直播平台进行的一种在线课程学习方式，上海外国语大学的冯庆华教授是第一个将网络直播应用到大学英语课程中的人，他于 2013 年在同济大学开设了《翻译有道》课程，并通过网络直播的方式，让很多学生都能通过网络观看，这是一种"线上线下"的混合学习方式，一开始就引起了广泛的关注。

当前，在线直播课主要依托于 APP、网页、客户端这三种方式来展现教学过程。利用在线直播平台进行教学的教师，可以在这个平台上创建自己的直播间，而学生则可以自由地选择授课时间与课程内容，进入在线直播教室，进行远程学习。随着网络直播技术的不断完善，这种新型的教学方法，让教学过程更加方便，既可以创造出一个良好的课堂气氛，又可以进行实时的师生互动，从而得到了越来越多的学生的重视和支持。黎静指出，网络教育在课前、课中、课后三个环节都有其独特的功能，在课前，教师们主要按照教学目的来布置预习内容，让同学们自己去做，自己去看，自己去思考，教师们会在课堂上搭建一个网络学习环境，对课堂上的重点和难点进行讲解，并指导同学们进行探索学习，在课堂上与同学们进行互动，教师们会组织同学们进行扩展训练，巩固他们所学到的东西。在网络直播教学中，各利益相关者对在线教育的关注点存在着差异。教师群体主要关注的是，怎样才能与传统的课堂教学相结合，从而对在线教育的教学方式与教学活动进行设计。网络教学是否会加重学生的学习压力，这也引起了学生的关注。同时，父母也担心网络教学会不会给他们的孩子带来消极的影响；教育管理部门将重点放在了建设教育体制上，在确保网络教育能够被有效运用的前提下，改变教学与学的形式，提升教学质量。

二、基于在线直播课的大学英语"线上线下"混合式教学模式的构建

在此基础上，以"自主学习""远程学习圈""个性化学习"和"现代学习理论"为指导，找到了一种英语教学气氛浓厚，可以高效地进行实时交互，为孩子们提供多种形式的表现方式，以网络直播为基础，拓展了高校英语课程的"线上线下"混合教学模式。

（一）线上在线直播教学阶段

首先，针对大学生的实际需要，按照《大学英语》的要求，选取适当的教学内容，既要关注一般英语，又要关注专业英语，并对其进行科学的设计和编制。接下来，就是通过直播的方式，将这门课的预习内容，上传到了资源分享的区域，供同学们自己去下载，并做好课前的预习和指导。下课之前，由学生自己做好报到登记，教师在后台对学员的出席情况进行统计；在"网络英语"课堂上，教师针对"重点""难点"进行讲授和讲解，学生用英语进行沟通；公布教学习题集，加强学生的交流与讨论。同学们有什么不懂的，可以直接在讨论区留言，教师们会根据同学们的意见来回答，教师们还可以打开语音系统，让同学们在麦克风前发表自己的看法。最后，在线直播课结束后，教师会给孩子们布置作业，并将学习资料进行共享，如果有疑问或因为特殊原因没有参加直播学习，就可以利用课余时间来进行重温。另外，为了方便课堂上的师生交流，也为了让教师们更好地了解和把握学生的知识层次，并依据"反馈原理"，适时地对课堂上的教学内容进行调整。

（二）线下现场课堂教学阶段

奥苏贝尔关于学习的理论主张，学生必须具有某种特定的知识，才能把新的知识联系起来。学习是在原有知识经验的基础上进行的，因此，线下现场课堂的教学内容与线上直播课堂的教学内容要具有一定的相关性。线下现场课堂教学的主要目标是为学习者搭建起一个知识基础，这样才能在直播教学中与这些知识形成一种联系，从而更好地理解并接受知识，让学习者的学习圈更加高效地运转。教师将教学内容作为一个总体，对主题知识进行概括，并请有名的教师、外国教师讲授，以激发学生的学习兴趣。在能力提高方面，教师展开了听、说、读、写四个方面的示范和讲解，让学生组成一个学习小组，进行练习，教师可以在现场对偏差进行及时纠正，并发现学生的深层思维误区。最后，采取"主题展示"的方式，向学生们提供一些关于英语的主题，组成小组，以主题为切入点，突破封闭的知识系统，让他们主动去探究知识间的关联，深入思考，激活知识，增强辩论的能力，让他们在应用中学会新的东西，在实践中领悟和锤炼，不断完善自己，在经历中学习，最

终做到"知行合一"。另外，它还可以加强师生间的沟通和互动，创造一种轻松、活泼的课堂氛围。

（三）综合教学评价阶段

在混合教育中，教师应注重学生的发展，采用质和量的综合评估。以网络视频课程为基础的"线上线下"的混合教学模式，试图对学生的学习行为进行多方面的考察，突破传统的以成绩为中心的单一的测试方法，以发展性的方式对学生的学习行为进行评价。以线上、线下两种教学方式，分别占据了50%的比重，涵盖了所有的学生，并以多维的方式，对英语的综合运用进行了全方位的考核。在线直播教学评价主要包括了四个方面，分别是：课堂出勤率（5%）、在线学习（25%）、在线讨论（10%）、课堂任务（10%）。当教师在直播平台上发布活动与资源的时候，要对其进行设计，这样学生只要完成了相应的活动，或是下载了相关的学习资源，就可以获得经验值，从而将学生们进行自主学习的热情充分激发起来。线下现场课堂教学评价包括了四个方面，分别是：课堂出勤率（5%）、期末考试（25%）、课堂活动展示与评价（10%）、平时作业与测试（10%）。在课程中，还设置了主题讨论、主题展示等环节，强调了学生和学生之间的相互评价，并激发了教师和学生的自省意识。此外，以学生在课堂上所展示的合作精神和实际问题的解决能力为基础，构建"课堂表现"的评分体系，并对其进行灵活的教学评估。

第十三章　线上线下融合式的高校英语教学实践

第一节　英语专业听力课程线上线下混合教学

随着国际间交往的日益频繁和国际间交流合作的日益加深，英语听力教学的重要性也日益突出。但是，由于受时空的制约，现有的英语专业英语听力教学模式已无法适应时代发展对高素质英语人才的需要，因此，对英语专业英语听力教学进行变革成为当务之急。本节的目的是探索在英语教学中，怎样运用现代化的教育信息技术、互联网的平台，把在线直播、网上的教学与传统的线下教学相融合，重视学生的个性发展，从而使他们的听力水平得到全面的提升。

一、线上线下混合教学的意义

增强了学生的自学能力。这种"线上"与"线下"的融合，打破了时空的限制。在有网络连接的情况下，学生可以按照自己的时间安排，在任意地点，选择与自己的学习水平相适应，并且对自己感兴趣的听力材料，展开自主学习，从而大大地提升了学生的学习能动性。

"线上+线下（最大限度的利用自己的优势）"在传统的线下课堂中，由于受到时空的制约，"输入量"不足，无法充分地发挥出学生的自主性、差异性、创造性等特点。在单纯的在线和网络平台上，学生没有与教师进行直接的沟通，没有教师的监管，也没有充分的情感支持。

而将线上线下相结合的混合式教学模式，既能发挥两者的优势，又能规避两者的局限，从而使教学的质量和学生的学习效果达到最大化。

二、线上线下混合教学的衔接策略

上课之前（在网上学习）。课前，教师会将整体的教学方案及详细的讲授过程，通过网上的方式，让学员能够更好地掌握本课程的整体要求及教学内容。在每一节课开始前，为学生提供指导意见；同时，将本单元所需的背景资料，音频，视频等信息上传至教学平台，供学员在课堂前进行自主学习。针对教学中的重点和难点，教师们也可以将其录制成短片，并将短片上传到平台。当学生们在课前进行预习的时候，他们还可以将自己有问题的部分，在这个平台上进行留言，这样教师就可以在线下的课堂上对他们进行统一的解释。

上课时（线下常规授课）。在前面的课程中，同学们都进行了一遍又一遍的预习，对这门课程的内容也有了一定的了解。在传统的线下教学模式下，教师的工作有以下三个方面。第一，培养学生的听力策略和技能。指导学生在阅读题干，寻找关键字，预测题目，做好笔记等方面进行听力训练。第二，以课堂上已经存在的丰富的"语言输入"为基础，通过课堂上的"语言输出"来指导教学。20世纪80年代末，斯瓦因教授提出"输出假说"，认为"输入"是其必要条件，也是其材料，但单纯依赖"输入"并不能将已学到的语言规则内化，而是要借助"输出"来实现对"输入"的"转换"，从而使其成为学生自己的"语言体系"。教师通过提问，角色扮演，故事重述，小组讨论，辩论，演讲等输出方式，使学生更好地运用语言。第三，教师在传统的线下课堂上，要对在课堂前端预习过程中出现的问题进行解答。

课后（完成线上作业，并进行听力拓展练习）。在课外的线上平台的学习，主要有以下三个方面。首先，教师把与本课所学知识点有关的习题，通过网络上的方式，让学生在网上完成习题。并且回顾本课所学习的内容。第二，教师可以把课上所听到的内容中的一些较深层次的问题，通过网上的交流平台，让同学们自己去思考，进行交流。第三，教师可以将听力材料如录像、音频等上传到这个平台上，让学生做拓展听力的练习。

随着国际间交往的日益频繁和国际间交流合作的不断深化，英语听力在外语教学中的作用日益突出。由于受时空的制约，传统的线下教学方式已经无法满足英语专业技术人员的需要。但是，单纯的在线教学模式也存在着一定的缺陷，比如，教师和学生之间没有直接的沟通，学生也没有教师的监督和情感上的支持。在这种新的情况下，线上与线下的融合，既是一种可能，又是一种必要。这种线上、线下相结合的课堂教学方式，既尊重学员的个性，又能使学员的自主、创新精神得到最大程度的激发，同时也能使学员的自主学习和英语听力得到很大程度的提升。这种线上与线下相结合的教学模式，为英语听力课提供了一个新的契机，可以全面提高教学质量和生的学习效率，推动教育信息化向纵深方向发展。

第二节 线上线下混合式英语教学改革与慕课的关联

随着互联网的不断发展，网上教学逐渐普及，慕课的出现给高校的教育改革提供了一个全新的平台，可以实现高质量的教育资源的共享，同时也给高校英语教学的改革提出了新的机会和新的挑战，由于慕课是一种以网络为基础的碎片式学习，作者采用了联系式学习和建构式学习的方法。但是，专业知识具有系统性，这就需要将比较分散的专业知识联系起来，形成一个有机的整体。因此，本节采用了"关联主义"的教学方法。而慕课则是指学生在一个宽泛的学习环境中，可以随时与教师、同学等进行沟通、协作，实现自己的知识建构。所以，本节采用了建构主义作为本节的理论依据。以"佳木斯高校校本调查"为出发点，以佳木斯高校英语"慕课"为例，运用"关联主义"与"建构主义"这两种理论，探讨了"慕课"在高校英语写作教学中的作用。

随着科学技术的不断发展和教育思想的不断变革，高校英语写作教学面临着新的机遇，也面临着新的挑战，由传统的教师授课向现代的慕课等网络授课转化。经过十多年的高校改革，高校英语写作的问题越来越严重，已成为影响研究生顺利通过四个等级考试的主要因素之一，本节以佳木斯大学为例，采用"频率统计""方差""独立样本""双变量"等定量分析手段，对201名本科生进行了问卷调查，并在此基础上对其进行了初步的调查。

根据问卷调查结果显示，在本研究中，97.5%的同学都会用到智能手机，48.4%的同学将移动电话作为数字化学习的工具，78.1%的同学愿意将数字装置运用到学习中，78.1%的同学表示认可和愿意进行数字化学习，55.8%的同学表示愿意用视频来进行数字化学习。

对《大学英语写作》慕课组进行 t 检定，发现慕课组的教学效果显著（$t=-8.982$，$df=2.0$。

经独立样本 t 检定，男女学生对《大学英语写作》慕课者的学习行为无显著性差异；男女学生对《大学英语写作》慕课的接受程度不存在显著性差异；《大学英语写作》慕课教学中，男女学生的学习经验不存在显著性差异。

单因子方差分析发现，高、低、中等水平的学生在学习行为上的差别不大；高、低、中度三个群体在对社会支持的满意度上没有明显的差别；高、低、中等水平的学生在学习经验上没有明显的差别。

通过对《大学英语写作》慕课教学经验的问卷调查，发现56.7%的被试以前从未听说过慕课；72.2%的学生在教师的介绍下对慕课有一定的认识；其中，以自身兴趣为主的比例为24.9%；使用笔记型教学法的占47.3%，使用移动电话教学法的占36.8%；在慕课教学中，在宿舍、在图书馆的比例分别为39%、在自习室的比例分别为21.7%、19%和21.7%；《大学英语写作》慕课教学中，有88.1%的学生成功地完成了慕课，有35.2%的学生因跟不上而中途退学；43.8%的同学表示，"慕课"视频的时间以10-20分钟为宜。

《大学英语写作》慕课教学中，存在的问题主要有：基础知识没学过，学习动机不强，遇到问题不能及时反馈，无法坚持学习；学生在学习过程中所获得的最多的是知识的拓展和技能的提高，学习兴趣的提高和自主学习的提高；慕课在师生互动、汉语字幕的设置以及慕课在网上的翻转课堂中的应用等几个问题上还有待完善。

第三节 线上线下融合式的高校英语教学实践

一、教学理念

（一）强调以人为本的教学理念

现代教育注重以人为中心，将重视人，理解人，尊重人，关爱人，将人的精神在教育和教学的各个方面、全过程中贯彻下去。

（二）增强素质教育的教学理念

知识的传授、能力的培养和质量的培养三者之间存在着辩证的关系，并相互协调地发展。它以培养学生自主学习、增强终身习生意识和提高学生的素质为基本目的，意图对学生的潜力进行全面的开发。

（三）提倡创造性思维的教学理念

强化创新和创业教育，推动两者的有机结合，培养具有创造性和实践性的、能适应社会发展需要的、具有较高综合素质的人才为目标。

（四）强化学生主体性的教学理念

从以教师为中心的传统教育向以教师为主导，以学生为中心的方向转变提倡自主教育和快乐教育，要培养学生对英语的兴趣，养成好的学习习惯，让他们在英语学习过程中中发挥自己的主动性。

（五）支持个性化发展的教学理念

现代教育注重对个性化的尊重，提倡每个人都有自己独特的个性，要根据每个人的个性特征采取不同的教学方式和评价标准，为每个人的个性发展提供一个良好的环境。

（六）倡导生态和谐的教学理念

"和谐教育"是当代教育界所提倡的一种新理念，它强调了生态的、有机体的、完整的教育环境。

二、教学设计的特点

（一）教学设计的教育性

目前，在以应用为主导的大学里，普遍存在着重视知识与技术的传授，而忽视教育的情况。要想加强教学的教育性质，构建出全面育人的格局，在进行教学设计时，一定要按照教学的规律来进行，并且要充分考虑到，高素质的应用型人才，一定要能够适应社会的需要，为社会服务。因此，在掌握好工作岗位所需要的有关知识和技术之后，首先要学会怎样成为一名合格的社会人。要成为一个合格的"社会人"，必须加强教学的"教育性"。所以，如何在高校中培养学生的终生学习习惯，是高校教育性质的一个重要方面。可以参考资料中所提供的个案，为个体的成长作整体计划；也可以参照科技学院的教育水平，对每个人的优点和不足进行深刻的分析；同时，还可以与其他公共课、专业课的教学内容相结合，培养学生的批判性思维意识和能力。

（二）教学设计的实用性

为社会服务的需要，就是要培养实用性的人才。所以，把实践性融入到课堂教学中，是一项重要的教学设计。在教学实践中，既丰富了语言学习的特征与技能，又激发了学生与自己的工科特长相联系，将英语与专业课融为一体，具有很高的实用性。

三、融合式的教学实践

（一）教学内容及面向对象

该课程为一门非英语专业本科学生所开设的语言基础课，旨在提高学生对语言的整体运用能力，特别是对其英语的运用能力，以便在今后的工作、学习及社交活动中，更好地运用所学知识进行交流；注意培养学生的学习策略，培养他们的自主性和终生性；在这一过程中，我们将不断提升自己的人文素养与跨文化交流的能力，为我们的社会培育出一批有国际化眼光的优秀人才。

（二）课程特色

有了平面和三维的教学资源，有了健全的学习评估体系，为学校的学生和社会人士的学习和测试提供了便利。在这门线上课程的构建中，不仅包括了传统的课程标准、教案、教材等，还包括了一些关键知识点的微课视频，以及与之相关的互动文化知识、游戏等，这些都可以提高学生的学习兴趣。与此相配的应用软件，便于学生在网上进行交互学习，确保了授课的有效性。

（三）课程体系

着重于英语的听说读写译等综合运用能力的训练，着重于口头与书写的表达与翻译的训练，同时也加入了文化课与专业课的扩展内容。

教学方式：三加一乘三。第一个"3"为全面的教学，其中阅读和写作各 2 个小时（语法和翻译），视听说每周个一节课（TED 演讲和文化知识）。学生在网上自学，完成课后测验，并参加口语交流。教师们可以通过网络来查看学生们的学习进度。第二个"3"表示的是 3 个学年。

（四）教学方法

在"以学习为中心，学以致用，注重学生的文化沟通和核心能力的培养"的教学思想的指引下，采取了一种泛在的、多元化的教学模式。理论联系实际，自学和团队合作；专题研讨和能力训练；主题教学法、事例教学法和情境教学法是一种有效的教学方法。以课堂授课为主，辅以反馈式互动，构建多元教学模式。

1. 考核办法

教师以每周为单位对学生的线上学习进行跟踪、检查，对学生的学习进程进行记录，既要管教又要管学，对学生的学习时间和课时进行线上监督；定期地进行在线互动答疑和讨论，对网络中的学习内容进行检查并回答问题，安排网络中的学习内容和进展，让学生们进行学习交流。从学期开始的第 2 周至第 12 周，每星期教师都会在规定的时间内在网络上回答问题，并将问题记录下来，然后在下一节课进行测试。

2. 考试方法

这门综合课有一个听力测验。听力与综合科目的总分以 3∶7 的比率计算。听力训练班于学期结束时进行一次统一的测验，测验不合格的学生必须重新学习和补考，直到合格为止。

3. 成绩评定

综合课程：平时成绩占总分的 40%，考试成绩占总分的 60%. 过程性考核成绩是通过学生在网上自主学习自测成绩、单元测验的成绩和课程视频、访问次数、随堂测试和平时作业进行综合记录而来的。

听力实践课程：平时成绩 40%，考试成绩 60%（考试题目的难度与英语四六级相同），以提高学生的听力能力。

4. 构建基于 O2O 模式的大学英语翻译、写作测试模式

考试形式：此计划包含了一个学校范围内的入学等级考试；进行期中及期末的标准化

线上测验；英语四六级模拟考试是在电脑与网路上进行的。以检验学生的学业成绩为目标的期终考试、自我模拟考试、以及各种教学评价类考试。此课程也可推广到其他考试，如研究生入学考试，雅思考试，英国商务英语考试等。

题目结构：在语料的选用标准和题目的设计方面，可以按照具体的教学计划和学生的学习状况，选择出与之相适应的难度等级的题目，并且可以与英语四级、六级等其他类型的考试保持高度的一致性。

题库构建：构建题库是以项目反应理论（IRT）为基础的，能够针对不同的教学对象定制个性化的考试方案。内隐理论（IRT）是一种对测验结果进行综合分析的数学模型，其目的是考察测验问题能否反映出学生的内在心理特点，及其与测验的交互作用。该方法的最大优势在于问题的参数不变，即被试对同一问题的表现不会因其对其他问题的表现而受到影响；而且，每个受试者的回答都是相互独立的，完全取决于受试者自身的潜能，一个受试者的回答并不会对其他受试者的回答产生影响。该方法在考试开始之前，对考题进行题型分析，并进行大样本的测试和修正，确保考试的难度和判断力。

资料整理：记录和分析学生的学习成绩，并提供一份清楚、易于阅读的学习成绩报表。它可以展示整体成绩的分布情况，并对某个题目做详细的分析，以便更好的指导教师和同学们对考试结果的反馈，同时还可以对从试卷制作、审卷、监考到批卷、成绩存档的整个考试过程进行信息化的管理，使教师们通过网上考试、成绩统计分析、自动组卷等多种教学管理手段，大大提高了工作效率和教学质量，对学生的英语水平和整体教学效果进行快速、全面、精确的掌握和评价。

四、教学反思

（一）根据需求充实课程

调查企业和事业单位对英语人才的技能需求，制定有针对性的教学任务，并及时地对教学内容进行更新。

（二）更新完善现有课程

在原有的基础上，对微课、FLASH 互动动画等一系列的内容进行了升级和改进。选择由同学们自己创作和导演的情境剧，增加课堂的生动性。

（三）细化实训互动环节

以实际的交流情景为依据，对训练任务进行更新，并对每一项任务进行明确的分工，并对参与的负责人、成员的表现进行客观的评估，并列出一系列的反馈评估表。

（四）落实课程考核评价

对课程评估进行了改革，把形成性评价和最终评价相结合，对学生的学习过程进行了全方位的追踪和评估。让同学们在各自独立、分组的情况下，互相学习，互相补充，以更好的应付期末考核。

（五）开展趣味性知识拓展

开设"作业或专题小结"，让同学们收集或记录有关的录像，以情境演示的形式呈现，并与大家共享和及时更新。

第四节　构建线上线下高校英语写作教学

在"互联网+"的新形势下，传统的高校英语写作教学模式已无法适应新形势下对人才的要求。基于此，本节将"线上"与"线下"相结合的教学模式引入到大学英语的写作中，并探讨其在大学英语写作中的具体应用，以期激发学生对英语写作的兴趣、调动创作积极性、增强对英语作文的适应性、以及作文水平，从而建立一种更加行之有效的大学英语作文教学模式。

在"互联网+"的今天，计算机和网络技术正在深刻地改变着学校的教学和学习。各种各样的网络学习平台上的资源不断涌现出来，师生们在使用互联网和数字技术的同时，也在不断地改变着他们的教学过程。随着网络信息技术的不断发展，这些都为实施信息化教学创造了有利的条件。"翻转课堂"，"慕课"，"微课"，，这些都被运用到了课堂上。随着科学技术的进步，英语教师要改变大学英语的教学方式，利用方便快捷的互联网资源，开展线上教学，并在课堂中进行深度的教学，提高学生的"离线"能力。这一部分主要探讨了高校英语写作课的在线和线下的教学模式，并对其进行了初步的探讨。

一、英语写作课堂文化概念

英国的马凌诺斯基认为："课堂文化就是师生在教学活动中所遵从并实践的一种课堂精神，一种教学观念，一种教学行为"。刘耀明认为，"班级文化是一种规范、价值观、行为模式等在教学活动中产生的有机结合。据此，我将英语作文的课堂文化界定为：在长时间的教学活动中，教师所养成的一种教育观念，也就是英语写作的教育方式。

二、大学英语线上线下写作教学模式的优势

线上和线下的教学活动使教学资源更加充实。在高校英语写作课中，"线上"与"线

下"的有机结合，给教师们带来了更多的机会，同时也给学生们带来了更多的学习机会。

网络教学将不受 90 分钟的限制，教师们可以按照本课程的要求，将需要讲解的重点和难点压缩成 10 分钟左右的微课，然后在网上发布微课和文字资料，或者将网络上的大量教学资源与同学们共享，让学生更容易、快速地学习英语写作。同时，学生也可以在网上找到他们所需要的材料，比如英语词汇，短语，表达法，或者是例子。

在课堂上，教师是主导，学生是主体。这种"线-网"结合的大学英语写作教学模式，使英语作文教学的"主体性"得到了最大程度的发挥。

教师的微课、辅助文字和在线答疑等一系列的辅助信息的教学，都是对学生进行有指导意义的教学。但是，在学习过程中，学生们才是真正的学习的主体。他们可以以自己的具体情况为依据，来选择学习时间、学习地点，学习与之相关的线上教学内容。此外，他们还会以自己的学习需求为依据，去寻找更高级别、其他相关的学习内容，真正地培养出了学生学习的主观能动性，也就是他们的自适应能力。

立即获得反馈。在"互联网+"的背景下，大量的英语写作和实时评价平台应运而生，如 iwrite 英语写作系统，批改网，句酷批改网，作业在线等，但目前国内尚无针对这一领域的研究。学生在得到线上自主学习的教学资源后，可以通过在线学习平台，随时进行写作练习，提交作文后，就能获得即时反馈。这种评分网络可以发现学生在拼写，语法，搭配，文章结构上存在的问题。通过这个系统的反馈，学生们可以很直观地看到自己在英语中的缺陷，更好地学习和加强练习。

重复的学习和训练。网络教学具有可重复性的特点，是传统教学无法比拟的。对于一个学生不会的知识，他们可以在任何时候，任何地方，重复的看教师的视频讲解，也可以在网上的教学平台，不断的改进自己的写作，这样，线上和线下的英语教学模式，就能体现出个性化和立体化的特点。

三、构建线上线下大学英语写作教学模式

本节在自己的教学实践中，尝试建立了一种高校英语写作线上线下的教学模式，使学生对英语写作产生了浓厚的兴趣，增强了他们对英语写作的学习热情。这种线上与线下的英语写作教学，主要由以下五个部分组成：

网络授课。在线上教学环节中，教师们以教学目标及教学内容为依据，录制微课，上传文字资料。教师通过线上分享，学生在有关资源的指导下，可以对相关的语言知识和写作技能技巧等进行自主学习。

提交第一份草案。学生必须在原有的基础上，在规定的时限内，将所需的文章全部写完，并在时限之前，将其第一篇文章在"英语写作"平台上提交。

网上自己修改。在第一次投稿之后，同学们可以通过英语写作的平台对自己的作品进行校对，然后通过自己的评估和反复的校对，最终完成初稿，以便在课堂上展示和交流。

　　小组讨论和评价。以课前学生在线上的自主学习任务为基础，完成了初稿，在课堂上，教师们的工作就是公布他们的课前写作的完成情况，并进行讨论和答疑。在上课之前，教师会对具有代表性的两到三篇作文进行汇总，并对它们进行点评，同时把写作过程中中普遍存在的问题找出来。通过小组讨论，使同学们能更好地了解所遇到的问题。然后可以在自己的小组里互相交流，互相评价，互相修改，每个小组都会选择最好的一组，在班上进行展示。最后，教师会回答一些学生理解不了的问题，同时也会对每个小组的作品进行点评和提出改进意见。

　　重新修改。课后，学生根据课堂上的讨论和互评的基础，对教师上传的线上学习材料进行消化，进行更深层次的自我拓展学习，对作文进行再一次的修改，完成最后的重写及定稿。

参考文献

[1] 崔瑾英. 基于"互联网+"思维的高校英语信息化教学路径研究［J］. 教育理论与实践，2020（27）：56-58.

[2] 郭珍. 浅析信息化教学在高校英语课堂的应用［J］. 农家参谋，2020（18）：260.

[3] 江凌. 新媒体环境下高校英语信息化教学改革实践研究［J］. 海外英语，2020（16）：145-146.

[4] 罗江燕. 翻转课堂与高校英语信息化教学的整合探究［J］. 科技资讯，2020（34）：38-40.

[5] 张玉. 翻转课堂与高校英语信息化教学结合策略研究［J］. 红河学院学报，2020（2）：93-96.

[6] 杨娜. 论高校英语教学翻转课堂的信息化建设［J］. 课程教育研究，2020（12）：103-104.

[7] 杨春燕. 对英语课堂互动和语用翻译实践的教学探索：评《英语翻译与教学实践》［J］. 中国教育学刊，2019（2）：122.

[8] 阮思颖. 英语"微课教学"浪潮下高中生语用能力的培养［J］. 英语广场（下旬刊），2015（8）：139-140.

[9] 李明. 妙用信息化平台提高学生英语表达能力研究［J］. 成才之路，2018（6）：40.

[10] 周勇祥. 关联理论框架下的高职英语信息化教学［J］. 新教育时代（教师版），2015（16）：121.

[11] 张玉. 翻转课堂与高校英语信息化教学结合策略研究［J］. 红河学院学报，2020，174（2）：99-102.

[12] 刘李芬. 翻转课堂与应用型本科高校大学英语教学模式改革研究［J］. 文渊（高中版），2019（7）：2.

[13] 周爽，付蕊，王丽丽. "翻转课堂"模式在大学英语教学中的应用研究［J］. 才智，2019（11）.

[14] 张蓉. 关于高校英语教学翻转课堂的信息化建设探讨［J］. 海外英语（下），2021（1）：175-176.

[15] 廖勤思. 高校英语教学翻转课堂的信息化建设分析 [J]. 新东方英语·中学生, 2019 (5)：95.

[16] 范丽军. 对当前高校英语教学翻转课堂的信息化建设探讨 [J]. 知识经济, 2018 (19)：138, 140.

[17] 白晓娟. 信息化教学环境中高校英语听说课堂教学评价模式研究 [J]. 科学咨询 (科技·管理), 2021 (3)：289-290.

[18] 张娟. 新媒体时代信息技术在高校英语教学中的应用：评《高校英语信息化教学改革与微课教学模式探究》[J]. 中国科技论文, 2021 (2)：248.

[19] 崔瑾英. 基于"互联网+"思维的高校英语信息化教学路径研究 [J]. 教育理论与实践, 2020 (27)：56-58.

[20] 沈骑. 全球化3.0时代中国外语教育政策的价值困局与定位 [J]. 当代外语研究, 2017, 32 (4), 18-21.

[21] 胡杰辉. "复盘"思想在信息技术课课后反思中的应用 [J]. 中国信息技术教育, 2016, 36 (9), 44-46.

[22] 陈坚林, 王静. 外语教育信息化进程中的常态变化与发展——基于教育信息化的可视化研究 [J]. 外语电化教学, 2016, 29 (2), 33-34.